経営制度や雇用慣行など多くを学び，吸収していた。その成果の一部が人源管理には反映されていると考えられている。ところが，わが国の企業は，年代からの長期構造不況に入り，終身雇用制や年功制に基づく人事管理をできず，現在，それにかわる制度を「雇用流動化・雇用形態の多様化」や力主義化・成果主義化」の方向で模索しているところである。注意しなけならないのは，そうした方向のモデルが1990年以降のアメリカ企業の人的管理であるといわれていることである。

かし，人的資源管理は，アメリカ産業界に固有な要因やアメリカ産業界で錯誤を繰り返してきた諸実践と緊密に関連しており，それゆえアメリカ産に固有な内容を有していると考えざるを得ず，したがって，わが国の企業在すすめている人事革新の有効なモデルたりうるのかどうか，という疑問されている。それゆえ，こうした疑問に答えるためには何よりもまず，アカ企業で現在，実施されている人的資源管理を取り上げ，その成立の経緯度などを検討し，評価することが何よりも必要なのではないかと考え，本編んだのである。

お，本書は，2002年５月に同じ編者で上梓した『アメリカ企業のヒューマリソース・マネジメント』を大幅に増補・改訂したものである。この「はき」も，基本的には同書のそれによっている。ただし，前書が人的資源管もとでの労使関係，とくにその批判に特化する傾向があったのに対し，本はその側面に十分配慮しながらも，新たな動向としての資源ベース・アプチなども取り上げている。以下，簡単に各章の内容を紹介しておきたい。

１章「**人的資源管理の概念と体系**」では，本書が研究対象とする人的資源について基本的な考え方が述べられている。そこでは，従来の人事管理とした人的資源管理の特質として，①人間を開発可能な資源あるいは資産と人間観を基盤としていること，②経営戦略との関係が重視されていること，織構造や職務構造が設計される方法に注意を払っていること，④システム影響のもとに成立していること，⑤その対象が企業の全構成員におよぶこ⑥組織文化の問題を取り上げていること，⑦労使関係に代えて従業員関係

現代アメリカ企業の人的資源管理

伊藤　健市
田中　和雄　編著
中川　誠士

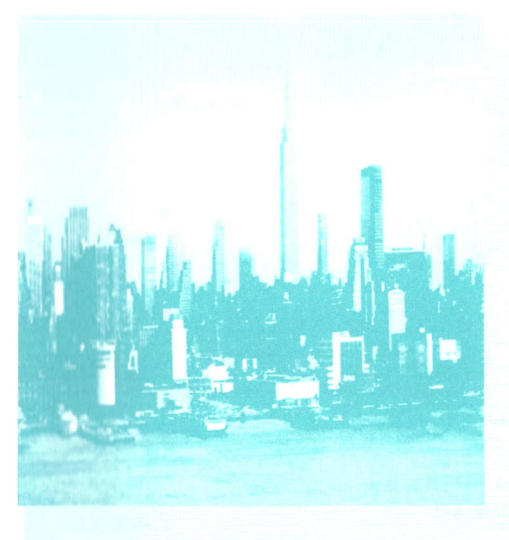

税務経理協会

はしがき

近年，わが国の企業で「人事管理」に代えて「人的資〔源〕管理実践が行われている例を多く見かけるようになった。〔学〕界においても従来の人事管理の領域の問題を人的資源管理〔とす〕る傾向がある。こうしたことは，わが国だけのことではな〔く，はじ〕めとするヨーロッパ諸国やアジアの工業諸国にも共通し〔ている。〕

もとより，人的資源管理とは，1970年代後半以降にア〔メリカで〕管理制度として体系化された Human Resource Manage〔ment で，〕アメリカでは，従来の人事管理（Personnel Management）に〔代わって〕代表する概念として実業界並びに学界において一般化され〔ており，〕前述のようなわが国や諸外国の動向はむしろ当然のこと〔と見るこ〕ともできよう。

しかし，それにもかかわらず，わが国や諸外国の傾向を〔アメリカ〕の傾向と同一のこととして理解することはできない。むし〔ろ，〕アメリカにおいて成立し，実践され始めたという事実や，〔人事管理か〕ら人的資源管理への展開を促す要因や両者の制度上の相違〔点，人を〕資産とみる人的資源管理から1990年代以降の経営戦略や価〔値観を重〕視する人的資源管理への展開などが検討されることにより，〔ア〕メリカに固有な側面の存在が解明される必要があること〔は疑いが〕ない。こうした検討によって初めて，わが国企業の人事管〔理から〕への展開の意味が十全に理解されるのではないかと考えて〔いる。〕

1980年代まで，わが国企業の雇用慣行の特徴として，と〔くにアメリカの雇〕用慣行との比較において，終身雇用制と年功制，それを前〔提とする〕人事管理や企業内教育訓練が高い業績の一因であり，国際〔競争力の要〕因であると評価されていた。同時期，アメリカの企業は〔リストラク〕チャリング（事業の再構築）に本格的に取り組み，競争相手〔の〕

現代アメリカ企業の人的資源管理

伊藤 健市
田中 和雄 編著
中川 誠士

税務経理協会

はしがき

　近年，わが国の企業で「人事管理」に代えて「人的資源管理」という名称で管理実践が行われている例を多く見かけるようになった。実務界のみならず学界においても従来の人事管理の領域の問題を人的資源管理の問題として議論する傾向がある。こうしたことは，わが国だけのことではなく，イギリスをはじめとするヨーロッパ諸国やアジアの工業諸国にも共通して見られる。

　もとより，人的資源管理とは，1970年代後半以降にアメリカにおいて確立し，管理制度として体系化された Human Resource Management の訳語である。アメリカでは，従来の人事管理（Personnel Management）に代わり，当該領域を代表する概念として実業界並びに学界において一般化されている。したがって，前述のようなわが国や諸外国の動向はむしろ当然のことのように受けとめることもできよう。

　しかし，それにもかかわらず，わが国や諸外国の傾向を，ただちにアメリカの傾向と同一のこととして理解することはできない。むしろ，人的資源管理はアメリカにおいて成立し，実践され始めたという事実や，とりわけ人事管理から人的資源管理への展開を促す要因や両者の制度上の相違，1980年代の人間を資産とみる人的資源管理から1990年代以降の経営戦略や個別的従業員関係を重視する人的資源管理への展開などが検討されることにより，こうした傾向のアメリカに固有な側面の存在が解明される必要があることに注意しなければならない。こうした検討によって初めて，わが国企業の人事管理から人的資源管理への展開の意味が十全に理解されるのではないかと考えている。

　1980年代まで，わが国企業の雇用慣行の特徴として，とくに欧米の企業の雇用慣行との比較において，終身雇用制と年功制，それを前提として実施される人事管理や企業内教育訓練が高い業績の一因であり，国際競争力上の重要な要因であると評価されていた。同時期，アメリカの企業は不況下，リストラクチャリング（事業の再構築）に本格的に取り組み，競争相手のわが国企業からも

その経営制度や雇用慣行など多くを学び，吸収していた。その成果の一部が人的資源管理には反映されていると考えられている。ところが，わが国の企業は，1990年代からの長期構造不況に入り，終身雇用制や年功制に基づく人事管理を維持できず，現在，それにかわる制度を「雇用流動化・雇用形態の多様化」や「能力主義化・成果主義化」の方向で模索しているところである。注意しなければならないのは，そうした方向のモデルが1990年以降のアメリカ企業の人的資源管理であるといわれていることである。

しかし，人的資源管理は，アメリカ産業界に固有な要因やアメリカ産業界で試行錯誤を繰り返してきた諸実践と緊密に関連しており，それゆえアメリカ産業界に固有な内容を有していると考えざるを得ず，したがって，わが国の企業が現在すすめている人事革新の有効なモデルたりうるのかどうか，という疑問は残されている。それゆえ，こうした疑問に答えるためには何よりもまず，アメリカ企業で現在，実施されている人的資源管理を取り上げ，その成立の経緯や制度などを検討し，評価することが何よりも必要なのではないかと考え，本書を編んだのである。

なお，本書は，2002年5月に同じ編者で上梓した『アメリカ企業のヒューマン・リソース・マネジメント』を大幅に増補・改訂したものである。この「はしがき」も，基本的には同書のそれによっている。ただし，前書が人的資源管理のもとでの労使関係，とくにその批判に特化する傾向があったのに対し，本書ではその側面に十分配慮しながらも，新たな動向としての資源ベース・アプローチなども取り上げている。以下，簡単に各章の内容を紹介しておきたい。

第1章「人的資源管理の概念と体系」では，本書が研究対象とする人的資源管理について基本的な考え方が述べられている。そこでは，従来の人事管理と比較した人的資源管理の特質として，①人間を開発可能な資源あるいは資産と見る人間観を基盤としていること，②経営戦略との関係が重視されていること，③組織構造や職務構造が設計される方法に注意を払っていること，④システム論の影響のもとに成立していること，⑤その対象が企業の全構成員におよぶこと，⑥組織文化の問題を取り上げていること，⑦労使関係に代えて従業員関係

を重視していること,の7点が指摘されている。その体系については,経営戦略と組織構造,人的資源プランニング,募集と選考,業績管理,報酬管理,教育訓練と能力開発,組織文化,従業員関係という8つの管理制度が取り上げられている。

第2章「人事管理から人的資源管理へ」は,1910～20年代に成立した人事管理が,人的資源管理へと変遷した過程を,労働市場,政府の規制,労働組合という人事管理あるいは人的資源管理の役割を規定する3要因の動向を縦糸,さまざまな理論と人間観の変化を横糸として描いている。なお,この章では,最近多用される雇用の流動化やダウンサイジングといった言葉が示す人的資源の軽視に対抗する考え方である資源ベース・アプローチも取り上げている。

第3章「雇用システムの変遷と人的資源管理」は,現代のアメリカ企業の「ヒトの働かせ方(=人的資源管理)」を「雇用システムの変遷」から明確にしようとしている。1980年代半ばまでのアメリカ企業の人的資源管理は,1990年代半ばまでのわが国企業のそれとよく似ていた。そこには,「ヒトの働かせ方」に対する規範と期待,別のいい方をすれば公正な雇用とは何か,誰がそれを提供し保障するのかといったことに関する一般的な考え方があった。「家族としての企業」や「キャリアの内部化」がそれである。それが1980年代半ば以降,競争の激化,テクノロジーの変化,資本市場の動向,とくにコーポレート・ガバナンスの従業員志向から株主志向への転換のなかで大きく揺らいだことを本章では明らかにしている。

第4章「賃金システムの変遷と人的資源管理」は,前章で明らかにした「揺らぎ」を賃金(設定)システムの変化を通して確認している。これまで,賃金構造の安定性と比較的小さな賃金格差をもたらしていた「内的公平性」や「企業横断的・産業横断的な賃金関係」が,労働組合の弱体化やコーポレート・ガバナンスの変化のなかで崩れ,企業業績や個人の貢献度に直結した賃金システムが登場したことが明らかにされている。

第5章「コンピテンシー概念と人的資源管理」では,一般に「高業績者の行動特性」として理解されている「コンピテンシー」に基づくコンピテンシー・

マネジメントの人的資源管理システムでの活用について述べている。そこでは，人的資源管理システムのうち，選考，教育訓練・能力開発，業績評価，後継者育成計画でコンピテンシー・マネジメントが活用される場合の要件や方法などが示されている。また，コンピテンシー・マネジメントの特質として2点を指摘している。第1点は，コンピテンシーが，1980年代における細分化した職務のもつ問題の顕在化とそれへの対応に関係していることである。第2点は，コンピテンシーが，1970年代よりわが国で普及している「職能資格制度」にきわめて類似していることである。本章では，両者の相違点についても指摘している。

第6章「3Ｍの人的資源管理」では，人的資源管理が企業の全構成員とりわけエグゼクティブ・レベルをも対象としているとする人的資源管理の特質についての例証を示している。この特質は，教育訓練・能力開発の問題に典型的に見ることができるが，さらにエグゼクティブの能力を客観化・標準化し，それを業績評価や後継者育成計画に利用するコンピテンシー・マネジメントにおいて顕著に見られるようになる。本章では，そうしたことの事例として，3Ｍにおけるリーダーシップ・コンピテンシー・モデルを取り上げ，その成立の過程，その内容，そのアプリケーションについて検討している。とりわけ，現代の人事管理の原基形態であるテイラー・システムが労働者の労働を客観化・標準化することにより労働に対する管理統制を可能としたことと対比して論じられている。

第7章「ＡＴ＆Ｔの人的資源管理」では，1984年企業分割後のＡＴ＆Ｔのリストラクチャリングが人的資源管理や雇用システムさらに内部労働市場に与えた影響について検討している。84年企業分割以降に合併・買収・事業分割（Ｍ＆Ａ＆Ｄ：merger, acquisitions & divestitures）を梃子にリストラを展開したＡＴ＆Ｔは，最終的には2005年にベル地域電話会社（ＲＢＯＣ）の1つであるＳＢＣに買収され事実上消滅した。ＡＴ＆Ｔ従業員数は分割以前（ベル・システム）の約100万人から2005年には約5万人弱へとダウンサイジングした。しかも，規制緩和と情報技術（ＩＴ）革新を背景にして「Ｃ＆Ｃ」に基づく「世界のネッ

トワーキングリーダー」，さらにＣＡＴＶインフラを中核とする「あらゆる距離の会社」という経営ビジョンのもとでＡＴ＆Ｔは，ＱＷＬや自主管理チームの導入など「参加型」の人的資源管理の導入を進めたものの，急激なリストラクチャリングとダウンサイジングの展開は「規制下の独占」のもとで醸成されたＡＴ＆Ｔの伝統的な「長期雇用」・「雇用の安定」を前提にした内部労働市場を「崩壊」させ，従業員の質と士気を急速に低下させたことが述べられている。

第8章「高業績業務システムの展開と人的資源管理」では，高業績業務システム（high-performance work systems）を取り上げている。高業績業務システムは，業務に関する意思決定に現場の労働者が参加できるように組織化されたシステムのことであるが，それは基本的に人的資源管理の考え方に基づいて設計されたものである。本章ではこの点を踏まえたうえで，高業績業務システムが1990年代以降アメリカ企業に急速に導入されていった背景を，アメリカの国際競争力の低下と競争力政策，労使関係のパラダイム転換，そして市場と技術環境の変化にもとめている。高業績業務システムの具体的内容としては，教育訓練と継続的な学習，情報の共有化，従業員参加，部門横断的な組織構造，労使のパートナーシップ，業績とスキルに連結した報酬，雇用保障，そして業務環境支援があるが，それらが有機的に統合されている点にこのシステムの特徴がある。一方で高業績業務システムを肯定的および批判的側面から分析することによって，このシステムを客観的な視点から位置づけることも本章の重要な課題である。

第9章「サウスウエスト航空の人的資源管理」は，熾烈な競争と不安定な経営環境に特徴づけられる航空業界においてひとり勝ちを続けているサウスウエスト航空を取り上げ，その成功の秘密としてのユニークな企業文化と資源ベース・アプローチに焦点を合わせている。ただし，ユニークな企業文化と高い業績との間のダイレクトな関係を示す事例として同社を取り上げているわけではない。そこで強調されているのは，いかなる企業文化であれ他社が模倣できないような卓越した企業戦略と業務活動の実現に貢献する限りにおいてはじめて競争優位の源泉になりうるということであり，企業文化を単なる理念に終わら

せず日々の業務実践として具現化させるためには人的資源管理による一人ひとりのあるいは集団としての従業員に対する「しつこい」ほどの働きかけが不可欠であるということである。いいかえれば，企業文化，企業戦略，業務活動，人的資源管理の間にアラインメント（整合，連携）が達成される限りにおいて企業文化は競争優位の源泉たりうるのであり，その意味においてサウスウエスト航空は資源ベース・アプローチの代表的事例なのである。

第10章「フォード社の人的資源管理」は，フォード社における従業員参加の分析，そして人的資源管理という観点から見た従業員参加の意義を明らかにすることを課題としている。近年，従業員参加という言葉を目にする機会は減ったが，それは高業績業務システムの一環として広く採用されておりその評価も高い。同社にあって，従業員参加はQWLや品質の改善を主たる目的として導入された。その活動内容は基本的にわが国の小集団活動と同じものと考えてよいが，バリエーションは広がりつつある。労使共同による運営形態をとっていること，それゆえ，労働組合への配慮が多々なされていることが同社従業員参加の特徴といえる。経営側，組合側双方が従業員参加の成果を評価しており，一般従業員の多くもそれを肯定的に捉えている。その一方で，先にみた組合への配慮ゆえに，従業員参加活動はさまざまな制約を受けざるを得ないという側面もある。同社の人的資源管理という視点に立てば，労使協力体制をベースとした従業員への意思決定機会の付与，従業員の生活支援など現代的な人的資源管理の導入・実践の大きな契機となったという事実に従業員参加の有する意義を見出せる。この労使協力体制を維持・発展させることで同社は90年代を通じ，極めて安定した経営を展開することができた。昨今，経営的苦境に陥った同社は大規模な人員削減・工場閉鎖を進めているが，これをもって同社の人的資源管理政策が大きく転換した，あるいは従来の政策が誤っていたと判断することは早計であると本章は主張している。

第11章「人材ビジネスの新展開と人的資源管理」は，アメリカのベンチャー企業を中心に，「共同雇用」をその最大の特徴とする新たな人材ビジネスであるPEOs（Professional Employer Organizations）を取り上げている。PEOs

は，1990年代アメリカ経済の躍進をある意味では支えた人材ビジネス（具体的には，労働者派遣事業，職業紹介事業，エグゼクティブ・サーチ事業，アウトプレースメント事業など）の一環として登場したものであるが，この「共同雇用」という特徴づけに端的に表されているように，他の人材ビジネスとはその趣を異にしている。本章では，非典型労働者を取り巻く問題を一定解決する方途として登場したＰＥＯｓが，今後の労働力流動化策の進展のなかで，かえって労働者にとってはその権利侵害ともなる問題を生じさせる可能性をもつものであることを指摘している。

第12章「リンカーン・エレクトリック社の人的資源管理」は，インセンティブ・マネジメントと呼ばれる，1世紀近く大きな変更も受けずに実施され続けている出来高給制とボーナス制を中心とする一見単純な人的資源管理の体系が，いかにリンカーン・エレクトリック社を世界最大のアーク溶接機器・溶接材料メーカーに発展させることに寄与してきたか，そしてなぜ現在も競争優位の源泉であり続けているかが検討されている。そして，個々の要素は単純であるけれども，長期にわたる試行錯誤と学習によって，システムの一つの要素の短所が別の要素の長所によって埋め合わされるような「補完的」関係が網の目のように形成されてきたがゆえに，インセンティブ・システム全体を模倣することが困難であることに，リンカーン・エレクトリック社の他の追随を許さないパフォーマンスの秘密があることが最後に指摘されている。その意味で，同社の人的資源管理もまた資源ベース・アプローチの有力な例証であるといえる。

第13章「ＳＡＳインスティチュート社の人的資源管理」では，資源ベース・アプローチを体現するＳＡＳインスティチュート社の人的資源管理が取り上げられている。同社は，フォーチュン誌の「アメリカでもっとも働きやすい会社ベスト100」の常連として有名である。同社がそのように評価される理由は，一言でいうならば，従業員を人的資源として育成・開発し，活用するという点にある。そのために，同社には1920年代のウェルフェア・キャピタリズム（第2章参照）や「家族としての企業」（第3章参照）を彷彿させるような諸制度が導入されている。だがそれは，単に家父長的な意味合いではなく，「知る力」を

顧客に提供するという同社の企業戦略に基づくものである。

　以上の各章は，限られた紙幅のなかで，アメリカ企業の人的資源管理の諸相を可能な限り最新の資料に基づき分析している。これらの分析により，読者はアメリカ企業の人的資源管理に重層的・多角的に接近できるだけでなく，それを通してわが国の企業で展開されている雇用・労働システムの新動向についても深い関心をもたれる一助となれば，執筆者一同これにまさる喜びはない。読者諸氏から忌憚のない意見を賜れば幸いである。

　末尾ながら，税務経理協会社長大坪嘉春氏には，出版事情の困難な折にもかかわらず，本書の出版を快くお引き受けいただいたことに厚く御礼申し上げたい。書籍企画部の峯村英治氏と書籍製作部の岩渕正美さんには，企画の段階から編集・校正に至るまで再びお世話になった。感謝の意を表するとともに，本書の出版事業にご尽力いただいた多くの方々にもあわせて御礼申しあげる次第である。

2006年3月

伊藤　健市
田中　和雄
中川　誠士

CONTENTS

はしがき

Chapter 1　人的資源管理の概念と体系 ……………3
1　人的資源管理の概念と体系……………………3
2　人的資源管理の2種類のモデル………………7
3　人的資源管理の体系……………………………9

Chapter 2　人事管理から人的資源管理へ …………31
1　人事管理の登場…………………………………31
2　ニューディール型労使関係と人間関係論……39
3　1950〜60年代―行動科学の影響―……………43
4　1970年代―ローズタウン・ストライキ―……47
5　1980〜90年代―組織志向から市場志向へ―…49
6　将来展望―資源ベース・アプローチ―………52

Chapter 3　雇用システムの変遷と人的資源管理 ……57
1　1980年代半ばまでの雇用システム……………57
2　雇用システムを変えた要因……………………61
3　現在の雇用システム……………………………64

Chapter 4　賃金システムの変遷と人的資源管理 ……… 77
1　戦後アメリカ企業の賃金システム…………………… 77
2　賃金システムの新たな展開…………………………… 80
3　企業の具体例…………………………………………… 83

Chapter 5　コンピテンシー概念と人的資源管理 ……… 89
1　コンピテンシー概念の成立…………………………… 89
2　コンピテンシー・モデルと活用領域………………… 92
3　コンピテンシーの人的資源管理への適用と実施…… 94
4　コンピテンシー・マネジメントの特質 ……………… 102

Chapter 6　３Ｍの人的資源管理 ……………………… 107
－リーダーシップ・コンピテンシー・モデルの適用－
1　人的資源管理とコンピテンシー・モデル …………… 107
2　３Ｍの経営上の特徴と人的資源管理原則 …………… 108
3　リーダーシップ・コンピテンシー・モデルの開発 … 111
4　コンピテンシーの行動定義と活用領域 ……………… 118
5　リーダーシップ・コンピテンシー・モデルの評価 … 122

Chapter 7　ＡＴ＆Ｔの人的資源管理 ………………… 127
－1984年企業分割後の展開を中心に－
1　ＡＴ＆Ｔにおけるリストラクチャリングの展開 …… 127
2　1984年企業分割前のＡＴ＆Ｔと「電話ファミリー」… 130
3　修正同意審決（ＭＦＪ）によるＡＴ＆Ｔ企業分割と
　　労使関係の変貌 ………………………………………… 132

4　1996年電気通信法後のＡＴ＆Ｔのリストラクチャリング
　　　　と解体・消滅 ……………………………………………141

Chapter 8　高業績業務システムの展開と
　　　　　　人的資源管理 ……………………………………147
　　1　高業績業務システムと人的資源管理 ………………147
　　2　高業績業務システムの普及 …………………………148
　　3　高業績業務システムの展開の背景 …………………149
　　4　高業績業務システムの具体的内容と実践例 ………152
　　5　高業績業務システムのゆくえ―労使相互の利益はあるのか―
　　　　………………………………………………………160

Chapter 9　サウスウエスト航空の人的資源管理 ……167
　　　　　　－資源ベース・アプローチの例証として－
　　1　サウスウエスト航空の沿革 …………………………171
　　2　サウスウエスト航空の企業戦略と業務活動 ………174
　　3　サウスウエスト航空の企業文化 ……………………181
　　4　サウスウエスト航空における人的資源管理 ………184

Chapter 10　フォード社の人的資源管理 ………………195
　　　　　　　－従業員参加を中心に－
　　1　従業員参加とは何か …………………………………195
　　2　ＥＩ導入の背景とその理念および構造 ……………197
　　3　ＥＩの活動内容および経営上の位置づけ …………200
　　4　ＥＩを巡る諸見解 ……………………………………203

5　EIの特徴とフォード社人的資源政策へのインパクト …207

Chapter 11　人材ビジネスの新展開と人的資源管理 …215
　　　　　　　－PEOsを中心に－
　　1　アメリカ会計検査院報告 …………………………………216
　　2　人材ビジネスの新展開－PEOs－ ……………………222
　　3　PEOsの問題点 …………………………………………227

Chapter 12　リンカーン・エレクトリック社の
　　　　　　　人的資源管理 ………………………………………231
　　　　　　　－インセンティブ・マネジメントを中心に－
　　1　リンカーン社の沿革 ……………………………………233
　　2　経営哲学と企業戦略 ……………………………………234
　　3　インセンティブ・マネジメント・システム …………235

Chapter 13　SASインスティチュート社の
　　　　　　　人的資源管理 ………………………………………245
　　　　　　　－資源ベース・アプローチの例証として－
　　1　「フォーチュン100」……………………………………245
　　2　SASインスティチュート社の人的資源管理 …………251

INDEX …………………………………………………………259
　人名索引 ………………………………………………………259
　企業索引 ………………………………………………………261
　事項索引 ………………………………………………………262

現代アメリカ企業の人的資源管理

伊藤　健市
田中　和雄　編著
中川　誠士

Chapter 1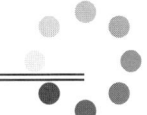

人的資源管理の概念と体系

1 人的資源管理の概念と体系

(1)「人的資源」の概念

「人的資源管理」(Human Resource Management)において一般に想定されている「人的資源」(human resource)とは,生命体である人間を資源ベースで把握する概念にほかならない。人的資源は,労働手段・労働対象などの物的資源,資本金・借入金などの財務的資源,各種の情報資源とならび,企業を構成する重要な経営資源のひとつと考えられている。それらは形態のいかんにかかわらず利潤を企業にもたらす限りにおいて,等しく資源として想定される。そうした経営資源のなかでも人的資源は,利潤の源泉である剰余価値生産に直接かかわる存在である。それゆえ,剰余価値生産の観点からその資源のもつ可能性を把握し,それを極大化する努力は,資本主義体制を前提とする限り大きな意義がある。

とりわけ,情報通信技術をはじめとする生産力・生産技術の高度な発達を梃子にしたグローバリゼーションの進展という環境のもとで,地球規模の市場で競争することを余儀なくされる現代の巨大企業においては,持続的な利潤の確保のために人的資源のそうした新しい状況への適切な対応が焦眉の課題となることはいうまでもない。

人的資源管理とは,企業におけるそうした課題に向けた努力の一環であり,人的資源を対象とする管理の総称である。

(2) 「人的資源管理」の成立

　人的資源管理は，1970年代後半以降，アメリカにおいて，従来の「人事管理」（Personnel Management）にかわる概念として確立された（詳しくは第2章を参照のこと）。それは管理制度として体系化の努力が行われ，現在，アメリカの巨大企業を中心に広範に実施されている。

　また，わが国やイギリスにおいても人的資源管理についての研究・議論が活発に行われ，企業に導入・定着する例を見ることができるようになった[1]。こうしたことは，他のアジアやヨーロッパの工業諸国に同様に見られる傾向である。すなわち人的資源管理は，今や世界的に人事管理にかわる新しい概念・管理制度として導入・定着がなされる傾向があるかのようである[2]。このことは人的資源管理の一般性を意味するものと理解できよう。

　しかしそれにもかかわらず，人的資源管理はアメリカにおいて成立し，実践が始まったという事実を確認しておく必要がある。すなわち，その成立・実践はアメリカ産業界で試行錯誤を繰り返してきた諸実践，当該分野に応用される諸科学のアメリカでの展開，日本企業の雇用・労働慣行のアメリカ企業への影響，1980年代における労使関係の変容など，アメリカ産業界に特殊な要因と緊密に関連しているのである。それゆえ人的資源管理はアメリカ産業界に特殊な内容を有していると考えなければならない[3]。

(3) 「人的資源管理」の特質

　人的資源管理を従来の人事管理と比較する場合，その「人間観」，「構造」，「対象領域」，「基盤理論」，「労使関係観」において顕著に相違する点があることが理解できる。それは人的資源管理の人事管理からの展開を反映する要因である。それをここでは，人的資源管理の特質と考える。

1） 人的資源管理の「人間観」

　人的資源管理という名称に端的に見られるように，それは，従来の人事管理

が基盤としている人間を代替可能な労働力と見る人間観にかえて，人間を開発可能な資源あるいは社会的資産と見る人間観を基盤としている。そうした人間観は，行動科学(behavioral sciences)や組織行動論(organizational behavior theory)などの諸理論，あるいはアメリカのエクセレント・カンパニーの諸実践や日本企業の雇用・労働慣行からの影響のもとに形成されたものであると考えられる。人的資源管理における職務システム革新の例や，重視される教育訓練・能力開発は，こうした人間観に基づいて具体化された制度である。

2） 人的資源管理の「構造」

人的資源管理では，「経営戦略」(business strategy)との関係が重視されている。現代の企業における経営戦略の重要性については議論の余地は無いであろう。人的資源管理は，そうした経営戦略と統合され，その一翼を担っており，したがって，経営戦略の実施のみならずその形成にも重要な機能を果たす職能もしくは部門と考えられるようになっている。経営戦略を人的資源管理と統合することは，組織の成功に人的資源が重大な貢献をしていることを示している点で意義がある。

さらに，人的資源管理は，人的資源の能力を最適レベルで活用するための空間と機会を提供することに大きな関心をもつことから，組織構造や職務構造が設計される方法に特別の注意を払っている。企業環境の変化は激しく，そうしたなかで競争優位を獲得・維持するために，組織のフレキシビリティやクリエイティビティの開発は重要な課題となるので，その責任を人的資源管理が負うことになるのである。

3） 人的資源管理の「対象領域」

人的資源管理の対象は，労働者から経営層に至るまで，企業の全構成員に及ぶ。従来の人事管理は，労働者を対象とし，さらに管理者の管理(managing the manager)を実施していた。人的資源管理が，経営層をも対象とするということは，そうした人事管理のいっそうの展開という性格をもつものである。この特

質は，経営者の教育訓練・能力開発の問題に典型的に見ることができるが，さらに，経営者の能力を客観化・標準化し，それを後継者育成計画に利用したり，経営者の業績評価に利用するコンピテンシー・マネジメント (competency based management) において顕著に見られるようになる。

　さらに，人的資源管理は，組織文化の問題を取り上げている。組織文化は，経営戦略や構造と密接に関連しており，募集，選考，評価，報酬，教育訓練・能力開発のような諸活動に影響を及ぼしている。組織文化の問題は，1980年代に日本企業の成長の秘密を解明する試みとともに争点となった。日本企業に見られるある一定の重要な価値が，組織における行動に影響を及ぼしていると考えられたためである。人的資源管理では，組織文化とそれを変革し管理する試みが，重要なテーマと考えられていることは，従来の人事管理には見られない特質である。

4）　人的資源管理の「基盤理論」

　人的資源管理はシステム論 (system theory) の影響のもとに成立している。人的資源管理は，経営戦略と統合されていることにより，企業の外部に対して，オープン・システムを形成していると考えることができる。また，企業をシステムとした場合，人的資源管理は，そのサブ・システムである。さらに，人的資源管理は，人的資源プランニング，業績管理，報酬管理，教育訓練・能力開発などの相互に補完しあうテクニックをサブ・システムとするシステムであると考えることができる。

5）　人的資源管理の「労使関係観」

　人的資源管理は「労使関係」(industrial relations) にかえて「従業員関係」(employee relations) を重視している。人的資源管理が出現するまで，従業員関係に相当する領域は，労使関係であり，労務管理の前提として重視されていた。そこでは，経営者と労働組合との間で，団体交渉や労使協議制を通じて賃金や労働時間などの基本的な労働条件や作業条件を決定していた。しかし，現在の

従業員関係は，労働者との直接的なコミュニケーションや個人レベルでの従業員との接触を重視し，従業員の参加（involvement）を広げ，コミュニケーションの増大，フレキシビリティ，取り上げる事項の拡大などを通して，従業員の経営参加が進むように努力している点で，これまでの労使関係とは異なっている。このことは，1980年代よりのアメリカの労働組合運動の停滞，労使関係の変容と交渉力の低下を直接反映するものであるが，さらに重要なのは，そうした労使関係の変容を前提として初めて，人的資源管理の主要な命題である経営戦略との統合，人的資源プランニング，組織構造のフレキシビリティ，職務再設計，組織文化の変革などの問題の実現が可能となるということである。

2　人的資源管理の2種類のモデル

　アメリカにおける人的資源管理の展開を体系的に示しているマッケナ（E. McKenna）とビーチ（N. Beech）によれば，それには2種類のモデルがある。一方は「ソフト」と呼ばれ，他方は「ハード」と呼ばれている。しかし，それは一方が容易で，他方が困難であるということを意味するものではない。ソフトな問題とは，明確に定義されてはおらず，代替的な問題解決方法や潜在的な解答が予想されるものである。また，ハードな問題とは，明確な定義とそれを解決するために同意されている方法とをもち，確実な解答があるものである[4]。

　人的資源管理におけるソフト・アプローチは，ハーヴァード・グループにより開発されたモデルに類似するものであり，人間を社会的資産と見る人間観を基盤に展開されている。他方，ハード・アプローチは，ミシガン・グループにより開発されたモデルに類似するものであり，人的資源管理と経営戦略との統合を重視して展開されている。

(1)　ハーヴァード・モデル —— ソフト・アプローチ

　1981年に，ハーヴァード・ビジネス・スクールのMBA課程に初めて人的資源管理という科目を開設したビアー（M. Beer）やスペクター（B. Spector）など

ハーヴァード・グループによれば、人的資源管理とは、企業と従業員（すなわち人的資源）との関係のあり方に影響を与える経営の意思決定や行動のすべてを統轄するものである。そこでは人的資源は社会的資産として認識されている。したがって、人的資源の能力、内部的諸関係を開発していくことは投資のパラダイムのなかで考えられている。

ビアーらはこうした認識に基づき、人的資源管理を構成する4つの制度領域を提示している。「職務システム」(work system)、「人的資源のフロー」(human resource flow)、「報酬システム」(reward system)、「従業員からの影響」(employee influence) がそれである[5]。

その特徴は、「職務システム」の制度領域に端的に見られるように、「職務システム革新」により、従来の「コントロール・モデル」に代わり「コミットメント・モデル」が展開されており、4つの制度領域が構造的に理解され、そのシステム化が図られている点にある。

たとえば、従業員の職務上の責任を拡大したり、職務内の決定に従業員を参加させることを増大したりすることを通じて従業員の企業の目標に対するコミットメントを高めていく「職務システム革新」を行おうとする場合には、雇用保障を確実にする「人的資源のフロー」の制度、さらには、新技能の修得を促進したり、あるいはコスト削減や利益向上が実現した場合にその成果を従業員に分配していくといった「報酬システム」からの支援が必要となる。そして、それぞれの制度領域の意思決定には、「従業員からの影響」のメカニズムが考慮されなければならない。このように、各制度領域の間には適切な一貫性または調和が保たれている必要があることが指摘されている[6]。

(2) ミシガン・モデル ── ハード・アプローチ

もう1つの人的資源管理は、経営環境の変化にフレキシブルに対応するための経営戦略の一翼を担う、戦略的人的資源管理 (Strategic Human Resource Management：SHRM) として展開される。

ティチー (N.M.Tichy) らミシガン・グループによれば、戦略的人的資源管理

は，組織の存在理由と戦略，組織構造，人的資源管理という3つの側面から把握されている。人的資源管理は，選考，評価，報酬，開発という4つのサブ・システムからなるシステムとして捉えられている。ティチーらは，それぞれのサブ・システムを戦略レベル，管理レベル，業務レベルから把握する。とりわけ戦略レベルから，「戦略的選考」(strategic selection)，「戦略的評価」(strategic appraisal)，「戦略的報酬」(strategic rewards)，「戦略的開発」(strategic development) を提示している[7]。

戦略的選考とは，組織の事業戦略を支援するために，内部労働市場と外部労働市場からの雇用に関するすべての活動である。戦略的評価とは，既存の従業員の潜在能力を戦略の観点から客観的に評価することであり，戦略の実施に貢献する。戦略的報酬とは，長期的な戦略目標を達成するための，内的報酬と外的報酬のシステムを構築することである。戦略的開発とは，企業が将来必要とする従業員の適切な能力を戦略の観点から教育訓練，あるいはキャリア形成を実施することである。

ビアーらハーヴァード・グループも，人的資源管理を戦略的な視点から捉えているとしていた。しかし，一貫してゼネラル・マネジャーの視点が強調されるにとどまり，その戦略的な展開については十分明確にされているわけではない。ティチーらの戦略的人的資源管理により，人的資源管理と経営戦略との統合という概念や具体的な制度としての展開の意義が明確となった[8]。

3　人的資源管理の体系

前述のマッケナとビーチによれば，アメリカにおける人的資源管理は次のような概念および方法からなる体系として理解されている。

(1) 経営戦略と組織構造[9]

1) 経営戦略と組織構造の概念

「経営戦略と組織構造」(strategy and structure) は相互に関連しており，とも

に企業の成功にとって重要なものである。組織構造の性質を決定することは，重要な戦略的意思決定であり，そこではトップ・マネジメントの影響が重要な役割を果たしている。しかしながら，企業を取り巻く環境（たとえば，技術的環境，市場的環境，経済的環境，政治的環境）もまた経営戦略と組織構造の決定にきわめて重要な役割を果たしている。

　企業を取り巻く環境の変化は激しく，そのことは，企業の競争優位を獲得・維持するための大きな責任を人的資源管理に負わせることになる。経営戦略を人的資源管理と統合することは，人的資源が組織の成功にとって重要であることを示している。

2） 経営戦略と組織構造の方法
① 経営戦略

　経営戦略は，企業を環境の変化に適応させるための戦略であり，戦略的プランニングが重視される。それはもっとも単純な形態においては組織目標を設定することであり，次にはそれらの目標を達成するための行動の包括的なコース，すなわち戦略を決定することである。そこで用いられる戦略は，諸資源を効率的に利用することだけでなく，諸資源の動員が最大の効果を達成するのを確実にすることにかかわっている。戦略的プランニングのプロセスには次の5つのステップがある。

a) **企業理念の定義と企業ミッションの準備**　組織の価値やその存在意義といった事柄を準備することである。

b) **環境条件の検討**　組織のミッションを遂行する能力に影響を及ぼす技術的・経済的・政治的・社会的諸力を体系的に分析することである。

c) **組織の短所と長所の評価**　組織の内部資源の基盤であり，さまざまな促進的あるいは抑制的な影響についての検討である。

d) **目標と目的の開発**　組織のミッションの実現をめざす明確な目標と目的を決定する活動である。

e) **戦略の開発**　企業はどのような方向転換を行うべきであろうか，企業は

どのような新しい組織構造とプロセス，技術開発，財務編成，そして人的資源政策を採用するべきか，という戦略の開発である。この段階で，企業は人的資源に関して戦略的に考え始めることになる。

② **戦略的人的資源管理**

ミシガン・グループは，経営戦略と人的資源管理の諸問題，すなわち組織構造，組織文化，従業員の資源化，能力開発などの問題とを関連づける戦略的アプローチの意義を強調している。この観点から，人的資源管理のテクニックを以下の3つのレベルにおいて把握する。

a) **戦略的レベル** このレベルでは，組織と外部環境との接点に焦点が当てられ，以下の諸活動が顕著な特色をもつ。

 （ⅰ） 後継者育成計画——将来の世代のマネジャーを準備することを目的とする
 （ⅱ） 人的資源プランニング——将来必要とされるスタッフの人数と職種を予測するための基礎を提供する
 （ⅲ） 業績管理——組織に最も適合し，最善の結果を生む能力があると思われる業績評価システムのタイプを明示する
 （ⅳ） 報酬管理——将来最も効果的となる報酬システムを決定し，長期事業目的の達成につながる報酬のタイプを確認する
 （ⅴ） 教育訓練と能力開発——将来の労働力を要請する全体的な能力開発計画の概略を描く

b) **管理的レベル** このレベルでは，人的資源の政策，実践，システムを洗練化することが重視される。人的資源のための長期的な計画や政策は，募集や選考のプロセスの設計，あるいは報酬パッケージの設計といった具体的なシステムに変換される。

c) **業務的レベル** 監督者と作業員が財の生産あるいはサービスの提供を行う上で深く関与する現場のレベルである。ここで適切な人的資源が運用されることになる。

③ 組織構造

　人的資源管理は，人々の能力とスキルを最適レベルで活用するための空間と機会を提供することに大きな関心をもつことから，組織構造や職務が設計される方法に特別の注意を払う。組織構造の変化は経営戦略の変化によりもたらされる。チャンドラー（A.D.Chandler）は，経営戦略が単一製品から製品多様化へとシフトするにつれて，企業経営は最適な成果を達成するためにより精巧な構造を開発することを論証した。カンター（R.M.Kanter）によれば，組織には，より迅速でより創造的な行動，利害関係者とのより密接なパートナーシップ，変化する市場やテクノロジーへのフレキシブルな対応などが求められており，次の3つの戦略が必要とされる。

a）　シナジーを発見するためのリストラクチャリング　これは，全体の協働的努力によって付加された価値が諸個人の要素の総和よりも大きくなるような，効果的な組織の再編成が存在することを意味している。

b）　外部との戦略提携を形成するための境界線の開放　組織はコア活動に専念するとき，他の組織との短期的な戦略的提携から利益を得ることができる。これらの提携はさまざまな形態をとる。

c）　組織内からの新しいベンチャーの創造　イノベーションを促進する方法は，公式の開発部門に依拠する以外に，組織の構造と労働力に組み込まれているフレキシビリティを利用するプロジェクトなどがある。

(2)　人的資源プランニング[10]

1）　人的資源プランニングの概念

　「人的資源プランニング」（human resource planning）は，従業員に対する組織の将来ニーズを決定することから始まる。人的資源プランニングは戦略的人的資源管理と経営戦略の相互作用によって設定されるフレームワークの一部である。対照的に，伝統的なマンパワー・プランニングは，組織が必要な数の従業員をもつことに主たる関心があった。人的資源プランニングは，この視点を否定しているわけではないが，この面に関する理解を変えてしまったのである。

伝統的なマンパワー・プランニングでは，量的側面を偏重する傾向が明白で，「ハード面」での問題やその解決を扱うという志向が強かった。しかし，人的資源管理においては，とくに資源としての人間を重視している。この点で，「ハード面」での問題へのアプローチは，「ソフト面」での問題へのアプローチで補われねばならないという認識がある。この後者の面では，従業員の独創性，革新的な実践方法，フレキシビリティ，チャレンジのしがいのある問題といったことにかかわる質的な事項が取り上げられる。

人的資源プランニングは，外部環境の予測的な分析と，従業員を可能な限り活用することに関連している。そして，現在の労働力ないし将来の労働力の配置に関する可能性と費用の概略を示すことで，組織の戦略に情報を提供できる。そのことにより，募集や能力開発というその後につづく人的資源管理の諸活動に対し戦略的意思決定の含意することを前もって示すのである。したがって，人的資源プランニングは，戦略と実践を結びつける重要な要因と見なすことができる。

人的資源プランニングは，次の3つの局面から構成されている。
a） 戦略的人的資源プランニングにより確認された人的資源に対する需要
b） コスト効率のよい方法や能率的な方法での人的資源の活用
c） 現在の従業員数に示される人的資源の供給(内部調達)と組織外からの最適な応募者の潜在数で示される人的資源の供給（外部調達）

2） 人的資源プランニングの方法
① 人的資源に対する需要

マンパワー・プランニングの最盛期には，統計に基づく予測テクニックは，労働力の将来的な需要を予測する際に，変革の無い安定仮説に基づいていた。そのような方法は，将来発生するかもしれない混乱や市場の不確実性を所与とすれば，現実的ではない。人的資源管理というフレームワークで人的資源に対する需要を検討するときには，顧客や変化の状態の内容に注意を向ける傾向が明確に存在している。

人的資源に対する需要は，必要なスキルという観点からは労働力構成だけでなく，組織の将来ニーズに見合うスタッフ数としても定義される。たとえば，組織行動の拡大は，最適なスキルをもつ外部スタッフの募集という結果をもたらす。他方，企業の製品需要についての下落予測から，組織はスタッフ数の削減計画を実施する場合がある。

② 人的資源の活用

必要な人的資源数の確定は，従業員のスキルや才能を活用する方法を考慮せずには行えない。たとえば，製造業では，コンピュータの支援を受けた設計・生産（CAD／CAM）を導入する傾向が増加しているが，この傾向は，かつては労働集約的であったプロセスの遂行に必要とされた人的資源を減少させている。それはまた，要求されるスキルなどの質にも影響を及ぼしている。さらに，チーム作業を活用する傾向も増大している。かつては個々の従業員が生産プロセスの一部に専門化していたのに対し，従業員は小集団として製品やサービスの生産全体に責任をもつようになる。チームとして生産プロセスを遂行するには，より幅広い仕事を行う必要があるので，スキルのレベルに影響を及ぼしている。

③ 人的資源の供給

人的資源の供給は2つのアプローチ，内部調達と外部調達からなる。内部調達とは，必要とする人的資源を企業の内部から調達することである。その場合，年齢，学歴，資格，経験，スキルなど内部調達者のおもな特質が全社に照会される。内部調達を行うことができない場合は，外部労働市場から調達する必要がある。この外部調達は，調達の逼迫度，人口統計上の諸要因，社会的・地理的要因，求められる従業員のタイプを考慮して行われる。内部調達は外部調達に対して一定の有利さがある。すでに雇用されている者は，仕事の方法や組織文化を理解していると思われるし，能力や業績などの情報が得やすいからである。しかし，企業がその文化の変革を遂行する方法の1つが，望ましい組織文化に合致する価値や態度をもつ労働者を創造する外部調達の開拓であるということに注意しなければならない。

(3) 募集と選考[11]

1) 募集と選考の概念

「募集と選考」(recruitment and selection) は，組織と労働力の外部供給源とを結びつけることを意図している。募集は，一群の候補者を欠員となっている職位に惹きつけるプロセスで，選考は組織の新メンバーを採用可能な候補者から選ぶテクニックである。募集と選考は相当な費用を必要とするため，費用対効果の観点からこれらの活動に注意をはらう。

組織外からの募集には利点がある。組織外の候補者のスキルや価値観を利用することで，組織の運営に新しい考えを注入する機会を提供することができるからである。

募集と選考のプロセスは他のシステムと相互に作用しあっている。両者は，とくに，人的資源プランの遂行プロセスの一部を形成し，組織の教育訓練と能力開発に関する情報を提供する。

2) 募集と選考の方法

① **募集と選考の前提要件**

募集と選考は，それに先立ち「職務分析」(job analysis) の実施や，「職務記述書」(job description) と「職務明細書」(job specification) の準備という活動が前提となる。

a) **職務分析** 現在，欠員となっている職務には何が必要なのかを一連の分析によって明らかにする。職務分析は，後で職務記述書と職務明細書を作成する際に使われる基本的な情報，すなわち遂行される業務とそこでの業績達成に必要なスキルと特性についての情報を提供する。

b) **職務記述書** その内容は，職務の概要と職責，そして職務要件からなる。職務記述書は，募集・選考から給与の決定や教育訓練・能力開発にまで及ぶ数多くの人的資源にかかわる諸施策の基本原理である。

c) **職務明細書** 職務記述書に基づき，職務に必要な候補者の特性（教育程

度・資格・知的能力・コミュニケーション能力など）を規定している。

② 募集の方法

a) **応募者を惹きつける方法** 職務記述書と職務明細書により得られた情報は，当該職位の求人広告や応募者に「パックになった情報」を発信するのに使われる。

b) **募集情報** 組織外からの募集は，組織内からの応募を奨励する活動と同時に実施できる。職業安定所，求人仲介業者，エグゼクティブ斡旋業者，高等学校・大学などの教育機関，職場公開，新聞・専門雑誌での求人広告，電話のホットライン，インターネットなどにより情報を提供し，募集する。

c) **最終選抜者名簿への記載** 募集プロセスの最後は，職務明細書のプロフィールと一致した経歴と能力をもつ候補者が記載される最終選抜者名簿を作成することである。

③ 選考の方法

a) **面接** 対面式あるいは面接者グループによる面接は，もっとも一般的な選考テクニックと考えられている。面接は，被面接者が同僚と良好な関係を保てるか，組織文化にふさわしいかどうかを判断する際に，有効な情報を双方で交換する機会を提供する。

b) **心理学的検査** 選考目的のために使われる心理学的検査は，知能検査（intelligence tests）と性格検査（personality tests）である。選考のプロセスで，これらの検査の結果を考慮することの正当性は，職務における将来の業績を予測する際に有効であると考えられている。

c) **業務に準拠したテスト** 採用されれば行うであろう職務に付随する典型的な業務を行うように求められる。

d) **アセスメント・センター** 正しい決定を行うために，多様な選考方法を活用している。その方法には，面接や心理学的検査，ロール・プレイング，業務のシミュレーションなどがある。

e) **経歴書** 応募する際には，通常，標準的な申込書に記入するか，あるいは履歴書を提出する。これらの応募書類によって，年齢，学歴，経歴，現在

と過去の雇用に関連する個人情報を得ることが期待できる。
f） **身元保証書**　候補者は，通常，身元保証人を指名するように求められる。身元保証人の機能の1つは，候補者が提供した情報の正確さを確認することであり，もう1つの機能は人物証明書を提供することにある。

(4) 業 績 管 理[12]

1） 業績管理の概念

従業員の業績に対する判断は，非公式・公式の違いはあるものの，高い頻度で行われている。非公式システムのもとで，上司は部下の業績に対し主観的な判断を継続してくだしている。対照的に，公式の評価テクニックに従えば，その判断は客観的であるとみなされる。公式のシステムでは，「業績評価」（performance appraisal）と「業績管理」（performance management）という用語が適用される。どちらも，上司とその部下が達成されるべきことについての理解をいかに共有するかに関係している。上司は，当然のこととして，長期・短期にかかわらず，部下に対する管理と能力開発がどのような業績に結果するかということに関心をもつ。その際，業績は後述のテクニックを利用して測定され，目標や計画と関連づけられる。こうして，部下は能力向上に関するフィードバックを受けることになる。業績評価システムを検討する際には，以下の目的が考慮されなければならない。

a）被評価者は，上司とのオープンなコミュニケーションのもとで業績の目標を設定し，上司はパートナーシップを奨励すること

b）信頼性があり，公正で，客観的な業績尺度を利用して，予定されていた業績と実際の業績とを比較し，被評価者にフィードバックすること

c）業績が最適と思われる点を下回っていれば，教育訓練や能力開発の必要性の査定に基づいた個人別の改善計画を被評価者に指摘すること

d）評価プロセスにしたがって，外的報酬（たとえば，業績連動型給与）と内的報酬（たとえば，スキル向上の機会）の両者を配分する準備を行うこと

e）従業員の満足感，個々人の能力の完全な活用，企業文化の変革，個人目

標と組織目標との調和のとれた状況下で組織目標を達成すること
f) 業績管理が全般的なマネジメント・プロセスの中心であるとの認識をもつこと

2) 業績管理の方法
① 業績評価テクニック
従業員の業績を評価する際には，一般に以下のテクニックが利用されている。
a) **文書での報告書** 評価者による被評価者の長所，短所，業績，潜在能力，改善に対する示唆などの説明。
b) **クリティカル・インシデント** 特定の業績との関連で，経験した困難な出来事やそれに対する有効な対応などの総合的な検討。
c) **図式評価尺度** もっとも一般的な評価方法。定量分析やデータの比較に役立つ。仕事の質，技術に関する知識，協調性などの業績要因を1～5の尺度に基づいて評価する。
d) **他者との比較** 1人あるいはそれ以上の人と対比して業績を査定する相対評価である。個人ランキング法，グループ・ランキング法，ペア比較法がある。
e) **多人数評価者による比較評価** 一例としてアセスメント・センターがある。評価プロセスは，面接，精神測定検査，関連する仕事のシミュレーション，同僚の評価，経験豊富な考課者による評価からなる。
f) **目標管理** 設定された目標の達成に必要な支援や教育訓練が実施される。期末に業績の評価がなされ，新しい目標が設定される。
g) **自己評価** 出勤(率)，生産性，品質，安全性，チームワーク，コミットメントなどの基準に対して自分自身を評価し，評価用紙に記載する。

② 業績評価の2つの立場
業績評価プロセスに関しては，2つの主要な立場がある。1つは査定型，もう1つは能力開発型である。査定型評価とは，被評価者に対して判定をくだすということである。この判定は，被評価者の業績とそれに先だって立てられた

Chapter 1　人的資源管理の概念と体系

目標との，あるいは職務記述書上の項目との比較の後に行われる。このタイプの評価は，賃金などの外的報酬の配分と関連する。

能力開発型評価は，将来の業績に焦点をあてて，被評価者の潜在能力を確認し，開発しようというもので，キャリア・プランニングや後継経営者・管理者の育成と結びつけられる。この評価のプロセスでは，面接やカウンセリングが重視される。

これら2つの業績評価の立場は，フィードバックの必要性を強調しており，そこには将来の自己啓発を指摘することの重要性が視野に入れられている。

(5)　報酬管理[13]

1)　報酬管理の概念

組織内部において，報酬システムを管理する目的は，組織目標を達成するために組織が必要とする人的資源を惹きつけ，定着させることにある。従業員の貢献を獲得し，高レベルの業績を維持するためには，従業員のモチベーションとコミットメントを増大させることが必要となる。「報酬管理」(reward management)は，組織目標と個人目標との一致をもたらすことを目的としている。

人的資源管理における報酬管理は，賃金あるいは給与，ボーナス，歩合給，利潤分配制のような金銭的報酬とインセンティブに関係する外的モチベーションに限定されない。それはまた，職務の多様性とやりがい，達成感，承認，責任，スキルを獲得する機会とキャリア開発，そして意思決定プロセスにおいてより多くの影響力を行使することを求める従業員の心理的欲求を満足させる非金銭的報酬にも関係する。非金銭的報酬は内的モチベーションとみなされる。

2)　報酬管理の方法

①　報酬の決定方法

伝統的に，報酬システムは団体交渉によって決定されてきた。そこでは，経営者と従業員の代表者(通常は労働組合の役員)が集団として従業員のために賃金レートを交渉していた。賃金決定にこのアプローチをとる場合には，「職務評

価」(job evaluation) というテクニックが利用される。職務評価は，さまざまな職務間の相対的関係を決定し，各職務に対応する賃金レートの体系的な構造を設定するために，一企業レベルあるいは産業レベルで確立されるプロセスである。職務評価には，職務の要求する教育水準やスキル・レベルなど多様な要素を評価する要素比較法，点数法，序列法，等級法があるが，最近では，組織に対していかなる意義ももたない要素は除き，単一要素のみ評価する「コンピテンス（能力）とスキル分析」法が，管理階層の簡略化や組織構造のフラット化という現代の条件に適合するものとして利用されている。

② 報酬システムの種類

人的資源管理における報酬管理のうち外的モチベーションとしては以下の制度がある。

a) **時間賃率** 労働時間数を基準とする報酬制度である。これは団体交渉において一般的である。

b) **成果給** 成果給は，給与を個人の生産量に結びつける。その先駆的存在は出来高給制度である。

c) **業績連動型給与** 成果給とは異なり，成果あるいは生産量だけではなく，獲得した知識や能力など職務における実際の行動を業績として考慮に入れる。個人の業績は，業績評価により査定され，設定された目標もしくは職務記述書に記載されている課業と比較される。

d) **集団的な業績連動型給与** 予算目標や組織の収益性を満足させる結果と報酬とを結びつけるこの制度は，報酬の個人主義的な性質を排除し，協力的な労働様式の形成に寄与するものであり，ストック・オプションと利潤分配制を含んでいる。

e) **能力給** 上述の制度は，生産の量や質，あるいは利益のような，活動の「アウトプット」面に着目しているのと対照的に，この制度は活動に必要な知識，スキル，コンピテンシーなど「インプット」面を強調する。能力給は，目標達成という視点からみて組織に利益を与えながらも個人を尊重する報酬制度である。それは人的資源に投資するという人的資源管理の目的と一致し

ている。

f） **カフェテリア・プランあるいはフレキシブル・ベネフィット制度**　従業員は，生命保険や医療費の補助など多くのベネフィットのメニューのなかから，自らにとって重要であり，受ける資格が与えられているものを選択する。アメリカでの医療費の企業に対する負担増は，フレキシブルな報酬を検討する動機を企業に与えている。

③　**動機づけ理論**

報酬制度の設計には，動機づけ理論が貢献している。労働の動機づけ理論は，組織においてどのような要因が人々を動機づけるかについての心理学的な説明を行っている。以下は，その代表的なものである。

a）　**経済人仮説**　テイラー（F. W. Taylor）の科学的管理法に採用されている仮説である。人々は私欲によって動機づけられ，彼らの所得を最大化するために努力すると考えられている。

b）　**人間関係論**　メイヨー（G. E. Mayo）とレスリスバーガー（F. J. Roethlisberger）により提唱された人間観である。モラールと生産性に貢献する動機づけ要因として，仕事上での承認と人間関係の重要性が強調されている。

c）　**欲求理論**　マズロー（A. H. Maslow）やハーツバーグ（F. I. Herzberg）に代表される理論である。前者は，人間の欲求を，低次なものから高次なものへの階層構造として捉え，生理的欲求・安定欲求・社会的欲求・自尊欲求・自己実現欲求という5つの欲求を提示し，より高次の欲求を満足させることを動機づけられるとしている。後者は，職務満足の研究の結果，その要因を経営方針や管理，作業条件のような改善しても不満のレベルを低下させるにとどまる「衛生要因」と，やりがいのある職務，達成感のような職務満足を直接もたらす「動機づけ要因」とからなることを発見した。両者の理論は類似しており，ともに「職務充実」などの実践の基盤理論である。

d）　**期待理論**　ポーター（L. W. Porter），ローラー（E. E. Lawler）やヴルーム（V. Vroom）などにより提唱された期待と努力との関係を示す理論である。たとえば，報酬について満足すべき水準を期待できるとき，そのような期待が

実際に実現するならば，生産的努力が継続される。
e） **公平理論** 努力と報酬との間の関係の公正な性質に関するアダムス（J.S. Adams）により提唱された理論である。具体的には，教育，経験，スキルというインプットと，給与，フリンジ・ベネフィットというアウトプットとの２つの変数の比較により認識される公正性が行動に影響を及ぼす。
f） **目標設定理論** 明確で，現実的であり，チャレンジのしがいのある目標が設定され，さらに設定に参加できる場合に，動機づけられるとするラーソン（E.W.Larson）などにより提唱された理論である。

(6) 教育訓練と能力開発[14]

1） 教育訓練と能力開発の概念

人的資源管理が人間の「資産」（assets）としての価値を高めるという目的を実現するためには，人間への投資は当然のことである。中核となる知識集約的な労働者がいる組織では，「教育訓練と能力開発」（training and development）は企業に付加価値をもたらす彼らの能力を維持するのに不可欠である。教育訓練と能力開発は，すべての組織にとっての万能薬ではない。しかし，従業員にスキルや知識を身につけてもらい，その能力を活用するよう動機づけることは非常に重要である。

現在では，教育訓練と能力開発は人的資源管理を媒介として，経営戦略と統合している。従業員を資源化するプランや組織全体の戦略的計画と合致した従業員の能力開発プランを設定することが組織にとって必然となる。従業員の教育訓練と能力開発は，単なるオプションではなく，人的資源管理の実践の本質的な部分であり，従業員に対する投資として選択すべきものである。

教育訓練と能力開発という用語は，しばしば混同して用いられている。従来，教育訓練とは，能力開発よりも即時的で，管理職に就いていない従業員の職務に関する知識やスキルを改善することに関連するものであるとされてきた。それと対照的に，能力開発は管理者を対象とする活動であり，創造性や構想力などの資質を開発することであると考えられてきた。しかし，このような区別は，

単純化しすぎている。現在では、全従業員に能力開発が必要であり、管理者にも業務上のスキルやコンピテンスを改善する教育訓練が必要であると考えられている。このように、教育訓練と能力開発とは相互に関係しており、相互に補足しあっている。

2） 教育訓練と能力開発の方法

　経営者の能力開発は、現在の管理者の業績を改善すること、彼らに個人的な成長や自己啓発の機会を与えること、将来の経営者の交代に対して後継経営者の育成など準備をしておくことに関係しており、組織内での昇進経路を計画・形成するキャリア・マネジメントが広く採用されている。

　管理職と非管理職双方のために実施される教育訓練と能力開発には多くの方法がある。以下は採用が可能な主なものである。

a） **デモンストレーション**　被訓練者が、経験を積んだメンバーから職務遂行の方法を例示され、それと同様に遂行する。この方法の長所は、学習が職務と直接関連していることである。しかし、この方法は、学習の体系性や業績改善に必要な適切なフィードバックを提供するものではない。

b） **コーチング**　上司が1対1または小グループ単位で管理テクニックを部下に指導するもので、訓練者と被訓練者との間に相互作用がある点がデモンストレーションと異なる。

c） **経験者による指導**　OJTの一種で、上級管理者を切望する者に適用され、その重要性は増している。被訓練者は、経験者－通常は直属の上司ではない上級管理者－のスキルを観察し、その行動を模倣し、採り入れる。経験者は、そうした活動を支援し、組織の方針や文化に関して貴重な意見を提供する。

d） **ジョブ・ローテーション**　従業員の職務経験を豊かにするために、系統立てて異動させることである。この方法の長所は、部門間のつながりが強化され、この活動の実施される範囲が広いゆえに、従業員にフレキシビリティが備わることである。

e) **職務に関連した別の経験**　ジョブ・ローテーションのほかに,「職務拡大」（job enlargement）も，従業員の職務経験を豊かにするために利用される。職務拡大は,「職務充実」（job enrichment）の垂直的な拡大に対して，水平的に職務を拡大する。

f) **フォーマル訓練**　この方法では，ケース・スタディ，ロール・プレイング，シミュレーションやプログラム化された学習とともに講義やディスカッションが利用される。フォーマル訓練は，従業員の全般的な能力開発のために，長期に及び大学や公開講座で学習するなどOff－JTとして実施されることもある。

g) **自己啓発**　自己啓発では，その主導権は本来個々人の手中にあり，経験からの学習に焦点が置かれる。このアプローチは，試行錯誤とは違い，経験の体系化を伴うものであり，過去の失敗を回避することを目的としている。

h) **企業外教育訓練**　企業外での教育訓練は，自発性，問題解決，協働の精神を活用しようとするものであり，チーム・ビルディングやリーダーシップ・スキルの開発に関心をもつ組織で用いられている。そこでは，登山に挑戦する時のように，肉体的に困難な状況に向かい合うといった経験がグループのメンバーに必ず共有される。それが，業務への協力的な姿勢や心理的な接近の進展に貢献するのである。

i) **教育訓練と能力開発の評価**　組織は，教育訓練と能力開発が期待した成果を達成したかどうかを最終的に知る必要がある。その方法として，第1は，教育訓練が始まって一定期間が経過した時点あるいは終了した時点で，アンケートを被訓練者に実施することである。第2に，とりわけ長期の教育訓練では，コースやプロジェクト修了時にテストが実施される。また，被訓練者がロール・プレイングを行ったり，ケース・スタディに取り組むという検査法もある。第3は,「職務行動レベル」（job behavioral level）での評価がある。これは，教育訓練の結果として行動が変化したかどうかを確認するために，学習効果の程度を被訓練者の上司や教育訓練のスペシャリストが評価するもので，活動のサンプリングやクリティカル・インシデントなどがある。

(7) 組 織 文 化[15]

1) 組織文化の概念

　国家レベルの文化が，組織内部の諸実践に影響することは，ホーフステッド (G. Hofestede) の研究により明らかである。その研究は，組織あるいは企業の文化に注意を向ける契機となった。

　シャイン (E. H. Schein) は，「組織文化」(organizational culture) を，所与の集団が，その外部への適応と内部の統合という問題に対処するための基本的に前提とするパターンとして定義した。モーアヘッド (G. Moorhead) とグリフィン (R. W. Griffin) による定義では，組織文化とは，人が組織においてその行動を容認されるか否か認識する際，それを支援する組織内で一般的に是認されている一連の価値である。

　組織文化の問題は，1980年代に日本企業の成長の秘密を解明する試みとともに争点となった。社会的結束，年長者への敬意，すぐれた労働倫理のような日本企業に見られるある一定の重要な価値が，組織における行動に影響を及ぼしていると考えられたためである。

　組織文化をアメリカの超優良企業の業績との関連で指摘したのは，ピーターズ (T. J. Peters) とウォーターマン (R. H. Waterman) である。彼らは，その基本的なものとして，行動志向的で明確な管理，顧客ニーズの確認と対応，自主性と企業家精神の奨励，従業員の企業管理への参画，熟知している領域への組織活動の集中と未知の領域への多角化の回避，複雑な階層制機構の回避，中央集権化と作業集団の自律性との統合をあげている。さらに，人的資源管理の「ソフト」な特徴，すなわち，スタッフ (staff)，スタイル (style)，システム (system)，スキル (skill)，価値の共有 (shared values) を重要視している。「超優良企業の理論」(excellent theories) として知られるこの研究は，企業文化，リーダーシップ，人的資源管理全般に対する関心を必然的に高めることになった[16]。

　組織文化は，経営戦略や構造と密接に関連しており，募集，選考，評価，報酬，教育訓練・能力開発のような諸活動に影響を及ぼしている。組織文化とそ

れを変革し管理する試みは，人的資源管理の重要なテーマである。

2) 組織文化変革の方法

　企業が，内外の諸条件の変化に応じて，その目標，構造，プロセスに多様な変革をもたらすことは当然である。戦略的レベルでは，市場で競争優位を獲得できるように，企業の目標が設定され適用される。作業レベルでは，生産性を改善するための活動が，労働慣行，雇用契約，システムおよび構造の変革に反映されている。そのような変革は，組織の文化により促進される場合もあれば，抑制される場合もある。そこで，感受性訓練，プロセス・コンサルテーション，サーベイ・フィードバック，チーム・ビルディング，グループ間開発などの「組織開発」(Organizational Development) の方法により変革と組織文化との間の均衡をはかることが必要となる。

　さらに，多くの企業はその存続を確保するため，あるいは競争優位を獲得するためには，組織文化それ自体の変革が必要であることを認識するようになった。それは，既存の文化が組織の期待する将来の状況と適合していないという事実を認識することにより促進されている。

　変革の必要性が確認されると，まず既存の組織文化の分析が行われる。次に，文化に関する限りで，期待される状況についての検討が必要となる。さらに，組織全体に浸透する強力なリーダーシップの必要性が指摘される場合がある。そこでは，リーダーが変革の必要性を認識し，適切な変革の動因を提起し，そして変革の促進に必要な刺激を創り出すために変革の象徴を形成する。文化の変革と発展においては，主として従業員の価値，態度および行動を変革する試みが重視される。

　シャインによれば，組織は文化を変革するために，次の「主要メカニズム」と「副次的メカニズム」に依拠している。前者は，指導する権限をもつリーダーの役割を重視する文化的リーダーシップによるものや，従業員への報酬配分や選考・昇進・退職などの基準を利用して，日常的に従業員の態度や行動に影響してゆく方法である。後者は，既存の機構やシステムの変革，企業からの

インパクトのあるメッセージを表現する設備や外観など物的環境，理念や方針に関する公式規定，企業の成功に重要な貢献をした人物などの評伝によるものである。

(8) 従業員関係[17]

1) 従業員関係の概念

人的資源管理が出現するまで，「従業員関係」(employee relations) に相当する領域は，労使関係であり，経営者に代表される雇用主と労働組合に代表される労働者との相互関係に深く結びついていた。それは，団体交渉や労使協議制といったプロセスを含み，企業および産業という2つのレベルにまたがっていた。しかし，現在の従業員関係は，労働者との直接的なコミュニケーションや個人レベルでの従業員との接触を重視している点で，これまでの労使関係とは異なっている。その結果，労働組合との相互作用は減少しつつある。

伝統的な団体交渉が賃金決定や労働条件に特化していたのに対して，人的資源管理的アプローチは，従業員の参加を広げ，コミュニケーションの増大，フレキシビリティ，取り上げる事項の拡大などを通して，従業員の経営参加が進むように努力してきた。これは，肯定的な意味をもつと受け取られる場合もあるが，他方では，人的資源管理というレトリックが反労働組合政策を覆い隠すために使われる場合もある。

2) 従業員関係の方法

従業員関係としては，一般に以下の方法が関与している。

a) **コミュニケーション**　コミュニケーションとは，経営者と従業員との間の自由な意思疎通のプロセスである。経営者にとって，企業理念や企業目標を従業員に周知させることは重要なことである。また，従業員は，業績に関して自身に期待されていることや，経営戦略の変更が自身の仕事に及ぼす影響を知らされる。良好なコミュニケーションは，組織内を循環する血液のように意思決定プロセスへの従業員の参加を促進し，それにより組織への個人

の一体感を高め，業績の改善につながる。掲示板や伝言，社内誌や社内報，協議委員会，プレゼンテーション，チーム・ブリーフィング，態度調査，提案制度などが主要なテクニックとして利用される。

b) **参加** 従業員参加は一般に，2つの主要な領域，すなわち従業員代表とマネジメント・スタイルとに関係がある。マクロ・レベルでは，集団としての従業員参加は，労働組合や労働者代表との協議や交渉に関する手続きによって統制されている。ミクロ・レベルでは，個人参加の程度は，採用されたマネジメント・スタイルによって決まる。

c) **労働組合による代表** 労働者は，賃金やその他の労働条件に関して経営側と交渉する際，一般に労働組合により代表される。経営側と労働組合との関係は，交渉か協議いずれかの特徴をもっている。しかし，1980年代における新しい労使関係のもとでは，経営側は交渉や協議を行わずに自らの意思を押し通す力をもっている。これまで経営側主導で実施された職務区分のフレキシブル化や廃止に反対してきた労働組合も，現在では対決色を薄めている。

d) **コンフリクト** 組織のコンフリクトは，集団レベルか個人レベルのどちらかで起こりうる。前者がストライキ，怠業，残業拒否などの争議行為にまで至るのに対して，後者は，無断欠勤，労働移動率の上昇，サボタージュとして現れる。これらはいずれも組織に損失を与える可能性があるので，早い段階でコンフリクトを解決する手段を用いる必要がある。

e) **安全・衛生** 企業内の安全・衛生施策が十分に理解され，適切に運用されることによって，莫大な人的・経済的利益がもたらされるにもかかわらず，これまで安全・衛生や福利の意義は人的資源管理で正当に評価されていなかった。安全な設備，衛生的な環境が提供されなければならない。

（注）
1) J. Storey and K. Sisson, *Managing Human Resources and Industrial Relations,* Open University Press, 1993.
2) D. R. Briscoe, *International Human Resource Management,* Prentice-Hall, 1995.
D. Torrington, *International Human Resource Management-Think Globally, Act*

Locally, Prentice-Hall International, 1994.
3) S. J. Carroll and R. S. Schulen (eds.), *Human Resources Management in The 1980s,* The Bureau of National Affairs, 1983.
4) E. McKenna and N. Beech, *The Essence of Human Resource Management,* Prentice Hall, 1995, pp. 12-13. 伊藤健市・田中和雄監訳 『ヒューマン・リソース・マネジメント』税務経理協会，2000年，16～17ページ。
5) M. Beer, B. Spector, P. R. Lawrence, D. Q. Miles and R. E. Walton, *Managing Human Assets : The Groundbreaking Harvard Business School Program,* The Free Press, 1984, pp. 39-176. 梅津祐良・水谷栄二訳 『ハーバードで教える人材戦略』日本生産性本部，1990年，69～196ページ。
6) R. E. Walton, "From control to commitment in the workplace", *Harvard Business Review*, Vol. 62, No. 2, March-April 1985, pp. 77-84.
7) N. M. Tichy, C. J. Fombrun and M. A. Devanna, "Strategic Human Resource Management", *Sloan Management Review,* 1982, No. 2, pp. 47-61. C. J. Fombrun, N. M. Tichy and M. A. Devanna, *Strategic Human Resource Management,* John Wiley, 1984.
8) W. H. Staehle, "Human Resource Management and Corporate Strategy", R. P. Pieper (ed.), *Human Resource Management : An International Comparison,* Wolter de Gruyter, 1990, pp. 33-34.
9) E. McKenna and N. Beech, *op. cit.,* pp. 21-49. 前掲邦訳書，27～60ページ。
10) *Ibid.,* pp. 78-94. 同上邦訳書，95～114ページ。
11) *Ibid.,* pp. 95-115. 同上邦訳書，115～140ページ。
12) *Ibid.,* pp. 116-127. 同上邦訳書，141～154ページ。
13) *Ibid.,* pp. 128-155. 同上邦訳書，155～188ページ。
14) *Ibid.,* pp. 156-175. 同上邦訳書，189～212ページ。
15) *Ibid.,* pp. 50-77. 同上邦訳書，61～93ページ。
16) T. J. Peters and R. H. Waterman, *In Search of Excellence,* Harper and Row, 1982（大前研一訳『エクセレント・カンパニー』講談社，1983年）．
17) *Ibid.,* pp. 176-192. 同上邦訳書，213～232ページ。

Chapter 2

人事管理から人的資源管理へ

　この章では，20世紀のアメリカにおける「ヒトの働かせ方」の変遷，別のいい方をすれば人事管理（Personnel Management）から人的資源管理（Human Resource Management）への変遷を考察する。

　アメリカ企業のなかで人事管理あるいは人的資源管理が演じてきた，もしくは演じている役割は，労働市場，政府の規制，そして労働組合という3つの要因に大きく左右されてきた。ここには社会的な規範，つまり何が公正な雇用を構成するのか，といった働く人々が企業に期待するものも含められる。先の3要因が，たとえば労働力不足，遵守すべき法律，組合員数の増加といった形で出現すれば，企業は種々の制度によってそれに対処する。こうした制度の総体が人事管理であり，人的資源管理である。この人事管理と人的資源管理の違いとは何か，それが働く人々にどういった影響を及ぼしているのか，こうした点を明らかにするのがこの章の目的である。

1　人事管理の登場

　アメリカで人事管理が確立するのは1920年代のことである。そのメルクマールは，雇用関係と労使関係に関する職能を遂行する人事部に代表されるスタッフ部門とそうした職能を担う人事管理者の登場にある。そこに至る潮流には，福利厚生を推進する運動と，現場監督者であるフォアマン（foreman，職長）のもつ権限を経営側が掌握することを目指した運動の2つがあった。

(1) 福利厚生 (welfare work) の展開

 19世紀末から20世紀初頭にかけて，アメリカでは社会主義や無政府主義が移民だけでなくアメリカ生まれの労働者や農民の間にも広まっていた。また，職業(種)別組合は企業との間で激しい争議を繰り返し行っていた。こうした状況に対して立ち上がったのが都市中間層に属する改革者で，「改善(betterment)」を合い言葉に，産業界では「産業改善 (industrial betterment)」を図るべく福利厚生の導入を推奨していた。福利厚生とは，従業員の快適さあるいは知的・社会的改善を提供するサービスのことであるが，産業上の必要性や法律で要請されたものではないものを指す。具体的には，社立学校，料理・裁縫教室，社立図書館，社内誌，社内の食堂やレストラン，救急施設，野球場やボーリング場といったレクリエーション施設などが含まれる[1]。

 この福利厚生の運用には，一般に福利厚生担当者と呼ばれる専門家を必要とした。彼(女)らは，経営陣に助言・勧告するスタッフ機能を担っていた。福利厚生が普及するなかで，経営陣はこうしたスタッフの意義とその役割を認め，何よりも従業員をどう管理するかという問題を意識するようになった。だが，福利厚生担当者の関心は仕事そのものではなく，仕事の環境や家庭生活に向けられていたことから，採用，解雇，教育訓練，給与支払いといった雇用に関する日常的な意思決定（雇用管理）にはほとんど関与していなかった[2]。

(2) 労働移動 (labor turnover) への対処

 アメリカが工業社会に入った19世紀末，大企業を含む多くの企業には従業員を管理する体系だった制度はほとんどなかった。従業員の管理を担っていたのはフォアマンであり，こうした状況はフォアマン帝国などと呼ばれていた。それは，彼らフォアマンが日々の生産から雇用に関する職場の意思決定に関する全権を握っていた状況を指している。アメリカン大学のドン・D・レスコーヒャー (Don D. Lescohier) 教授は，1900年頃に自身が働いていたデトロイト・ストーブ製作所を回顧しつつ次のように述べている[3]。

Chapter 2　人事管理から人的資源管理へ

「1890年代，いや第1次世界大戦までの工場での作業は今日［この文献は1960年に刊行—注，伊藤］とは随分と違っていた。まず第1に，非組合員の採用方法は，フォアマンたちが午前7時頃に工場の門に現れ，門の外に集まった労働者の一群を見渡し，顔見知りかもしくは良さそうだと思える者を手招きし，面接することなく門の中に入れるのである。……

欲しいだけの労働者を確保したフォアマンは，労働者を自分の部署につれていき，自分の部署の仕事に類した仕事の経験があるかどうかを確認するために面接，といっても一瞬で終わる面接をして仕事を割り振るのである。こうして採用された労働者は，通常，給料日になるまでいくら貰えるか知らないで働く。もし，採用時に給料はいくらかなどと聞こうものなら，フォアマンに門を指さされるだけである。……」

だが，技術と組織が複雑さを増すにつれて，職場を支配していたフォアマンと資金調達やマーケティングに専念する経営陣との分権化が問題となった。各部署ごとに権限をもつフォアマンの間では横の調整など行われることもなく，それによって生産の流れが妨げられたこと，何よりも経営陣が価格競争に必須のコスト（原価）を把握できなかったこと，が原因であった。ここに登場するのが体系的管理運動で，フレデリック・W・テイラー（Frederick W. Taylor）の科学的管理はその1つであった。科学的管理は，フォアマンに生産計画の立案方法や作業の遂行手順を教えるシステムであり，そこには原価計算や技術的職務と管理的職務を処理するスタッフ部門（職能的職長制度）も含まれていた。しかし，労働者の採用，解雇，教育訓練，給与支払い方法の決定といったフォアマンのもつ権限は放置されたままであった。

こうした状況を打開しようとしたのがリベラル派と称される人々であった。彼らの共通項は，フォアマン帝国で見られた異常な労働移動（離職）率であった。ブラッデン銅会社のブラッシャー（P. Brasher）が，労働移動の「最も高価で影響の強い原因の1つは，選考と雇用の非効率的で不適切な方法である。……もう1つの原因は，フォアマンのもつ見境のない解雇権にある……。これがほとんどあらゆる場合，自滅的な原因である」[4]と主張していたように，その大部

分はフォアマンの解雇権の乱用によるものであった。こうした事態を踏まえて，リベラル派の代表格であるフィッシャー（B.Fisher）は，「労働移動を引き下げるためには，進取の気概をもった者に管理される集権化された雇用部がまず第１に必要である。こういった部門が整えられることなしには，何ら特別な改善策を講じることはできない」5) と述べていた。

(3) デニスン製造会社の雇用部

　新しく登場した雇用部と雇用管理者は，フォアマン帝国を崩壊させる楔を打ち込んだ。それには，集権的な雇用事務所，従業員の懲戒と解雇のルール，雇用と賃金に関する記録の保持，教育訓練・業績評価・昇進に関する体系的な方法の採用，寄せ集めの賃金率を整理・合理化するための職務分析などがあった。以下では，デニスン製造会社（Dennison Manufacturing Company）を事例に，当時の雇用部・雇用管理者がどういった機能を担っていたのかを確認しておこう。

　同社は，「人間関係を改善し，労働移動を引き下げる」6) 目的で，1914年１月に雇用部を設置した。雇用部は，①同社内のさまざまな職務の要請を調査し，②この要請に最適な人物を選抜し，③十分に教育し，④職務に適応していない者は配置転換し，⑤何らかの原因で辞職する場合にはその理由を調査する，といった活動を行っていた。①と②を目的に各工場部門の部長とフォアマンが協力して職務分析を行い，職務記述書が準備された。その際，フォアマンのもっていた情報はすべて経営側に吸い上げられた。フォアマンは，雇用管理者の助手を３か月交替で務め，従業員の面接や工場の実態調査なども行っていた。

　職務分析は，職務の評価とそれに基づく職務の最大獲得賃金額（A→B→Cの３段階），そして昇進ラインを示すものとして活用され，内部昇進の際に利用された。同社は，「最も早くから組合の介在しない内部昇進制度を構想」7) していた企業の１つで，Ａランクの欠員はまずＢランクの従業員を配置転換し，Ｂランクに該当者がいなければＣランクから充当するというルールがあった。他の条件が同じなら，年齢の高い従業員に優先権があった8)。内部昇進制度は野心的な労働者を惹きつけ，昇進の機会を提供することで「忠誠心と団結心」を

Chapter 2 人事管理から人的資源管理へ

涵養すると評価されていた[9]。

新人従業員の採用は，面接と申込書で明らかにされた情報に基づいて行われた。採用されると，賃金，労働時間，継続勤務の有利さ，同社の目的のほかに福利厚生プログラムの詳細も伝えられていた。その後，新人は教育研修部に送られ，最善の作業方法，機械の構成，材料の扱い方を教え込まれた。

雇用部は，新人を3か月間追跡調査し，職務に適応しておれば適当な時期に賃上げが実施された。配属された職務に適応できていないと判断されれば，雇用部は配置転換か解雇のどちらかを決定しなければならなかった。解雇の場合は，必ず雇用部を通さねばならなかった。同社ではワーク・シェアリングが実施されており，本人の過失以外には解雇者を出さなくてもいいよう工夫されていたが，解雇者が出た場合には失業保険を準備していた[10]。

同社で見られた改革は，従業員の定着，人件費管理，そして勤労意欲の向上をもたらした。従業員は会社への帰属感をいっそう強め，その仕事はキャリアと見なされ始めた。だが，雇用部や雇用管理者は労働移動には対処できたとしても，労働問題に対処する手段は持ち合わせていなかった。

(4) 人事管理の確立

デニスン製造会社など個々の企業で見られた動きが全国規模で展開するのは，全国雇用管理者会議が1916年1月に開催されて以降のことである。この会議は，1911年に組織されたボストン雇用管理者協会を嚆矢としている。その後各地に同じような協会が組織され，第3回全国会議が開催された1917年4月には，ボストン以外にシカゴ，クリーヴランド，デトロイト，ニューアーク，ニューヨーク，フィラデルフィア，ピッツバーグ，ロチェスター，サンフランシスコの合計10都市にあり，約1,000社が参加していた。この第3回全国会議の出席者は約500名，1918年5月に開催された第4回全国会議には約20都市の協会を代表する649名が参加し，全国雇用管理者協会が結成された[11]。その後同協会は，労使関係への関心が高まったことを受けて，1920年にアメリカ労使関係協会へと名称変更し，1920年5月に開催された同協会の会議には約3,000名が出席し

ていた[12]。この名称変更は，雇用管理から人事管理（雇用管理と労使関係管理）への移行を象徴する出来事であった。

　こうした一連の動きは，1915年以降の労働市場の逼迫（いうまでもなく第1次世界大戦によるヨーロッパ産業の衰退とそれに代わるアメリカ産業の興隆による）によってもたらされていた。失業率は軍需景気のもとで1880年以降の最低水準まで低下していたものの，労働移動率が急上昇していた。また，ストライキはありふれたものとなり，それを防ごうとする政府の取り組みも登場したが労働不安が蔓延し，生産性は下落した。労働力不足，労働不安，政府の規制という3要因が揃ったことで「人事管理ブーム」が到来したのである。だが，以下で見るように，このブームは短期間で終焉してしまう。

　第1次世界大戦末期に，人事管理を担当する者の数が急増した。そして，「第1次世界大戦中に，それまで労使関係分野での経験をほとんど持ち合わせていなかった多くの企業で，労使関係制度が矢継ぎ早に導入」された。しかし，インターナショナル・ハーヴェスター社やニュージャージー・スタンダード・オイル社で長年労使関係問題に取り組んだクラレンス・J・ヒックス（Clarence J. Hicks）にいわせると，「不幸にも，こうした制度の多くは，個々の経営者の私見や『趣味』に基づいていたため，経験という試練の洗礼を受けていなかった」ため，経営者たちが思い描いていた目的をほとんど達成できなかった[13]。

　それを象徴するかのように，アメリカ労使関係協会は1921年末日をもってその機能を停止してしまった。それは，戦後の混乱期を切り抜けたこともあって，その会員が1年足らずのうちに2,000人から1,400人に急減したこと，何よりもリベラル派と保守派の労使関係観の相違が最大の要因であった。全国雇用管理者協会から一貫して中心的な役割を演じてきたリベラル派は，組合運動に対しては中立的な立場を堅持していた。そのため，組合運動にどう対処するか苦慮していた会員の要望に十分応えることができなくなり，「1920年末までに，アメリカ労使関係協会の理事会は，保守派が支配する」[14]ようになった。しかし，この保守派は一枚岩ではなかった。

　1921年4月時点の役員には，労使関係に対する考え方が若干異なる2つの潮

流が見て取れる。会長であるベスレヘム・スティール社のJ・M・ラーキン（J.M.Larkin），副会長であるハーヴェスター社のアーサー・H・ヤング（Arthur H.Young），一般理事であるUSラバー社のサイラス・S・チング（Cyrus S. Ching）らと並んで，オープン・ショップを標榜し，労働組合と団体交渉に断固反対していた全国製造業者協会のC・M・カルヴァー（C.M.Culver）やE・A・シャイ（E.A.Shay）らも副会長・幹事として名を連ねていた[15]。最初の3人は，特別協議委員会（SCC）の加盟企業関係者であった。SCCは，オープン・ショップと対照的に労使の「利害の一致（unity of interest）」[16]という洗練された労使関係観を共有していた。SCCの初代会長ヒックス（2代目は既述のラーキン）は，アメリカの巨大産業企業が「労使を分ける固定的な境界線などない友好的な基盤の上で，つまり両者の協力的な関係を土台として発展」[17]してきたとしている。

(5) ウェルフェア・キャピタリズム

SCCは，まさに1920年代の人事管理を象徴する組織である。1919年4月に秘密組織として結成されたSCCには，当初ベスレヘム・スティール社，デュポン社，GE，GM，グッドイヤー社，ハーヴェスター社，アーヴィング・トラスト社，インディアナ・スタンダード・オイル社，ニュージャージー・スタンダード・オイル社，ウェスティングハウス社で構成されていたが，インディアナ・スタンダード・オイル社は創設後間もなく脱退し，それに代わってUSラバー社，AT&T，USスティール社が加盟した。

SCCは，ロックフェラー利権と密接な関係をもち，「産業における唯一自然な連帯は，同じ事業体にいるすべてのものを結びつける連帯である」[18]というジョン・D・ロックフェラーJr（John D. Rockefeller, Jr.）の信念に基づき，加盟各企業は職業（種）別・産業別組合に代わるものとして従業員代表制を導入していた。さらに，旧来型の福利厚生よりも温情度を落とした金銭的福祉――年金制度，医療保険，利潤分配制など――を導入する際のリーダー的存在であった。SCCで特筆すべきは，加盟各企業には人事部が設置され，従業員に対す

る安定的な仕事の保障に加えて，同じ仕事には同額の給与が支払われること，監督者による納得性の高い公正な処遇を保証していたことである。また，フォアマンに関しては彼らに一定の権限を戻し，そうした権限を行使できるよう教育しなければならないとしていた。そして何よりも，労使の協力的な関係の構築こそ労使関係の要諦であるとしていた。

　1920年代には，以上の従業員代表制，金銭的福祉，長期雇用の仕事，フォアマンの教育，そしてスタッフ型の人事管理の組み合わせが明確な形を取って出現した。それらはウェルフェア・キャピタリズムと呼ばれるが，これは革新型の大企業つまりＳＣＣ加盟企業が達成しようとしたものにほかならない。

　ＳＣＣはわずか12社で構成される組織だったがその影響力は相当なものであった。ヒックスがいうように，ＳＣＣの会合での経験を活かそうとした人々は，「（ＳＣＣ加盟－注，伊藤）十数社の企業の経験から得られる情報だけを当てにしていたわけではなく，他の多くの組織や協議会のリーダーも務めていた」[19]のである。その代表的な組織が，ヒックスが中心になって1918年に結成されていたシルヴァー・ベイ協議会や，アメリカ労使関係協会と全国企業訓練協会が統合して1923年に誕生したアメリカ経営者協会であった[20]。

　こうした組織を通して，ＳＣＣの洗練された労使関係観は普及していく。だが，ＳＣＣが模範を示したウェルフェア・キャピタリズムを採用する企業はそれほど多くはなかった。というのも，1920年代に入って間もなく労働力不足は解消し，労働不安も鎮静化し，政府が戦時規制を解いたからである。1920年代は，人事管理にとって1930年代に向けたまさに雌伏の時代であった。

　ただし，1920年代で特筆しておくべき点がある。それは，人事管理の「科学化」を志向するもので，1910年代に開発された心理学的な手法が労働力の有効的・効率的活用において成果をあげたことである。そこでは，戦時動員と移民の減少によって生じた労働力不足が，人間のもつ特性を発見し，それに基づいて適材を適所に配置することで一定解消された。これを受けて，大戦後多くの企業は，その成果を選考，配置，教育訓練，昇進などに利用したのである。

Chapter 2　人事管理から人的資源管理へ

2　ニューディール型労使関係と人間関係論

　1929年に起こったニューヨーク株式市場の大暴落に端を発する世界大恐慌は，再度「人事管理ブーム」を巻き起こす契機となった。

(1)　ニューディール型労使関係

　1933年に大統領に就任したフランクリン・D・ローズヴェルト（Franklin D. Roosevelt）は，同年時限立法（35年まで）として全国産業復興法を制定した。同法は，政府に労働市場を注視させ，労働運動を活性化させることで「人事管理ブーム」に火を点けた。1933～36年には，第1次世界大戦期と同様，人事部を設置する企業の数が増大した。人事部は，労働者の雇用，昇進，レイオフ，解雇に明確なルールと手続きを適用し，組合組織化の機先を制するために従業員代表制を導入し，組合に対する防衛線としてフォアマン教育プログラムを利用した。だが，アメリカ労働総同盟（ＡＦＬ）とＡＦＬ内に誕生した産業別労働組合会議（ＣＩＯ）による大量生産型産業の組織化によって，組合員数は1933年の285万人から41年には1,048万人へと増加した。それを後押ししたのが1935年に制定された全国労働関係法（ワグナー法）であった。

　全国労働関係法は，全国産業復興法で法認された労働基本権，団結権と団体交渉権を継承しつつ，不当労働行為を定めることで組織労働者を保護した。そして何よりも，従業員代表制を同法違反としたのである。この点は，従業員代表制を通して安定的な労使関係を構築しようとした企業にとって対応を急がねばならない問題であった。当初，全国労働関係法には違憲判決が出されると見ていた企業も，1937年4月に合憲判決が出された後は従業員代表制を廃棄し，組合との間で団体交渉を行い，労働協約を締結した。ここに，いわゆるニューディール型労使関係が確立したのである。

　以上の点は人事部にも大きな影響を及ぼした。旧来型の人事管理者に政府の規制に準じた雇用政策を設計し，組合と交渉するか組合組織化の機先を制する

39

という役割が与えられたのである。雇用保障に関心をもつ組合や労働者からの圧力を受けて，人事管理者は雇用，昇進，レイオフの全社的手順を明確化し，人事管理手順の成文化，行動規範の作成，就業便覧の刊行に取り組んだ。最後に，組合と対抗するために懲戒と解雇の明確な手順を採択し，結果，懲戒に関して絶大な力をもつようになったのである[21]。

(2) 人間関係論

1920年代に確立した大量生産体制は，無断欠勤することなく時間通りに出社する労働者を必要とすると同時に，急速な機械化のもとで労働者は単調感・疲労感・疎外感を伴う労働を余儀なくされ，彼らの抵抗は一段と激しくなる可能性を秘めていた。こうした状況下に置かれた企業は，忠実で従順な従業員とその協力を必要とした。1920年代には，第1次世界大戦中に実証・応用された心理学的研究が産業心理学として興隆していた。それは，「科学」に基づく採用，配置，評価を利用した労働力の有効活用を模索するものであった。しかし，そのような方法は，G・E・メイヨー（Mayo）が指摘しているように，労働者の感情に基づく行動の前では意味をなさなくなる。彼はその原因を，人間の社会組織がもつ諸事実＝人間関係を研究していなかった点に求めている[22]。

この人間関係に関する理論は，1927～32年に行われたホーソン実験に基づいている。同実験は，「照明度と生産性の関係」を明らかにすることを目的とした照明実験が失敗――照明度と生産性との相関関係は証明できなかったが，作業集団の生産性は照明度と関係なく向上した――したことを受けて実施された。ホーソン実験は5つの調査・観察からなる。そのすべてを取り上げるのは紙幅の関係で不可能なので，その内の3つに焦点を絞りたい。

a） **継電器組立作業集団の観察**　これは，作業条件をコントロールできなかった点を照明実験の失敗の原因と考え，単純作業に従事する6人の女性労働者を対象に，コントロールの効く労働時間と生産性との関係を明らかにしようとした。しかし，今回も相関関係は証明できず，また作業条件の改悪（労働時間の増大）にもかかわらず生産性が上昇するという事態が再現した。

つまり，休憩や労働時間の短縮が単調感や疲労感を軽減することで生産性が上がるという仮説は実証できなかったのである。それを説明する要因として監督方法の違いが指摘された。

実験対象者である6人の女性労働者は，通常の職場と違った監督者——友好的で自分たちを一人前の人間として扱ってくれる——のもとに置かれていた。しかも，彼女らは仲間の選抜方法も最初2人が選ばれ，その2人が残りの4人を選ぶというように，一任されていた。これらのことから，①被実験者の選択方法から彼女らの友好関係＝横の人間関係が形成されたこと，②その結果誰かが疲れると別の誰かがその生産高の減少を補っていたこと，③彼女らが実験の目的・内容を教えられ，意見を聞いてもらい，協力を要請されるなど，自分達の存在価値が認められたという誇りと責任感・満足感をもったこと，④通常の職場の監督者に代わる好意的な観察者との良好な縦の人間関係が形成されたこと，といった特徴をもっていた。

この観察では，生産の問題が作業条件（照明度や労働時間）ではなく，人間のもつ態度（実験への協力的な態度）や感情（ある人の周囲で起こる事柄がその人に対して有する意味）に影響されていたことが明らかになった。

b） **面接計画**　先の実験で，人が集団・組織のために働く意欲をもつかどうかは，その人が仕事，同僚，そして上司に対して抱く態度や感情によって左右されることが明らかになった。これを受けて，面接計画では，態度や感情に影響するものを明らかにしようとした。1928～30年に，2万1,126名を対象とした面接で得られた4万件以上のコメントから明らかになったのは，①人間の行動はその感情から切り離しては理解しえないこと，②人間の感情は容易に偽装されること，③感情の表現はその人を取り巻く全体的な情況のなかで理解されねばならないこと，であった。

生産性に影響する，組織における人間行動を決定する最大の要因は，人間のもつ感情であり，それが社会集団を通じて形成されるという画期的な結論が導き出されたのである。生産の問題に影響していたのは，職場の人間関係であることが初めて明確にされたのである。

c) **バンク配線作業観察** この観察は，職場集団の実態とそこでの集団構成員間の社会的関連を明らかにする目的で行われた。観察は，14人の男性労働者からなる作業集団を対象に行われ，作業集団は集団出来高給のもとに置かれていたことから，互いに協力し合って生産高を上げるという仮説が立てられた。しかし，現実には生産高を一定に保とうとしていたことが明らかになった。その原因は，集団の基準として「1日の作業量」を決定するという社会統制力が作用していたことにあった。

　この社会統制力は，インフォーマル組織（非公式組織，仲間組織）のもつ力であった。同組織は，会社の定めたフォーマル組織（公式組織）と違い，自然発生的で，組織構成員間に存在する私的な相互関係である。このインフォーマル組織のもつ規律・規範がその構成員の行動を規制していた。

　以上のホーソン実験の成果を理論化したのがメイヨーとF・J・レスリスバーガー（Roethlisberger）である。メイヨーの関心は人間の自発的協働（チームワーク）にあった。彼は，原始共同社会に見られた協働が産業文明社会においては崩壊しており，何よりも組合が人間協働の回復を阻害していると指摘する[23]。その回復の責任は管理者にあり，この管理者がもつべき人間観は，孤立的・打算的・論理的な「烏合の衆仮説」ではなく，ホーソン実験でみられた連帯的・献身的・感情的な人間観である。こうした管理者は，仕事の創造者，動機を与える人，統制する人だけでなく，部下の仕事を容易にする人，部下に対する共感的な支持者でなければならない。

　一方，レスリスバーガーは，企業をそこで働く人々および集団を効果的に協力させる人間的な組織と考える。そこでは，人間関係処理技能，つまり人間のもつ感情の正しい理解が必要となる。そこから，①産業における統率者ないしは指導者の重要な役割の1つは人間の協力を確保することにあり，②人間に関する諸問題を扱う場合，感情およびその相互作用を理解することが決定的に重要だと主張している[24]。つまり，労働者を取り巻く人間的情況が管理者によって十分理解されるなら，労働不安や労働争議は発生せず，労働組合も不要になると次のように主張する[25]。

「労働者の身にとって重大な事柄は，ただ交渉とか契約を重ねることによって解決されるものではない。もし産業が今日，何らの社会的関係，あるいは何らの社会的役割をもたない人々によって満たされているとすれば，一片の労働協約などは，人間協働を可能にするためにはあまりにも無力であるといわざるを得ないし，また逆に，もし労働者達が，彼らの働いている職場集団の生きた一員であるならば，法律上の契約などは，もはや第一義的な重要性をもつものではないといえる。」

メイヨーらの考えは，1930年代以前の人事管理を特徴づけていた経済的刺激や管理過程への依存に抜本的な見直しを迫るものであった。彼らは，経営者は従業員の精神的・心理的な状態や仕事における人間関係，特に従業員と監督者との関係にもっと配慮すべきことを主張し，その考えは第2次世界大戦中に政府が作った監督者訓練プログラム（TWI）に影響を及ぼした[26]。

3 1950〜60年代──行動科学の影響──

(1) 第2次世界大戦

第2次世界大戦も先の大戦同様，人事管理に大きな刺激を与えた。まず第1に，政府が労働市場の調整役として大きな機能を果たすようになった。政府の目的は，戦争遂行に必要な軍需産業をストライキの混乱から守ることにあった。大戦中に組合は新たに500万人以上の加入者を獲得していた。これらのことは，人事管理の成長を促す要因が出揃ったことを意味している。

この時期の特徴は，これまでややもすれば大企業に偏っていた人事管理が，中小規模の企業にまで普及したことにある。当然のことながら，大企業での地位と規模はこれまでで最高となった。フォアマンがもっていた権限も，集権化された人事部門に吸い上げられてしまった。フォアマンのなかには，自分たちの組合を作ってこれに抵抗する者まで現れる始末であった。

人事管理者は，団体交渉に備えて賃金体系を自己の管理下に置き，戦時中の

| 図表2－1 | アメリカの組織率，1930～2003年 |

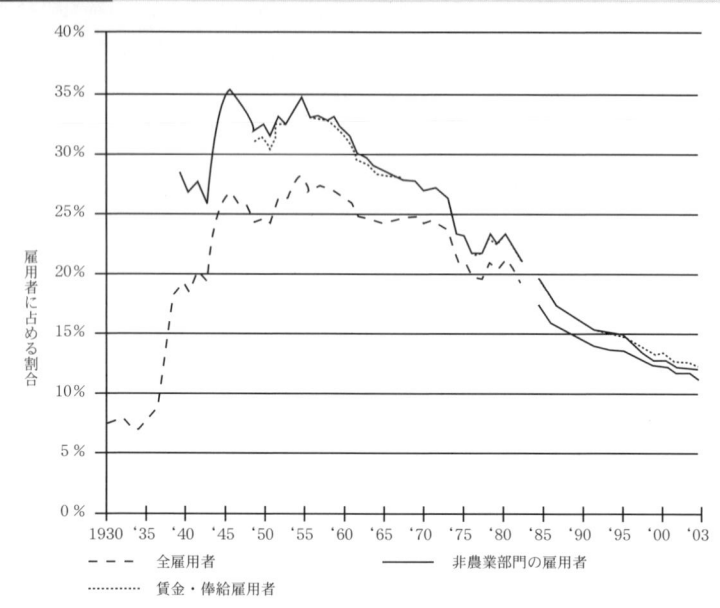

出所）Gerald Mayer, *Union Membership Trends in the United States,* CRS Report for Congress, Aug. 31, 2004. http://digitalcommons.ilr.cornell.edu/key_workplace／174（2006年2月3日）

賃金統制に従うために賃金体系を正当化する職務評価制度を確立するといった取り組みを始めていた。戦時労働局が，賃金統制を行う見返りに付加給付（フリンジ・ベネフィット）を優遇税制の対象としたため，医療制度や年金制度が急速に普及したのもこの時期のことであった。

大戦の終結は，第1次世界大戦時と同様，人事部門の規模縮小をもたらしたが，その程度は以前に比べると微々たるものであった。それは，男性労働者を中心に長期勤続者が増え，彼らの教育訓練や給与支払い，さらには給付制度を管理する専門スタッフが必要となったからである[27]。そして何よりも，組合が一定の地歩を固めたことが大きかった。1946年の民間部門組織率35％強は，現在に至っても最高の数字である（図表2－1）。一方，政府も労使関係の監視，賃金インフレの抑制，そして年金や医療保険といった福祉給付規定の規制を通

して大きな影響力を行使する存在となっていた[28]。企業は，組合との交渉や政府の規制に対処する専門家を必要としたのである。

　以上のように，経営者の特権が組合や政府に切り崩されていた当時，アメリカの経営者はかえって自分たちの社会的責任を自覚するようになった。それは，世間の「良き」企業に対する規範（イメージ）にも表れている。戦後の「良き」企業とは，従業員を企業の一員として扱い，彼らに経済的な安定性と公正な処遇を提供する企業であった（第3章を参照のこと）。こうした企業観は，組織における人事管理者の地位を引き上げた。企業は従業員をステークホルダーとして扱う――もちろん株主と同格とまではゆかないにしても――ことで，企業一家の一員と見なしたのである。「雇用は，景気の善し悪しにかかわらず継続する半永久的な関係であると解釈」[29] されたのである。長期雇用型の仕事が一般的なものになり，そのことで人事部は内部（企業内）労働市場の管理という重大な職責を担うことになった。

(2) 行動科学 (Behavioral Science)

　第1次世界大戦中に心理学の成果がヒトの管理に応用されたことはすでに指摘したが，第2次世界大戦後はこの心理学も含む行動科学が人事管理に多大な影響を及ぼした。行動科学という概念は1949年頃に生まれたもので，フォード財団が支援して1951年に始まった「個人行動と人間関係についての研究計画」がその発展に大きく寄与したといわれている。

　行動科学は，経験的・実証的研究を通して，社会の諸現象をそこに現れる人間行動に焦点を当てて分析・解明しようとする学問である。それは，社会的・文化的な状況において課題解決を目指す人間の行動を科学的に説明し，予測することを目的としている。その研究方法の最大の特徴は学際的アプローチにある。つまり，心理学，人類学，生理学，精神医学といった自然科学であれ，社会学，歴史学，経済学，経営学といった社会科学であれ，人間行動を扱う諸科学の方法と成果，そして諸概念を活用するのである。

　行動科学が応用される具体例としては，給与支払い方法の個人業績への影響，

リーダーシップの多様なスタイルが組織全体の業績に及ぼす影響，職務設計と職務再設計およびそれらと個々人の満足や啓発活動との関係，さまざまな評価制度の影響，といったことがある。特に，モチベーションの研究は，報酬の仕組みや職務の再編成に応用されている。そこから生まれた概念には職務充実や職務拡大といったものがある。

このモチベーションに関する代表的な理論家としては，人間の基本的欲求が階層構造をなしているという「欲求階層説」を唱え，基本的欲求の最高次にある自己実現欲求という概念を広く世に広めたA・H・マズロー (Maslow)，マズローの仮説を産業界に適応し「X－Y理論」を構築したD・M・マグレガー (McGregor)，マズローとマグレガーの主張を実証し，職務満足と職務不満足がまったく別の要因から生じることを「動機づけ―衛生理論」で明らかにしたF・I・ハーツバーグ (Herzberg)，組織のなかの行動を理解する際に人間を発展してゆく有機体（＝パーソナリティ）と捉えるべきことを「成熟―未成熟理論」で明らかにしたC・アージリス (Arguris)，集団を動機づけるのが管理者の従業員中心型監督方法であることを「システム理論」で明らかにしたR・リッカート (Likert)，複雑人モデルと創造的個人主義を主張したE・H・シャイン (Schein) らがいる。

最後に，行動科学を応用した管理技法としては，感受性訓練やマネジリアル・グリッドなどが有名である。前者は，人の心理状態を察知する能力を管理者に培わせようとするものであり，後者は，管理者が人間問題と生産問題のバランスをとるのを支援するものである。

(3) 従業員関係の台頭

戦後十数年の間に，人事管理は「労使関係」と「従業員関係」に分化した。労使関係は，団体交渉と労働協約に特化した専門領域であり，従業員関係は従業員と企業との間で生じる労使関係以外のすべてを含む領域である。労使関係部をもつのは組合のある企業に限られていたが，こうした企業の成長は早くも1950年代半ばには頭打ちになっていた。労使関係の成熟，つまりそれが秩序

だって予測可能なものになるにつれて，労使関係の重要性は低下していった。1960年代に大企業を対象に行われた調査によると，人事管理のなかで労使関係が支配的地位にあると答えた企業は7％にすぎず，55％は重要であるかどうかすら考えていなかった。そして，この調査は，人事管理の焦点は経営者の育成，従業員給付，教育訓練，コミュニケーションにあると報告していた[30]。

　労使関係部に代わって従業員関係部が人事管理の中核となった。行動科学の成果を活用したのもこの部門であった。組合が組織されていない企業では，苦情処理手続きと同等のものとして苦情申立制度を活用し，人事管理者が従業員の代理を演じていた。こうした一連の動きを反映して，この時期以降，人事管理に代わって人的資源管理が使われる機会が徐々に増えていくのである。

4　1970年代──ローズタウン・ストライキ──

(1)　財務部門の台頭

　1950～60年代に，アメリカ企業は多国籍化するのと同時に分権的で複数事業部型の会社構造（M型構造）へと転換した。このM型構造の普及は，企業の財務職能の地位向上をもたらした。1960年代に財務モデルを採用する企業が増えるにつれてM＆Aが急増し，本業と関係のない経営多角化を進めるコングロマリット（複合企業）モデルが出現した。結果ますます財務志向が強まり，人事職能は「所定の仕事の管理，保全，日常業務」と見なされ，「リスク・テーカーになるのを避け」，「ビジネス志向」で物を考えないと批判されるようになった[31]。こうしたなかで，人事管理者のなかには，1910・20年代の先達を真似て，組織内での自分たちの影響力強化を図るべく専門職業化に目を向ける者も出現し，アメリカ人事管理協会といった組織に加入することで箔をつけようとした。

(2)　ローズタウン・ストライキ

　でも，事態はそれほど悲観的でもなかった。人事管理者の窮地を救う情勢の

変化が生じたのである。第1に，1969年の株価下落が財務担当者の出鼻をくじき，彼らの合併・買収・コングロマリット狂いが一時頓挫した。第2に，ローズタウン症候群あるいは「ブルーカラーの憂鬱」といった表現のもと，労働者が抱く不満に対する懸念が強まった。第3に，組合抜きで工場を操業したいという思いに企業が駆られるようになった。そして第4に，政府の職場規制が急増したのである[32]。

1972年，オハイオ州ローズタウンにあったGMの組み立て工場で働く若くて高学歴の労働者がストライキを行った。彼らは，「給与には満足していたが，自分たちの仕事の決まり切ったやり方や機械がやっているのと変わらない仕事に不満を抱いていた」[33] のである。このローズタウン・ストライキを契機に，組合の有無に関係なく企業の間で労働生活の質（QWL）への関心が高まり，職務充実に関する実験が数多く行われるようになった。そうした実験には，仕事と技術の再編，自律型の作業チーム，労使合同の問題解決集団といったものが含まれていた。また，コミュニケーション（管理者間のそれや管理者と部下とのそれ）の改善も要請された。こうした取り組みにより，組織開発スタッフの増員，つまり産業心理学者や組織心理学者，社会学者，時には人類学者などの専門スタッフが人事部に加わることになり，計画的な組織再編やコミュニケーションに関する専門技術が開発された。

労使合同のQWLと違って，職場改善に向けた実験は組合に組織されていない新規工場で行われた。その理由の1つは，QWLを擁護していた全米自動車労組（UAW）などに対し，他の多くの組合（UAW内の反対派も含む）が，職場改善を組合弱体化戦略と見なしていたからである[34]。もう1つの理由は，1970年代の企業が組合回避活動を強めた結果，この10年間に組合のない職場が増えていたのである[35]。職場改善を実行に移す，つまり労働者に一定の権限を委譲することで，労働者は経営側に一層忠実となり，作業組織に対して違った考えをもつ伝統的な組合のやり方には興味を示さなくなっていた[36]。

Chapter 2 人事管理から人的資源管理へ

(3) 人的資源管理の出現

組合のない職場の構築・維持は，労使関係と従業員関係との溝を広げた。労使関係部はその威信を失い，従業員関係部は組合回避活動のみならず，経営者の育成や戦略策定に対する責任を負うようになった。そこには，1960・70年代に企業に入ってきた大卒の技術的・専門的従業員が組合に関心を示さず，また組合も彼らに関心を示さないといった状況があった。このことから，組合問題はそれほど重大な問題ではなくなり，そうした高学歴従業員の管理にはコミュニケーションが重視されるようになる。こうした背景のもと，人事管理は人的資源管理と称されるようになった。

この動きに拍車をかけたのが政府規制という新たな問題であった。さまざまな法律によって，政府は規制の刷新を図ったのである。その主要なものには，1962年の人材開発訓練法，63年の同一賃金法，64年の公民権法，70年の労働安全衛生法，72年の平等雇用機会法，73年の総合雇用訓練法と連邦契約遵守計画局の設置，といったものがある。こうした一連の法律の遵守に責任をもつのは人事部門であり，そうした活動が1970年代の人事活動の中心を占めた。その結果，経営者は「会社の雇用慣行の多くに自ら関与する必要性を感じ，……企業の人的資源管理職能とより密接に関係するようになった」[37]のである。

5 1980〜90年代──組織志向から市場志向へ──

1980年代以降，人的資源管理部門はその規模を縮小され，影響力を失っていった。それは以下の理由による。まず第1に，運輸・通信産業などで規制緩和が始まると同時に，雇用関連法を介した政府の締め付けが弱まり，企業にとっては法令遵守の切迫感が色褪せたこと。第2に，民間部門の組合員数が下落し続けるなかで組合が弱体化し，譲歩交渉を余儀なくされたこと。第3に，1980年代から90年代初期の高金利──インフレ鎮静化を目的に設定──が失業者を増大させ，さらに80年代の金融逼迫と世界規模での競争，そして規制緩和

がブルーカラーを失業の波のなかに投げ込んだのであった。

(1) 株主志向型のコーポレート・ガバナンス

　以上の政府，組合，労働市場という人的資源管理の動向を規定する要因に加えて，この時期にはコーポレート・ガバナンスの転換が生じ，それが人的資源管理に大きな影響を及ぼした。敵対的買収が横行するなかで，株主——特に，年金基金，投資信託などの機関投資家——は，自分たちの主張をこれまでよりも声高に主張し始めたのである。彼らは，自分たちが所有するポートフォリオの業績向上，すなわちより高い収益を追求するよう企業に迫ったのである。そこでは，戦後直後に芽生えたステークホルダー間の利害のバランスをとるといった考えは消し飛んでしまった。株主（投資家）により高い収益をもたらすためにリスクを引き受けねばならなくなった企業は，そのリスクを一般従業員に転嫁し，彼らの雇用保障と報酬の安定が危機にさらされたのである。

(2) 管理職受難の時代

　以上の一般従業員へのリスクの転嫁と並んで，そのしわ寄せは管理職層にも及んだ。1980年代末から90年代初頭にかけて，それまで長期在職期間を謳歌していた男性管理職層の雇用安定度が急激に悪化した。これは，ブルーカラーのみならずホワイトカラーにもダウンサイジングの波が押し寄せたことの証左であった。これまで企業一家を標榜していたエクセレント・カンパニー（その代表はＡＴ＆ＴやＩＢＭ，そしてコダック社）も何万人もの従業員を解雇し，中間管理職に約束していたキャリア型（長期勤続型）の仕事を反故にした。

(3) 市場志向の影響

　リスクの転嫁は，ダウンサイジングのような過激なものばかりではなかった。全社的な人員削減は，人的資源管理部門の予算削減を招来し，結果として社員教育制度や能力開発制度の規模縮小が生じた。なかには，こうした制度を完全にアウトソーシングする会社も現れた。短期的な収益を志向する株主の前では，

長期の事業計画のもとで遂行される社員の教育訓練や能力開発が犠牲になった。しかもそれは，教育訓練や能力開発のみならず雇用の他の側面にも大きな影響を及ぼしたのである。

　短期（株主志向）が長期（従業員志向）を凌駕するにつれて，給与やキャリアに関する制度もその基準を大きく変えている。給与は，「企業特殊的な知識の習得や組織内のその他の要因［職務や仕事など──注，伊藤］よりも市場水準」[38]に大きく左右されるものとなった（第4章を参照のこと）。また，キャリアを規定する雇用に関しても，パートタイマー，派遣労働者，独立契約者，業務請負企業労働者など，フレキシブルに働ける労働者への依存が急速に高まったのである（第3章を参照のこと）。

　こうした動きと対照的に，最高経営責任者（ＣＥＯ）を中心とした役員は，ストック・オプションなどによって株主志向の恩恵を受けている。「1980年にストック・オプションを受け取っていたＣＥＯは3分の1未満であったが，15年後にはほとんど全員が受け取っていた」[39]といわれている。ＣＥＯの給与でストック・オプションから派生する部分が増大し，基本給部分──これまで経営者報酬の最大部分を構成していた──を超えようとしている。彼らの報酬だけが肥え太ったのである。

　グローバル化やＩＴ化が以上の動向に拍車をかけた。そこでは，リストラクチャリング（事業の再構築）によってスピード──意思決定，製品開発，そして事業化のスピード──の向上が図られた。リストラクチャリングに伴って，分権化と管理体制の簡素化（組織のフラット化）が進んだ。分権化は，本社の規模縮小を目的とした経費削減策であるのと同時に，企業の方針を差別化し，それによって変化・多様化する市場のニーズに各事業部が適応する手段でもあった。分権化の結果，従業員の採用，評価，給与支払いに事業部の経営者が深く関与するようになった。彼らを支えたのは，コンピュータを活用した組織全体の人的資源システムであった。

　管理体制の簡素化で最大の問題は，すでに触れた人的資源業務のアウトソーシングである。募集，教育訓練，報酬の決定，転職支援，こういったことが人

的資源管理サービスを専門とする企業の手に移った。何よりも問題なのは，「競争優位は低労務費とそのフレキシブル化にますます依存しているとの認識が強まり，旧式のやり方，すなわち会社の特徴に合わせて人的資源管理部門をカスタマイズし，そこからビジネス上の優位性を引き出すというやり方はその支出に見合う価値をもっていない」[40]と見なされたことであった。

6　将来展望──資源ベース・アプローチ──

　人的資源管理を株主志向から，以前の従業員志向に戻せるのであろうか。ここでは，その可能性を探ってみたい。

(1)　ビジネスパートナー・アプローチ

　人的資源管理の失地回復を図る1つの方法は，ビジネスパートナー・アプローチと呼ばれる方法である。これは，人的資源管理者が企業のトップレベルにいて，経営戦略の策定やそうした戦略と整合性のある政策構想に深く関与することを意味する。実際，意思決定に参加する人的資源管理者が増えており，その戦略的な職責は，外部からの経営者募集や採用者の昇進にあるとされている。

　だが，ビジネスパートナー・アプローチは，理論どおりには進まないのである。というのも，人的資源管理がこれまで脇役と見なされてきたことから，全社レベルの重要な意思決定に関しては，その初期段階から締め出されているからである。そして，人的資源政策と戦略との連結，つまり戦略的人的資源管理は，「個人の業績基準にビジネス上の目標を追加する」[41]ようなありふれた内容に過ぎなかったのである。

　実務面では次のようなことが起きている。それは，すでに見た分権化──ライン管理者とのパートナー──から生じたもので，従業員の管理をライン管理者に任せてしまった結果起こったことであった。彼らライン管理者は，技術上の専門知識を活用する能力や顧客志向に徹する能力には長けていたが，有能な

監督者としての能力を欠いていたのである。つまり,「チームを作り上げたり,従業員を選択し動機づける能力を欠いていた」[42)] のである。こうしたライン管理者が実際には従業員を管理していたのである。

ビジネスパートナー・アプローチのもとでは,人的資源管理は企業のなかで支配的な考え方と連携をとることができる。しかし,すでに見た短期で株主志向型の考え方が主流となっているところでは,この連携はより数字志向で冷酷になることを意味する。ここでいう数字は,削減を示す数字のことで,ビジネスパートナー・アプローチをとれば,人的資源管理者は削減で身を立てざるを得なくなる。そして,最も簡単な削減は人的資源の削減＝ダウンサイジングという結論に行き着くのである。一方の冷酷さは,「従業員を管理するには成果給制度しかないとするありきたりの考えを黙認」[43)] する結果をもたらした。

(2) 資源ベース・アプローチ

資源ベース・アプローチは,ビジネスパートナー・アプローチとは対照的に,「競争相手がもっていない知的財産,ユニークな物的・人的資源,他の企業が真似できない資源による競争優位の獲得」[44)] であり,ここでいう資源にはイノベーションとか迅速な意思決定を支援する独特の企業文化といったものも含まれる。何よりも,他の企業が真似できない資源は,ビジネスにおける考え方を市場要因重視から個々の企業独自の内的要因重視に転換させ,結果として戦略策定を大きく転換させる。つまり,M＆Aに見られる財務偏重の戦略から,自社の中核的競争力（コア・コンピタンス）を活かすという実際的な戦略への転換である。

戦略面で資源ベース・アプローチが重視されるのは,企業収益の源泉としての知的資本がもつ重要性が増大しているからである。それは,財務的資本のもつ重要性を相対的に後退させる。企業は,「豊富な熟練をもち,創造的で,かつ専門分野を有する従業員にますます依存するようになっている」[45)] のである。特に,サービス産業ではこの傾向が顕著で,知的資本が企業の競争優位の源泉となっている。

資源ベース・アプローチを後押しする兆候も散見される。1つは労働力不足である。1945～64年生まれのベビーブーマーに対し，1965年以降に生まれたジェネレーションXは比較的少人数である。また，女性労働者の職場進出も横ばい傾向を呈するようになっているし，ホワイトカラーの生産性向上も頭打ちとなっている。景気が活況を呈すれば労働力不足は必至である。

　もう1つはコーポレート・ガバナンスの変化である。それには2つの動きが影響している。第1に，1980年代の敵対的買収への反省から，30近くの州で乗っ取り防止法が施行された結果，90年代にはレバレッジド・バイアウトによるM&Aや敵対的なM&Aは鎮静化した。敵対的買収の脅威から自由になった企業は，その資源を従業員に向けるといわれている。つまり，従業員に向けた教育投資が促され，成果給に傾斜する給与支払方法が変更される可能性も出てくる。第2に，エンロン社やワールドコム社の不祥事の後，株主主権の欠陥を指摘する声が一段と高まっている。また，大量レイオフや雇用の流動化に対し，従業員を使い捨ての消耗品と見なすべきではないとの指摘も行われている[46]。

　以上の動きは，従業員を中心に据え，彼らを資産と見なす人的資源管理の到来を示唆するものである。こうした立場をとる企業は，従業員に対する投資を長期にわたって行い，従業員のモラールや創造性，そして献身を育む企業である。そうした企業，つまり従業員参加，従業員の教育，そして雇用保障を兼ね備えた企業は高レベルの生産性を示すことを明らかにした研究や，ステークホルダー全体を重視する企業の業績が，そうではない株主という狭い視野しかもてない企業の業績を凌駕することを示唆する研究もある[47]。

（注）
1）2）　詳しくは以下の文献を参照のこと。伊藤健市『アメリカ企業福祉論』ミネルヴァ書房，1990年。Stuart D. Brandes, *American Welfare Capitalism, 1880-1940,* University of Chicago Press, 1970. 伊藤健市訳『アメリカン・ウェルフェア・キャピタリズム』関西大学出版部，2004年。
3）　Don D. Lescohier, *My Story for the First Seventy-Three Years,* 1960, p.32. (Bruse E. Kaufman, "Industrial Relations Counslors, Inc.：Its History and Significance," B. E. Kaufman et al., eds, *Industrial Relations to Human Resources and Be-*

yond : The Evolving Process of Employee Relations Management,* M. E. Sharpe, 2003.）
4） P. Brasher, "Labor Turnover," D. Bloomfield ed., *Selected Articles on Employment Management,* 1920, H. W. Willson Company, pp. 87−89.
5） B. Fisher, "Methods of Reducing the Labor Turnover," U. S. Department of Labor, Bureau of Labor Statistics Bulletin（以下，Bulletin）, No. 196, 1916, p. 15.
6） P. J. Reilly, "The Work of the Employment Department of Dennison Manufacturing Company Framingham, Massachusetts," *Annals of the American Academy of Political and Social Science*（以下，*Annals*）, Vol. 65 (May 1916), p. 93.
7） S. M. Jacoby, *Employing Bureaucracy : Managers, Unions, and the Transformation of Work in the 20th Century,* Lawrence Erlbaum Associates Publishers, 2004, p. 70. 荒又重雄・木下順・平尾武久・森杲訳『雇用官僚制［増補改訂版］』北海道大学図書刊行会，2005年，131ページ。
8） P. J. Reilly, "Planning Promotion for Employes and its Effect in Reducing Labor Turnover," *Annals,* Vol. 71（May 1917）, p. 136.
9） Ibid., p. 139.
10） S. M. Jacoby, *op. cit.,* p. 150. 前掲邦訳書，245ページ。
11） M. Bloomfield, "First Epock of a New Profession," Bulletin, No. 247, p. 62.
12） *Personnel,* Vol. 2, No. 6（June 1920）, p. 1.
13） Clarence J. Hicks, *My Life in Industrial Relations : Fifty Years in the Growth of a Profession,* Harper & Brothers, 1941, pp. 135−136. 伊藤健市訳『経営コンサルタントのパイオニア―クラレンス・J・ヒックス伝―』関西大学出版部，2006年，147〜148ページ。
14） S. M. Jacoby, *op. cit,* p. 136. 前掲邦訳書，226ページ。
15） 伊藤健市「アメリカ経営者協会成立過程の一考察」『大阪産業大学論集（社会科学編）』第87号，1992年。
16)17） C. J. Hicks, *op. cit.,* pp. 77−79. 前掲邦訳書，86〜88ページ。
18） S. M. Jacoby, *The Embedded Corporation : Corporate Governance and Employment Relations in Japan and the United States,* Princeton University Press, 2005, p. 82. 鈴木良始・伊藤健市・堀龍二訳『日本の人事部・アメリカの人事部―日米企業のコーポレート・ガバナンスと雇用関係―』東洋経済新報社，2005年，137ページ。
19） C. J. Hicks, *op. cit.,* p. 138. 前掲邦訳書，150ページ。
20） 伊藤健市「アメリカ経営者協会成立過程の一考察」を参照のこと。
21） S. M. Jacoby, *Embedded Corporation,* p. 84. 前掲邦訳書，139ページ。
22） G. E. Mayo, "The Blind Spot in Scientific Management," *Sixth International Congress for Scientific Management,* pp. 214−218.
23） G. E. Mayo, *The Human Problems of an Industrial Civilization,* Viking Press, 1960. 村本栄一訳『新訳産業文明における人間問題』日本能率協会，1967年，195ページ。
24） F. J. Roethlisberger, *Management and Morale,* Harvard University Press, 1941.

野田一夫・川村欣也訳『経営と勤労意欲』ダイヤモンド社, 1969年, 47ページ。
25) *Ibid.*. 同上邦訳書, 30ページ。
26) S.M. Jacoby, *Embbeded Corporation,* p.86. 前掲邦訳書, 144ページ。
27) *Ibid.,* pp.84－85. 同上邦訳書, 140ページ。
28) *Ibid.,* p.85. 同上邦訳書, 140〜141ページ。
29) *Ibid.,* p.87. 同上邦訳書, 143ページ。
30) Conference Board, *Personnel Administration: Changing Scope and Organization,* 1966.
31) G. Ritzer and H. Trice, *An Occupation in Conflict: A Study of the Personnel Manager,* Cornell University, 1969, p.65.
32)33) S.M. Jacoby, *Embedded Corporation,* p.89. 前掲邦訳書, 148ページ。
34) Mike Parker and Jane Slaughter, *Choosing Sides: Unions and the Team Concept,* South End Press, 1988. 戸塚秀夫監訳『米国自動車工場の変貌』緑風出版, 1995年。
35) R. Freeman and J. Medoff, *What Do Unions Do?,* Basic Books, 1984. 島田晴雄・岸智子訳『労働組合の活路』日本生産性本部, 1987年。
36) T. Kochan, H.C. Katz and R. McKersie, *The Transformation of American Industrial Relations,* Basic Books, 1986.
37) S.M. Jacoby, *Embedded Corporation,* p.91. 前掲邦訳書, 151ページ。
38) *Ibid.,* pp.92－93. 同上邦訳書, 154ページ。
39) *Ibid.,* p.93. 同上邦訳書, 155ページ。
40) *Ibid.,* p.94. 同上邦訳書, 157ページ。
41)42) *Ibid.,* p.95. 同上邦訳書, 159ページ。
43) *Ibid.,* p.96. 同上邦訳書, 160ページ。
44) *Ibid.,* p.97. 同上邦訳書, 163ページ。
45) *Ibid.,* p.98. 同上邦訳書, 164ページ。
46) "The Downsizing of America," *New York Times,* 1996. 矢作弘訳『ダウンサイジング・オブ・アメリカ―大量失業に引き裂かれる社会―』日本経済新聞社, 1996年。
47) Jeffrey Pfeffer, *Competitive Advantage through People: Unleashing the Power of Workforce,* Harvard Business School Press, 1994. John Kotter and James Haskett, *Corporate Culture and Performance,* Free Press, 1992（梅津裕良訳『企業文化が高業績を生む』ダイヤモンド社, 1994年）. C.A. O'Reilly Ⅲ and Jeffrey Pfeffer, *Hidden Value: How Great Companies Achieve Extraordinary Results with Ordinary People,* Harvard Business School Press, 2000（長谷川喜一郎監修・解説『隠れた人材価値』翔泳社, 2002年）.

Chapter 3

雇用システムの変遷と人的資源管理

1　1980年代半ばまでの雇用システム

　1950年代から80年代半ばまで，日米両国の企業における人的資源管理の基礎をなす考え方はよく似ていた。マサチューセッツ工科大学（MIT）のポール・オスターマン（Paul Osterman）教授は，この点に関して次のように述べておられる。「戦後のほとんどの時期，例えば50年代から80年代半ばまでは，アメリカの労働市場は多くの点で日本の労働市場とよく似ていた。経済の中核をなす企業では，従業員は終身雇用といわゆる内部労働市場のルールを享受していたとする考え方が有力で，多くの人がこの考え方を受け入れていた」[1]と。この章では，オスターマン教授の主張に基づきつつ，現代のアメリカ企業における「働き方」の変貌を考察する。もちろんその背後には，企業の「ヒトの働かせ方」（＝人的資源管理）の変化があることはいうまでもない。

　先のオスターマン教授の発言にある「労働市場」は，「ヒトの働かせ方」（＝人的資源管理）と読み替えた方がその主張はより明確になる。1980年代半ば頃までのアメリカ企業は，1990年代半ば頃までの日本企業と同様，その従業員に終身雇用と年功（セニョリティ）に基づく内部昇進・昇給（オスターマン教授の発言にあった内部労働市場の内容）を提供していたのである。これは，別のいい方をするなら，「ヒトの働かせ方」に対する断固とした規範と期待（公正な雇用とは何か，誰がそれを提供し保障するのか，といったことに関する一般的な考え方）が存在し，こうした規範と期待が長期にわたってかなりの有効性をもち，それがキャリアや賃金に関する企業と従業員との関係構築で一定の役割を演じていた

57

ことを意味している。そして，80年代半ば（日本企業の場合は90年代半ば）以降，こうした規範と期待が大きく変容し，「ヒトの働かせ方」を取り巻く環境が激変しているのである。

では，80年代半ばまでのアメリカ企業にはどういった規範と期待が見られていたのであろうか。以下では，「家族としての企業」と「キャリアの内部化」という2つのキーワードを手掛かりにそれを探ってみたい（こうしたキーワードとして当然「賃金決定プロセス」を入れるべきであるが，この問題は第4章で取り上げる）。

(1) 家族としての企業

戦後のアメリカ企業における「ヒトの働かせ方」には2つの競合するモデルがあった。この競合する両モデルの特徴の把握は，アメリカ企業の「ヒトの働かせ方」の理解にとって必要であるのはいうまでもない。しかし，競合しているとはいえそこには「共通する特徴」も見られたのである。この「共通する特徴」の把握は，ある意味で競合する特徴の理解よりも重要かもしれない。というのも，「共通する特徴」こそが「家族としての企業」という戦後アメリカ企業のもっていた特徴を浮かび上がらせるものであるからである。

1つ目のモデルは「産業別組合モデル」で，それがもっとも典型的に現れているのが自動車産業における雇用システムである。それは，自動車産業ビッグ・スリーと全米自動車労組（ＵＡＷ）との間の協約交渉を通じて形成されたシステムである[2]。こうした雇用システムは，組合のある企業はもとより，組合のない多くの企業によって模倣されていた。以下がその要点である[3]。

① 個人の能力ではなく，セニョリティが賃金において重要な役割を演じる
② 職責（職務遂行上の責任）が協約によって厳格に規定されている。つまり，職務記述書によって遂行すべき職務の範囲が明確に規定されている
③ レイオフされた人々のほとんどが，リコールによって仕事に復帰する
④ 企業はレイオフによって雇用水準を自由に調整できる

2つ目は「非組合化アプローチ」とでも名づけられるモデルで，その最良の事例はＩＢＭに見出される。ＩＢＭは，周知のように，収益性などの点でアメ

Chapter 3　雇用システムの変遷と人的資源管理

リカでもっとも成功した企業の1つであったため，他の企業が同社の雇用システムをすべて模倣することは不可能であった。しかし，IBMモデルは，組合とかかわりをもちたくない企業あるいは組合が関与する雇用システムを回避しようとしていた企業の手本となっていた。その要点は以下の諸点にある[4]。

① 企業は，コミュニケーション・プログラムや従業員調査によって，従業員との直接的な関係構築に努めている
② 賃金は属人的な要素を含んでいる
③ フレキシブルな職務記述書。つまり，遂行すべき職務の範囲が柔軟に変更できる
④ 雇用保障に対する暗黙の約束

両モデルの考え方が競合していることは，それぞれのモデルの要点を見比べれば歴然としている。しかし，すでに触れたように，両者の間にはいくつかの共通点もあった。この共通点の理解こそが，本章が課題としている80年代半ば以降のアメリカ企業における「ヒトの働かせ方」(＝人的資源管理) の転換を明確にする際に重要なのである。ここでいう共通点とは，オスターマン教授によれば「戦後の雇用システムの核心となっていた」[5] ものである。その意味で，先の2つのモデルは「同一の基礎をもつアイディアの2つの表現」[6] にすぎなかった。その「同一の基礎」とは具体的には以下のような内容である[7]。

① 企業と従業員とは長期にわたって相互に補完しあっており，相互の責任が両当事者間にネット状に存在するという仮定に基づいている
② 企業を相対的に安定した境界と関係をもつ整合的な組織形態と見なす
③ 従業員が自らのキャリアを企業の内部で形成する
④ 企業は，その従業員に対し，日々の賃金の他にも義務を負う
⑤ 人間関係学派 (第2章参照) を基盤としている。その中心にある考え方は，企業と従業員の双方が勤労意欲(モラール)，感情(センチメント)，情動(エモーション)を軽視すれば企業の生産性と収益性を制約する，というものであった。この人間関係論は，企業がその理念として従業員に対し長期にわたってコミットすべきであるという考え方を強化した

トーマス・J・ピーターズ (Thomas J.Peters) とロバート・H・ウォーターマンJr (Robert H.Waterman, Jr.) による『エクセレント・カンパニー』は，戦後のモデル＝先の競合モデルが崩れ始めた頃に出版されたこともあって，ここでいう共通点をより明確にしてくれる。彼らによれば，超優良企業では，「人間尊重は何十年も前から行われている——不況のときにも従業員を解雇しなかった，教育訓練があたりまえでない時代に従業員教育を重視し，十分な訓練」[8]を施していた。その創業者が，1940年代に「ヒトを雇って，首にする」会社にはしないことを誓っていたヒューレット・パッカード社（HP）では，1970年代の不況で業績が著しく低下した折にも雇用保障を貫き，「レイオフをするかわりに，創業者のヒューレットとパッカードを含めて，全員が給与を二割削減することに合意した。同時に全員の労働時間も二割減らされた。」[9] また，IBMでは，「"個人を尊重せよ"に始まるゆるぎない経営哲学，終身雇用，内部登用の重視，IBM診療所，IBMホテル，IBM競技場，IBMテニスコート，人事部が毎月行う社員の意識調査，セールスマンから幹部社員への登用の多さ，徹底した教育訓練」[10] などが見られていた。

また，ピーターズらは，「企業をひとつの（拡大）家族であると見ている。社員の総称として"家族""家族の延長""家族意識"といった言葉が，ウォル・マート，タンデム，ヒューレット・パッカード，ディズニー，ダナ，タッパーウェア，マクドナルド，デルタ，IBM，テキサス・インスツルメント，リーヴァイ・ストラウス，ブルー・ベル，コダック，プロクター＆ギャンブルでは，きわめて頻繁に使われている」[11] とも指摘している。この点に関しては，当時の３M会長の次のような言葉も引用している。「ＰＴＡを中心に連帯感の持てた学校は，もはや家族にとっての社会生活の中核ではなくなっている。教会もまた家族全員を引き受けていく力を失っている。こうした伝統的な社会機関がその力を失ったとき，いくつかの企業はそこに生じた真空を埋めた」[12] と。つまり，企業が「社会生活の中核」をなすものとして存在していたのであって，従業員とその家族が企業にとっては「家族」と見なされたのである。

(2) キャリアの内部化

キャリアの内部化とは，ある特定のキャリア形成システムが戦後期を特徴づけていたことを指している。このシステムのもとでは，入社した企業で勤続を重ねることによって昇進し，企業はかなりの程度の雇用保障を提供していたのである。オスターマン教授は，ハイ・レベルのスキルに保護されて移動を繰り返す熟練労働者や低賃金分野から抜け出せないといった例外的な人々もいたが，「戦後の雇用の支配的なイメージやパラダイムは，……生涯を１つの組織内で過ごす"組織人"」[13] にあったとされ，景気循環のもとでの労働力の調整も企業内部のキャリア形成構造のなかで行われたものであった，と指摘されている。つまり，「管理者やその他の上級ホワイトカラーは，雇用の危機にはほとんど直面していなかった。彼らは，生産における固定的要素と見なされており，そのレイオフ率はきわめて低いものであった。ブルーカラーはレイオフされたが，……リコールによって復帰できる一時的なレイオフであった」[14] のである。

こうしたホワイトカラーとブルーカラーのキャリア構造の説明は，２つの観点から行われている。１つは，それが従業員を訓練し，監督し，適切な行動の誘因を準備するという問題に対する最適な解答だった[15]，との説明である。もう１つの説明は，労働組合の交渉，政府の干渉，従業員の非公式な影響力，そして経済的な理由といったことの相互作用に起源を求めている[16]。しかし，これら２つの説明に共通しているのは，「安定したキャリアが戦後システムの典型的な特徴であることに同意」[17] していた点であった。

2 雇用システムを変えた要因

1980年代半ばまでの働き方を変えた要因，企業がそうせざるを得ないと感じたプレッシャーは何だったのであろうか。ここでは，競争の激化，テクノロジーの変化，そして資本市場という３つの要因を指摘しておきたい。

(1) 競争の激化

　規制緩和とそれによる新規競争者の出現が競争を激化させた要因であった。競争の激化は，多くの企業を混沌とした環境下で事業展開せざるを得ない状況に追い込んだ。たとえば，遠距離通信産業における規制緩和では，これまでAT＆Tの独壇場であった市場にMCIをはじめとする多くの企業が参入し，それによる競争の激化は超優良企業であったAT＆Tのみならず地域のベル・システムにもレイオフを加速化するなど多大な影響を及ぼした（第7章参照）。また，州際銀行法の変更は，チェース・マンハッタン，ケミカル・バンク，そしてシティグループといった企業でのM＆Aやレイオフを誘発した。一方で，これまでどちらかというと巨大企業に有利であった市場がそうでなくなったため，小規模企業が息を吹き返し，巨大企業がその対応に迫られるといった事態も生じた。保険業界では，多くの商品をもつ巨大保険会社では商品間の調整が困難であると考えられる新商品を，小回りの利く小規模企業が販売したことで，プルデンシャル，トラヴェラーズ，エトナといった巨大保険会社がリストラクチャリング（事業の再構築）やレイオフを余儀なくされたのである。

　企業は，いつの時代にあっても競争に直面していたのであって，それに対してこれまでは価格の引き下げや新製品の開発で対応してきたのである。しかし，1980年代半ば以降に問題となったのは，企業の「基本的な組織構造」の再編であった。この点で求められたのは，「過去に実行していたものよりもはるかに進んだ対応を可能にする，あるいは，そのような対応に関する過去の政治的・社会的な障害を克服する何か」[18]であった。それが，次に取り上げるテクノロジー，とくに情報技術（IT）であることはいうまでもない。

(2) テクノロジーの変化

　これは，競争上のプレッシャーに対応する新たな方法を提供できる手段である。アルフレッド・チャンドラー（Alfred D. Chandler, Jr.）は，コンピュータ（マイクロチップ）を大量生産市場を出現させることで近代企業の創出に一役

かった鉄道になぞらえている。鉄道が，マネジメントとコントロールの意義を多くの企業に周知させるものであったのに対し，コンピュータは，マネジメントとコントロールの新しい形態を可能にした。また，ＩＴは，ビジネス・プロセスの根本的な変革をもたらすものでもあった。

だが，この章で問題にしている「働き方」に関しては，ＩＴが「知識と意思決定の権限を従業員に委譲」し，「トップの人々の掌中に情報を集中し，データを加工し分析する中間管理者の必要性を排除」[19]するものとして利用されている点を確認しておかねばならない。ＩＴは，「組織の形成と，組織が従業員をどのように考えているのかということの両方に対して根本的な意味をもつ新しい組織設計」[20]に門戸を開いたのであって，それは競争の激化という環境との相互作用のなかで，「企業の性格と行動に重大な変化」[21]をもたらしている。

(3) 資本市場の動向

ここで問題にするのは，企業の動機や目標に金融業界がどういった影響を与えていたのかという点である。この点に関し，3つの動向が指摘できる。

まず第1に，機関投資家がこれまでになく業績を上げるよう企業にプレッシャーをかけていることである。第2に，株式市場が人間に対する"ソフト"面への投資（教育訓練・研修など）を過小評価していることである。第3に，株式市場が短期的な利益を評価することから，企業は長期にわたる成長ではなく四半期ごとの業績に対処しなければならないことである。そして，こうした動向から2つの仮説が導き出される。1つは，「資本市場は企業に対して，これまでよりもはるかに業績志向を迫っている」[22]とするものである。もう1つは，「資本市場が企業に，従業員への投資を回避させる傾向があり，この傾向は増加している」[23]とするものである。

以上の仮説——とくに後者——は，企業の人的資源管理を考える際にもっとも重要な論点を提供している。だが，それは容認できないことを以下の4点で指摘しておきたい。

1つ目は，株価は短期の見通しだけでなく，長期的な見通しにも反応すると

いう点である。2つ目は，研究開発への支出を増やす——現在の利益を減らす——と発表しても株価は下がらない。従業員への投資が将来的な利益に繋がると判断できれば同じことがいえるはずである。3つ目は，リレーション・インベストメントや企業の社会的責任（CSR）といった概念が示すように，人材への投資を図る企業の立場を支える考え方が登場していることである。最後に，マーガレット・M・ブレア（Margaret M. Blair）やマーク・J・ロウ（Mark J. Roe）らの議論にもあるように[24]，株主だけが残余リスクを引き受けている——この点が株主志向を支えている——のではなく，従業員も残余リスクを引き受けているのである。従業員は，時間がかかり，特定の企業でしか有効でないスキルを習得するのに一定の投資を行っているのであって，この点で株主だけを優遇するのは問題である。

3 現在の雇用システム

(1) レイオフ

まず検討しておくべき点は，1980年代半ばまでの規範であった「家族としての企業」，別のいい方をすれば長期（終身）雇用がどう変化したのかという点である。結論を先取りすれば，健全な企業でさえ従業員をレイオフしていたし，景気の良い時でも従業員をレイオフしていたのである。しかも，このレイオフは解雇と同じ扱いであった。つまり，リコールによって復職することはなかったのである。「家族としての企業」という規範が別のものに置き換わったのである。

何人かのトップ経営者の発言でこの点を見ておこう。超優良企業の一角に名を連ねていたP&Gの当時会長，エドウィン・アーツ（Edwin Artz）は，1995年に「我々は，競争力を持ち続けるためにスリム・ダウンしなければならない。消費者はより価値あるものを望んでいる。我々の競争相手は，よりスリムに，より迅速になっている。我々は追いつかれないためにいっそう速く走らねばな

らない」25)とコメントしていた。速く走るためにはスリム・ダウン＝人員削減が必要ということであろう。「家族としての企業」を象徴するＩＢＭでも事態は同じであった。同社従業員は，ピーク時の1986年に40万人強を数えていたが，その後92年までに10万人近くを削減している。といっても，そのほとんどが定年退職によるものであった26)。だが，同社は91年から93年にかけて，それまで経験したことのない154億ドルという損失を出した。これを受けて，93年3月に会長兼最高経営責任者（CEO）に就任したルイス・ガースナー（Luise Gerstner, Jr.）は，同年7月に3万5,000人を削減する計画を発表した。この計画は，それまでの定年退職や希望退職に頼るものではなく，「レイオフが必要になる場合もあり，結論が出次第，お伝えする」27)という彼の従業員宛てメールにあるように，レイオフはしないという何十年にもわたって固持してきた方針の放棄を宣言するものであった。

以上に関して確認しておかなければならないのは，この時期のレイオフの動機である。先のＩＢＭのレイオフ（＝解雇）は業績低迷・悪化に起因するものであったし，通常多くのレイオフはこれが原因と考えられてきた。別のいい方をすれば，これまでであれば業績低迷・悪化によるレイオフはアメリカの企業

図表3－1　レイオフの理由

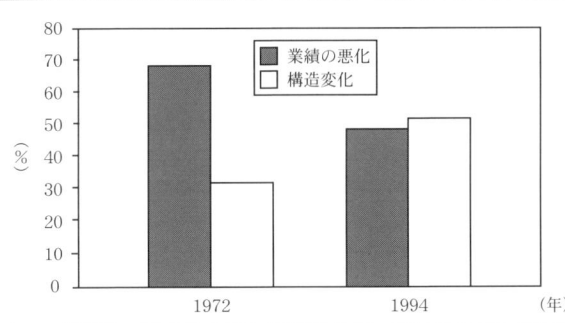

	1972	1994
業績の悪化	68	48
構造変化	31	52

（単位：％）

注）　サンプルの規模は，1972年の第1四半期が47，1994年の第1四半期が192である。
出所）　Paul Osterman, *Securing Prosperity: The American Labor Market: How It Has Changed and What to Do about It,* Princeton University Press, 1999, p.39. 伊藤健市・田中和雄・佐藤健司・橋場俊展訳『アメリカ・新たなる繁栄へのシナリオ』ミネルヴァ書房，2003年，48ページ。

社会にあっては普通のことであった。そこで図表3－1を見てほしい。これは，1972年と1994年のレイオフの動機を，①業績低迷によるもの，②業績は良いものの将来の競争あるいは構造変化を見越して行うもの，③理由不明に分けて考察したものである。1994年のレイオフの半数以上が②によるものであり，アメリカ企業がこれまでとは違った動機でレイオフすることを厭わなくなっていたことの証拠となっている。クライスラー社（現，ダイムラー・クライスラー社）の当時のＣＥＯ，ロバート・イートン（Robert Eaton）は，「ダウンサイジングやレイオフはより競争力を高めるための代償である」[28]と，先の動機の変化を支持するコメントを行っている。

　同じことは，「家族としての企業」を推奨していた『エクセレント・カンパニー』と違い，1990年代前半にベストセラーとなった『リエンジニアリング革命』の論調にも見て取れる。同書の主張によれば，ビジネスの成功は，企業文化や従業員の尊重といった"ソフト"な概念ではなく，企業が行う活動そのものである[29]ビジネス・プロセス（注文処理，在庫管理，納入業者との関係など）の改善によるコスト削減によってもたらされるものである。同書の著者の一人であるジェームズ・チャンピー（James Champy）は，「企業がレイオフに着手することを抑制する，あるいは阻止することは，企業が非競争的となりビジネスから撤退しかねないことを示唆する。それは，仕事が少なくなるのではなく，仕事がなくなってしまうことを意味している」[30]とコメントしていたのである。

(2) キャリア構造

　こうしたレイオフ（＝解雇）の隆盛とともに，キャリア形成システム（＝企業内部のキャリア構造）も大きく様変わりした。この点を如実に示すのが在職期間（＝雇用保障）の変化である。

　アメリカ労働統計局は，人口動態調査の調査項目の1つとして，勤続年数の変化を定期的に調査している。ここでは，同局のデータを年齢ごとに比較対照することで，1980年代前半と90年代後半で勤続年数にどういった変化が生じていたのかを明らかにしておこう。

Chapter 3　雇用システムの変遷と人的資源管理

図表 3 − 2　男女の平均勤続年数（1983年と1998年）

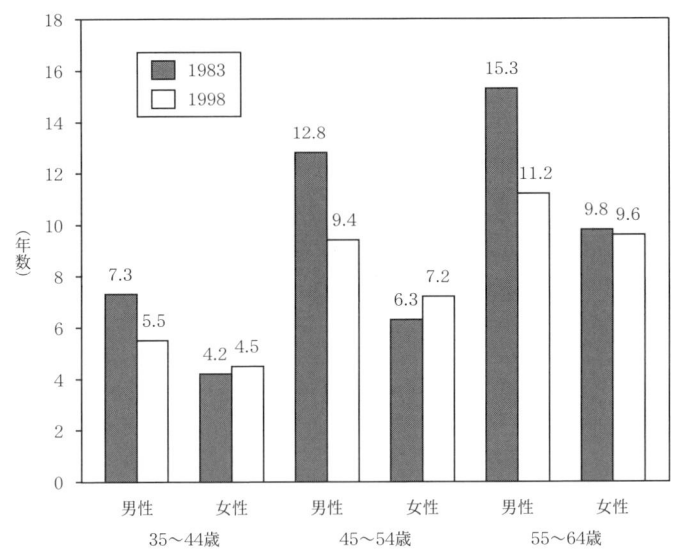

	男性 35〜44歳	女性 35〜44歳	男性 45〜54歳	女性 45〜54歳	男性 55〜64歳	女性 55〜64歳
1983	7.3	4.2	12.8	6.3	15.3	9.8
1998	5.5	4.5	9.4	7.2	11.2	9.6

資料）　アメリカ労働統計局。「1998年における在職期間」，1998年 9 月23日。
出所）　図表 3 − 1 と同じ。42ページ。前掲邦訳書，51ページ。

　図表 3 − 2 は，年齢別グループ内における男女の平均勤続年数の推移を時系列で見たものである。この図で特徴的なのは，全体としてみれば勤続年数は若干短くなっているのだが，男女別に見るとその差が歴然としている点である。つまり，男性の勤続年数はすべての年齢グループで短くなっているのに対し，55歳以下の女性の場合は長くなっていたのである。その結果，図表 3 − 3 に示されているように，10年以上の勤続者の割合は，男性の場合すべての年齢グループで減少し，女性の場合は55歳以下のグループで増大したのである。以上のことから，勤続年数が短くなったと結論づけてもいいであろう。

　だが，勤続年数が短くなっているという事態の背後にある事実を知らなければ，こうした事態を正確に理解したことにはならない。別のいい方をすれば，勤続年数の短縮がレイオフ（非自発的な要因）によるのか，辞職（自発的な要因）によるのかを知らなければならないのである。

図表3－3　10年以上の勤続年数者の割合（1983年と1998年）

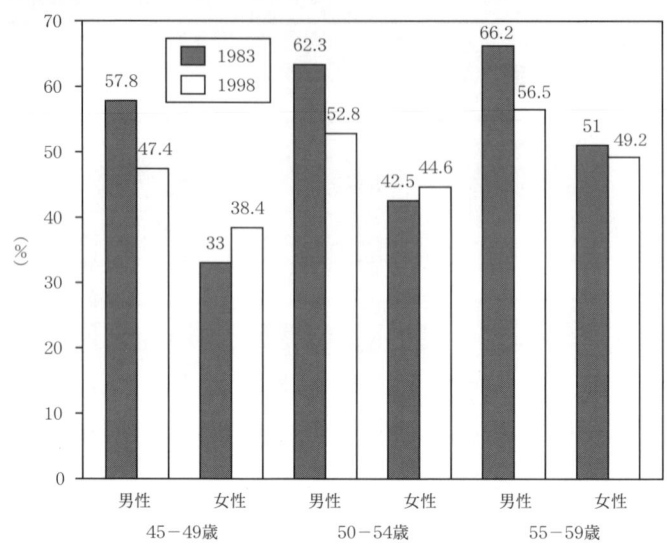

	45－49歳		50－54歳		55－59歳	
	男性	女性	男性	女性	男性	女性
1983	57.8	33	62.3	42.5	66.2	51
1998	47.4	38.4	52.8	44.6	56.5	49.2

資料・出所）　図表3－2と同じ。

　図表3－4は，失業した人が仕事を失った理由を調査したものである（各調査時点は景気循環のピーク時であって，通常ではレイオフは考えられない）。この表からは，失業者の集団がレイオフされた人々によって構成されるようになるという異常な事態を看取することができる。それと同時に，レイオフ体験者のなか

図表3－4　失業理由

	1979	1989	1998
辞　　　　職	.250	.241	.206
一時的レイオフ	.245	.208	.234
恒久的レイオフ	.504	.549	.559

注）　データには20歳以上の人々が含まれている。新規就職者および再就職者は算定から除外されている。
資料）　『雇用と所得』1980年，1990年，1998年のそれぞれ1月号。
出所）　図表3－1と同じ。44ページ。前掲邦訳書，53ページ。

Chapter 3 雇用システムの変遷と人的資源管理

図表3－5　離　職　率

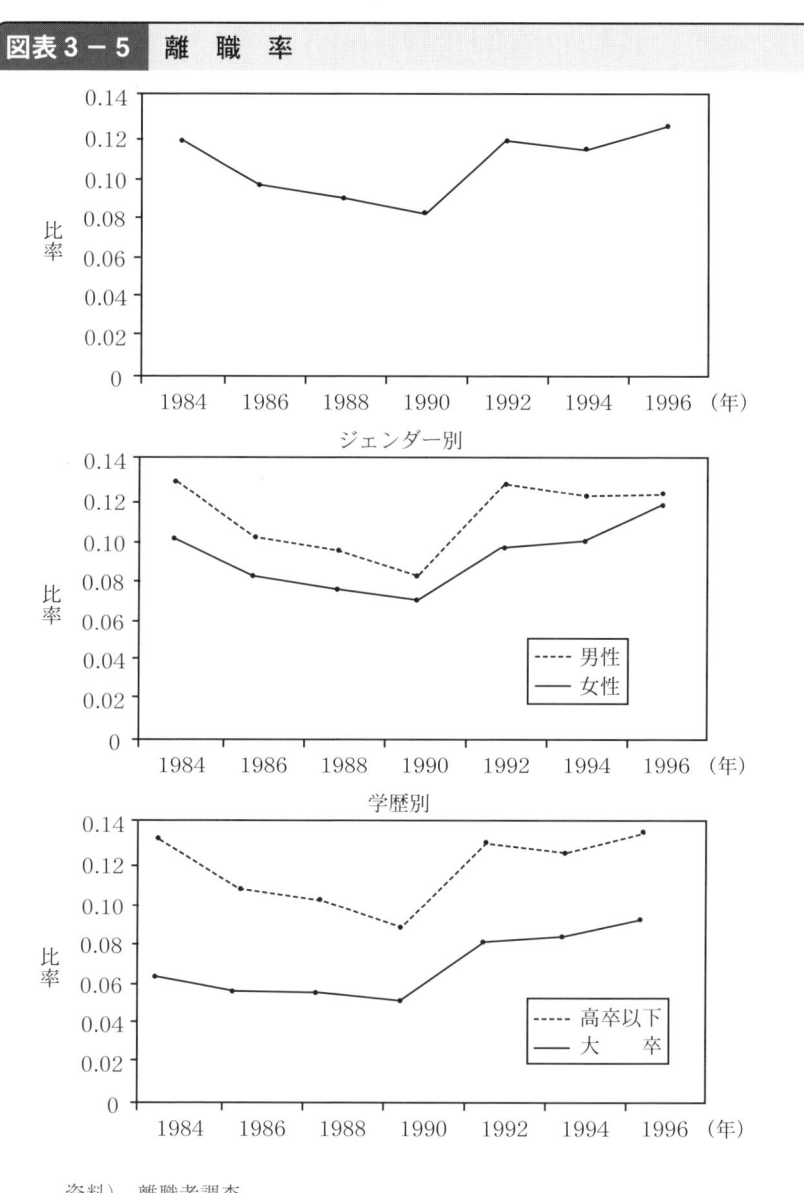

比率

1984　1986　1988　1990　1992　1994　1996（年）

ジェンダー別

----男性
――女性

1984　1986　1988　1990　1992　1994　1996（年）

学歴別

----高卒以下
――大　卒

1984　1986　1988　1990　1992　1994　1996（年）

資料）　離職者調査。
出所）　図表3－1と同じ。47ページ。前掲邦訳書，57ページ。

で恒久的レイオフ（＝解雇）の犠牲者が増加していることを踏まえれば，雇用保障は脆弱化しているという結論にたどり着かざるを得ないのである。それは，データを性別に見た場合でもかわらない。

この結論を，アメリカ労働統計局が2年ごとに実施している離職者調査で補強しておこう。ただし，この調査は1回の離職しか調査していないことに加えて，早期退職制度の活用を自発的な退職と見なして離職者のデータに含めていないことから，離職率は低く見積もられている。図表3－5は，各調査時点で過去3年間に離職を報告した20～64歳の従業員の割合を示している。この図で注目すべきは，1990年代の経済の好転にもかかわらず，通常は下降する離職率が上昇していたという事実である。そして，ジェンダー別のパターンから性別による差異を明確に読み取ることができ，女性の離職率は男性のそれを下回ってはいるが，1996年の調査では差異は不明確になっていた。さらに，学歴別のパターンは，これまで雇用を保障されていた大卒者とそれ以下の教育しか受けていない者との差が縮まっていたことを示している。これは，管理職や専門職といった階層グループにまでレイオフが浸透していったことを示すものである。

以上の勤続年数，辞職，離職のデータからは，雇用保障が悪化し，キャリアの内部形成はなくなってはいないものの，その安定性を欠き始めていたという結論が得られよう。

(3) 非典型雇用

「家族としての企業」や「キャリアの内部化」を支えていたのは，長期（終身）雇用——あるいは雇用保障——であった。これが衰退・悪化しているとするのが前項の結論であった。それは，仕事に就くことが1つの企業への帰属を意味するものではないという事態を招いたのである。それを端的に示しているのが，臨時的・一時的な雇用形態である非典型雇用の増大である。とくに，派遣会社をはじめとする人材紹介企業や他のチャネルを通して提供される臨時的・一時的な仕事が問題である。というのも，それが伝統的な，つまり1980年代半ばまでの雇用モデルに対する重大な挑戦を意味するからである。それは，仕事の内

box I / box II

推計法1：賃金あるいは給与を得ている労働者で，その仕事で1年以下の雇用の継続を期待している労働者と，就労中の職務に1年以下しか就いていない労働者がここに含まれる。自営業者と独立契約者はこの推計からは除外される。派遣労働者と業務請負企業労働者の臨時性は，派遣元会社あるいは業務請負会社との期待される雇用契約期間と在職期間で判断されるのであって，特定の派遣先や顧客のもとでの雇用契約期間あるいは在職期間で判断されるのではない。

推計法2：自営業者と独立契約者を含む労働者で，その雇用契約が1年以下であることを期待している労働者と，その職務（自営）に1年以下しか就いていない労働者がここに含まれる。派遣労働者と業務請負企業労働者の臨時性は，派遣元会社あるいは業務請負会社との雇用契約期間と在職期間の代わりに，派遣先や顧客について期待される雇用契約期間あるいは在職期間に基づいて判断される。

推計法3：仕事での雇用継続を期待していない労働者がここに含まれる。すでに1年以上仕事に就いて賃金あるいは給与を得ている労働者で，少なくとももう1年そこで就労を期待している労働者もここに含まれる。自営業者と独立契約者は，その雇用契約の期待が1年あるいはそれよりも短い期間である場合と，実際に1年未満の自営と個人事業の就労経験しかない労働者はここに含まれる。

容と雇用・キャリアパスとの関連性を弱めたのであった。

　非典型雇用に関しては正確な定義はない。アメリカ労働統計局によると，「その仕事が継続すると期待していない者，あるいはその仕事が一時的であると報告している者」とし，「継続的な雇用契約が暗黙的にも明示的にもない労働者である。退職や復学といった個人的な理由で雇用の継続を期待していない労働者は，もしそういった個人的な理由がなければ仕事を継続するという選択肢を有していたなら非典型労働者とはみなされない」としている[31]。それは，

「雇用継続に対して労働者が期待を持っていないという主観的な要素と，実際に労働者が就労している期間が1年以下であるという客観的な要素」[32] を判断基準にしている。一応の目安としてアメリカ労働統計局の推計法を示しておく (boxⅠ参照)。以下では，正規従業員には認められる一定程度の雇用保障を欠くことが本質的な特徴となっている雇用状況を非典型雇用と呼ぶことにする。これには，パートタイマーは含まれない。なぜなら，パートタイマーの多くが1つの企業で長期にわたって働いているからだし，その割合は過去20年間にわたって増加していないからである。

アメリカ企業での働き方の変化を見る際に非典型雇用の動向を分析する目的は，1つには非典型雇用が仕事の性格が変化しているという一般的な見方をサポートしてくれるからである。もう1つは，そうした雇用形態にある者が絶え

---

boxⅠ **boxⅡ**

独立契約者とは，自営あるいは賃金・給与を得ているかどうかにかかわらず, independent contractors, independent consultants, freelance workers と呼ばれている労働者である。{具体的には，フリー・ライター，不動産業者，リフォーム業者など，顧客に対して自ら商品・サービスを提供する。}

オンコール・ワーカーとは，連続して数日あるいは数週間働く予定は可能であるが，必要に応じて就労する時にのみ呼び出される労働者である。{具体的には，代理の教師，看護婦，建設労働者など。}

派遣労働者とは，その仕事が一時的であるかどうかにかかわらず，派遣元企業から賃金・給与を支払われる労働者である。{業種は多岐にわたっている。}

業務請負企業労働者とは，請負契約に基づいて，従業員やサービスを顧客に提供する会社に雇用されている労働者で，通常，一つの顧客企業にのみ派遣され，その顧客企業の事業場で働く労働者である。{具体的には，ビル警備・清掃，コンピュータ・プログラミングなど。}

ず存在し，絶対数としても増加しているからである。この点は，人材紹介業の著しい成長やそこで下請けネットワーク化やサプライヤーの階層化にも現れている。そして何よりも，広範な職種に浸透していること（事務業務から工業労働まで）に示されている。

以下では，boxⅡに示すカテゴリーに従って，非典型雇用の動向を見ておきたい。図表3－6が示すように，非典型雇用は労働者全体に占める比率としてはそれほど大きなものではない。しかし，この表の調査期間を通して一貫して存在していることから，この形態のもとで働いている労働者が絶えずいることが分かる。また，雇用者数が増加していることから，比率としては大きな変化

図表3－6　就業者に占める非典型労働者の割合（％，万人）

類型	1995年		1997年		1999年		2001年		2005年	
	％	人数	％	人数	％	人数	％	人数	％	人数
非典型労働者										
推計法1	2.2	274	1.9	239	1.9	244	1.7	230	1.8	250
推計法2	2.8	342	2.4	310	2.3	304	2.2	296	2.3	318
推計法3	4.9	603	4.4	557	4.3	564	4.0	537	4.1	571
独立契約者	6.7	831	6.7	846	6.3	825	6.4	859	7.4	1,034
オンコール・ワーカー	1.7	208	1.6	200	1.5	203	1.6	209	1.8	245
派遣労働者	1.0	118	1.0	130	0.9	119	0.9	117	0.9	121
業務請負企業労働者	0.5	65	0.6	81	0.6	77	0.5	63	0.6	81

注）　各年度の就業者数は，1995年123,208千人，1997年126,742千人，1999年131,494千人，2001年134,605千人，2003年は実施されず，2005年は138,952千人である。

出所）　1995～99年は，Steven Hipple, "Contingent Work in the late－1990s," Marisa DiNatele "Characteristics of and Preference for Alterative Work Arrangement 1999," Monthly Labor Review, Vol. 124, No. 3 (March2001). 2001年は, Contingent and Alternative Employment Arrangements, February 2001, http://states.bls.gov:80/news.release/conemp.nr0.htm/. 2005年は，Contingent and Alternative Employment Arrangements, February2005, http://www.bls.gov/news.release/conemp.nr0.htm/. (2006年2月3日)

はなくとも，その実数は増加していることも分かる。さらに，非典型雇用のもとにある期間の平均が5か月であったことから，先に示された比率は実質的にはその2倍強と見なしてかまわないのである。

だが，非典型雇用が支配的な雇用形態になるまで成長すると見るのは誤りであろう。そのように判断するのにはいくつかの要因があるが，最大の要因は，非典型雇用の活用を制限する諸事項の存在である。それには，スキル不足，企業への貢献度，高賃金といったものが含まれる。ただし，非典型雇用が正規従業員に及ぼす影響は看過できない。というのも，正規従業員は組織内での非典型雇用者の位置づけやそうした雇用形態が必然的に伴っている脅威を十分に認識しているからである。

(4) コーポレート・ガバナンス

「家族としての企業」という規範は，名目上は株主利益の極大化を目的としながらも，実質的には企業が従業員志向であったことを意味していた。株主とよりも，従業員との利益の分配が重視されていたのである。

ところが，競争環境の変化，とりわけ日本の企業と対比した場合の競争力の減退が原因となり，また資本市場における2つの新たな展開が引き金となって，従業員志向から株主志向への移行が顕著になったのである。ここでいう資本市場の展開とは，①レバレッジド・バイアウト（LBO）と②機関投資家がもたらしたものである。買収先の資産を担保に外部の巨額資金を調達し，それで企業買収を行うLBOは，財務状況の悪い企業が，企業経営の変更による財務実績の改善が可能であれば買収に要する金額よりも高い値段で売却できることを知った乗っ取り屋のターゲットとなった。それは，多くの企業に対し，株価を上げるあるいは配当を増やすことで株主の心を掴んでおかなければ，いつ何時買収されてもおかしくない状態を作り出したのである。②の機関投資家（公的年金基金，民間の年金基金，投資信託，保険会社など）が所有する株式が増えている。マイケル・ユシーム（Michael Useem）によると，1965年には個人が企業株式の84％を所有し，機関投資家は6％にすぎなかった。ところが，1990年までに，

個人所有は54％まで減少したのに対し，機関投資家は46％まで増加したのである[33]。さらに，1994年になると，上場企業1,000社のうち，機関投資家はその57％の株式を所有するまでになっていた。機関投資家が，より高い水準の業績を要求していたことはいうまでもない。

LBOと機関投資家，ほぼ時を同じくして資本市場に登場したこの両者は，経営者の考え方を根底から覆し，それまでの従業員志向から株主志向へと変化させ，株主の利益が主たる経営目的となったのである。だが，株主の意向を尊重する，あるいは株主の利益を優先することが，短絡的に従業員が悪い状況に置かれることに繋がるわけでもない。というのも，「家族としての企業」といった経営スタイルが生産性を向上させ，収益増に結びつくのであれば株主の利益ともなるからである。

コーポレート・ガバナンスにおける従業員志向から株主志向への大きなうねりは，少なくとも経営者の優先事項を変化させ，当時にあっては雇用保障の提供はリスクと見なされたのである。

（注）

1) Paul Osterman, *Securing Prosperity:The American Labor Market:How It Has Changed and What to Do about It*, Princeton University Press, 1999. 伊藤健市・田中和雄・佐藤健司・橋場俊展訳『アメリカ・新たなる繁栄へのシナリオ』ミネルヴァ書房，2003年，「日本語版への序文」，ⅰページ。
2) この雇用システムの分析に関しては，以下の文献を参照のこと。Harry Katz, *Sifting Gears,* MIT Press, 1985.
3)4) P. Osterman, *op. cit.*. 前掲邦訳書，28ページ。
5)6) *Ibid.*. 同上邦訳書，29ページ。
7) *Ibid.*. 同上邦訳書，29〜30ページ。
8) Thomas J. Peters and Robert H. Waterman, Jr., *In Search of Excellence*, Harpers, 1982. 大前研一訳『エクセレント・カンパニー』講談社，1983年，412ページ。
9) *Ibid.*. 同上邦訳書，420〜421ページ。
10) *Ibid.*. 同上邦訳書，443〜444ページ。
11) *Ibid.*. 同上邦訳書，448ページ。
12) *Ibid.*. 同上邦訳書，449ページ。
13) P. Osterman, *op. cit.*. 前掲邦訳書，31ページ。

14) *Ibid.*. 同上邦訳書，32ページ。
15) Oliver Williamson, Michael Wacter, and Jeffrey Harris, "Understanding the Employment Relation: The Analysis of Idiosyncratic Exchange," *Bell Journal of Economics* 6 (Spring1975).
16) Sanford M. Jacoby, *Employing Bureaucracy : Managers, Unions and the Transformation of Work in the 20th Century,* Laurence Erlbaum Associates Publishers, 2004. 荒又重雄・木下順・平尾武久・森杲訳『雇用官僚制［増補改訂版］』北海道大学図書刊行会，2005年。
17) P. Osterman, *op. cit.*. 前掲邦訳書，32ページ。
18) *Ibid.*. 同上邦訳書，40ページ。
19) 20) 21) *Ibid.*. 同上邦訳書，41ページ。
22) 23) *Ibid.*. 同上邦訳書，44ページ。
24) Margaret M. Blair, *Ownership and Control,* Brookings Institute, chap. 7. Mark J. Roe, *Strong Managers, Weak Owners,* Princeton University Press, 1994, p. 261. 北条裕雄・松尾順介監訳『アメリカの企業統治（コーポレート・ガバナンス）』東洋経済新報社，1996年，333～334ページ。
25) *Wall Street Journal,* 4 May 1995, 1.
26) Robert Slater, *Saving Big Blue,* McGraw-Hill, 1999. 宮本喜一訳『IBMを甦らせた男ガースナー』日経BP社，2000年，43ページ。
27) Louis V. Gerstner, Jr., *Who Says Elephants Can't Dance ?,* HarperCollins, 2002. 山岡洋一・高遠裕子訳『巨像も踊る』日本経済新聞社，2002年，376ページ。
28) *New York Times,* 19 March 1996, D 4.
29) Michael Hammer and James Champy, *Reengineering the Corporation : A Manifesto for Business Revolution,* HarperBusiness, 1993. 野中郁次郎監訳『リエンジニアリング革命』日本経済新聞社，1993年，175ページ。
30) *New York Times,* 7 January 1996, E 19.
31) U.S. Department of Labor, Bureau of Labor Statistics, *Contingent and Alternative Arrangements,* February 2001. http://stats.gov:80/news.release/conemp.nr 0. htm.
32) 日本労働研究機構『アメリカの非典型雇用』2001年，12ページ。
33) Michael Useem, *Investor Capitalism,* Basic Books, 1996, p. 57.

Chapter 4

賃金システムの変遷と人的資源管理

　戦後のアメリカ企業の変化とそれに伴うアメリカ人の働き方の変化は第3章で取り上げた。ここでは，賃金決定プロセスに焦点を当てることで，そうした変化をより鮮明にしたいと思う。ただし，本章では「賃金とは何か」といった理論面を扱うことはしない。ここでの関心は，すでに指摘した1980年代半ばを境とする大転換が賃金にどういった影響——もちろんその背後には働き方・働かせ方の変化があるのだが——をもたらしたかを明確にすることにある。

　そのため，戦後アメリカ企業の賃金はどういったシステムのもとで構築されていたのかをまず明らかにしておこう。1980年代半ばを境に大きく変容したのは，この賃金システムである。それゆえ，個々の従業員の賃金額の推移，あるいは職種別・産業別の賃金額の推移の分析はもちろん必要であるが，何よりも必要なのは推移の背後にあるシステムの変化，別のいい方をすれば，これまでのシステムを支えてきた制度・規範の変化の解明である。つまり，戦後の制度構造が破壊され，新たな制度構造が構築されているのである。

1　戦後アメリカ企業の賃金システム

　アメリカ企業の賃金システムに関する戦後の制度構造およびそれを支えた規範とは何であったのか。この点でまず確認しておかねばならないのは，1980年代半ばを境に，「市場の諸力（市場原理とか自由市場方式と呼ばれたりもする）」が，何ら拘束を受けなくなっているという事実である。それは，こうした市場の諸力にとって制約となっていた戦後の制度構造が大きく変容していることを意味している。もちろんそこには，そうした戦後の制度構造を「変えよう」として

いる企業のより高い収益への希求がある。ただし，経済理論がいうように，自由市場・市場原理万能といった事態になることはない。現実には，無制約な市場は政治的にも社会的にも受け入れられないからである[1]。「受け入れられない」のは事実としても，それを期待し・切望しているだけでは事は進まない。

標準的な経済モデルでは，相対賃金（多様な職種・業種間の賃金の関係）は，需要と供給，つまり市場の諸力によって決まるとされている。だが，戦後の賃金構造を見てみると，そこには種々の力が作用し，それが市場の諸力の影響を弱めていたことが分かる。その結果，賃金構造はかなり安定したもので，賃金格差はさほど大きなものではなかった。そこでは，外部労働市場の需給に応じて賃金が調整されるといった事態はなく，職種と業種を超えて相対賃金が固定的に維持されていた。

では，賃金構造の安定性と比較的小さな賃金格差をもたらしていたのは何であったのか。ここでは2点指摘しておきたい。

1つ目は，賃金構造における内的公平性に対する高い評価である。一般的には，公平性という言葉で示される規範である。この公平性は，賃金設定において，熟練度（スキル）や年功（セニョリティ）といった個人的な特性と同程度に重視されていたし，種々の仕事の間の相対賃金，つまり賃金格差とも関係していた。組合のある企業では，公平性は団体交渉で担保されていたが，組合のない企業でも組合が獲得した成果を求める従業員のもとで一定保証されていた。一方，公平性は企業が賃金管理で重視する規範でもあった。それは次のような事実に示される。企業は，賃金構造を合理化——そこには賃金格差を合理的に説明することも含まれる——し，その安定化を図るために職務評価制度を開発した。それは，職務遂行に必要な能力や職務に伴う責任の軽重といったことに基づいて各職務にポイントを付け，それに基づいて賃金を設定しようとするものである。つまり，そこに登場するのは能力給であり，個々人の相違を強調するものである。そうだとすれば，賃金格差は拡大するはずだが，公平性という規範のもと，企業は誰もが平等な昇給を得られるように賃金を管理していたのであって，格差はそれほど拡大しなかったのである。

2つ目は，企業横断的並びに産業横断的に安定した賃金関係である。1つ目が，社内での賃金構造の安定性と比較的小さな賃金格差と関係するものであるのに対し，これは企業間・産業間での安定性と比較的小さな賃金格差と関係している。それは，雛形交渉(パターン・バーゲニング)といった専門用語で説明される現象である。それは，種々の産業や企業の賃金に，安定的かつ予測可能な関係があることを示唆している。交渉(バーゲニング)という言葉から，組合の役割と組合のある企業での現象と受け止められがちだが，そこに限定すべきではない。公平性と同様，組合のない企業でも模倣され，波及していた。それは，コミュニティ内の賃金の相互関係や，ある仕事と別の仕事との関連性に影響を及ぼしていた。

では，以上の2点を支えていた要因は何であったのか。まず考えられるのは労使関係システムである。組合は，その絶頂期にあった1945年頃でも民間部門労働者の35％強を組織し（図表2−1参照），代表していたにすぎなかったが，戦後の制度構造の構築・維持で大きな役割を演じていた。組合のない企業も，組合の基準に沿った形で賃金を支払っていた。それは，①組合に組織されるのを回避するために，組合が獲得した成果を模倣したためである。結果として，組合の影響のもとで多くの産業で最低賃金が設定された。それと，②企業が社会から受け入れられるイメージを組合モデルが提供していたことがある。セニョリティ，職務分類，リコールで復帰できるレイオフ，組合が獲得したこうした制度は，反組合企業にも広く影響していた。ポール・オスターマン（Paul Osterman）教授は，反組合企業の代表とでもいうべきデジタル・イクイップメント社が1980年代に初めてレイオフを行った時，ブルーカラーのレイオフ基準がセニョリティであったことが聞き取り調査で明らかになったと指摘されている[2]。

労使関係システムと並んで，コーポレート・ガバナンスの性格も戦後の制度構造を支えてきた。アメリカの会社法は，株主にガバナンスにおける優先権を与えており，経営者の基本的な目標は株主の繁栄と想定されていた。しかし，バーリ・ミーンズの研究を引き合いに出すまでもなく，経営者が実際にそういった想定通りの行動をとっていなかったことは多くの証拠が示すところであ

る。たとえば，1956年に出版された『アメリカの経営理念(*The American Business Creed*)』のなかで，フランシス・X・サットン（Francis X. Sutton）らは，「経営者たちは，一般に自分たちが4つの広範な責任をもっていると主張している。すなわち，消費者，従業員，株主，そして一般大衆に対する責任である。……どのグループも対等な立場にある。経営者の役割はこれらすべてに関して公正さを保証し，そしてどのグループに対しても無条件で最大を保証しないことにある。株主も何ら特別の優位をもつわけではない。株主は投資に対する公正な報酬を受け取る権利はあるが，いわゆる『公正』なレベルを超えれば経済的罪悪である」[3]といった見方を提示している。第3章で見た「家族としての企業」という表現が的確に示しているように，経営者は雇用の維持とともに，利潤を株主だけでなく一般従業員にも賃金という形態で分配することの意義を認めていたのである。その背後には，善良な企業市民・社会市民として認められたいという願望があったし，何よりも自分たちの報酬が企業規模の拡大＝企業の成長と大きく関係していたからである。

この労使関係システムとコーポレート・ガバナンスが大きく変化した。それをもたらした要因は，第3章第2節の「雇用システムを変えた要因」で見たので繰り返さない。次節では，1980年代半ば以降の賃金システムに見られた新たな動向を考察する。

2 賃金システムの新たな展開

戦後の賃金システムの本質は，前節で見たように，公平性と安定性にあった。だが，実質賃金はゆっくりとしか増大していないのに賃金格差は急激に拡大するという現実しか見えない。この賃金格差の拡大は，公平性と安定性という規範に代わって，別の規範が賃金設定時の支配的関心事になっていることを示している。もう1点指摘するならば，戦後の賃金システムを特徴づけてきた利潤の分配という側面でも大きな変化が見られるのである。これまで，利潤の一部は従業員にも分配されてきた。だが近年，平均賃金の伸びは停滞している。

Chapter 4　賃金システムの変遷と人的資源管理

以上の2点を合わせれば，賃金水準が停滞するなかで，賃金格差が拡大しているということになる。それはとりもなおさず，従業員が少ない原資を巡って熾烈な競争をさせられているということになるのであろうか。

これまでと比べて，公平性への配慮が小さくなっている。これは，個人の業績を評価し，それに基づいて賃金を支払うという新しい賃金システムの登場で証拠づけられる。この新しいシステムは2つの効果をもつ。1つは，企業の業績と個人の賃金との連動であり，これまでになく大きなリスクを従業員に負わせる効果である。もう1つは，旧来の標準的・一律的な昇給ではなく，従業員の特性とその業績に基づく昇給への移行である。

図表4－1　給与に関するイノベーション

イノベーション	企業の割合	スタート時
利潤分配制	45.5%	1988－92：39.4%
		1982－87：31.0%
利益分配制	14.4%	1988－92：58.0%
		1982－87：26.9%
能力給	31.0%	1988－92：37.8%
		1982－87：28.5%

出所）　全国事業所調査，1992年。
出典）　Paul Osterman, *Securing Prosperity：The American Labor Market：How It Has Changed and What to Do about It,* Princeton University Press, 1999, p.61. 伊藤健市・田中和雄・佐藤健司・橋場俊展訳『アメリカ・新たなる繁栄へのシナリオ』ミネルヴァ書房，2003年，72ページ。

こうした変化を調査したのが図表4－1である。これは，オスターマン教授が行われた電話調査（全国事業所調査）で，①利潤分配制，つまり従業員の報酬の一部が企業の収益性に依存するもの，②能力給，つまり個人が新たなスキルを獲得したと認定されることで昇給するもの，③利益分配制，つまり作業集団が基準業績を超えた業績を上げれば昇給を受けるもの，の3つについて1992年の導入状況と各制度の導入時期を聞き取られたものである。この節での関心からすれば，後者の導入時期が興味深い。各制度とも，調査時点である1992年の

10年前から導入されているのであるが，それを5年ずつに区切ってみた場合，1988～92年の導入割合の方が高い。これらのことから，こうした業績や能力に基盤を置く賃金システムは新しい制度であることが分かる。

図表4－2　給与の構成

	管理職	ブルーカラー	技術者	専門職	事務職	サービス職
一律給	8.5%	68.1%	6.8%	10.7%	4.5%	26.9%
集団給	78.3%	25.8%	84.4%	74.7%	94.3%	68.7%
個人給	12.8%	5.4%	8.7%	13.7%	1.0%	2.3%

出所）　全国事業所調査，1997年。
出所）　図表4－1と同じ。62ページ。前掲邦訳書，73ページ。

　オスターマン教授が1997年に実施された聞き取り調査はさらに興味深い。この調査は，従業員が昇給を受ける基準を厳密に調べられたものである。調査の結果は図表4－2に示してある。そこでは，昇給が①一律の昇給（一律給），②グループの業績に基づく昇給（集団給），③個人の能力あるいは業績に基づく昇給（個人給）に区分されている。この図表4－2からは，2つのパターンが読みとれる。1つは，多くの従業員にとって，グループの業績が昇給の主要な理由になっている点であり，昇給が企業の業績と密接に結びついている点である。それゆえ，企業の経済的変動が直ちに賃金に影響を及ぼし，これまでの安定した賃金という戦後の賃金システムを支えてきた特徴が消え去ったのである。もう1つは，ブルーカラーとそれ以外（一応ホワイトカラーとしておこう）では昇給のスタイルが大きく異なっている点である。ブルーカラーの場合，組合の有無によっても影響を受けている。組合のある事業所では一律の昇給が93％で見られるのに対し，組合のない事業所では41％である。だが，組合のない事業所であっても一律の昇給が占める割合は他の職種よりも高い。ホワイトカラーでは集団給の割合が総じて大きいが，管理職と専門職という本来からするホワイトカラーでは，個人給の割合が他の職種を圧倒していることが分かる。こうした数字は，社内の公平性という規範が機能しなくなっていることを示している。

　最後に，企業間・産業間の賃金の安定性という問題を取り上げよう。これも

変化している。それを如実に示すのが、パターン・バーゲニングの衰退である。その証左は、1986年の鉄鋼基本協約の終結であり、全米自動車労組（UAW）の影響力の弱体化である。ジョン・バド（John Budd）は、自動車産業ビッグ・スリーとUAWとの間で締結された協約を調査し、それが航空機、自動車部品、農業機械といった産業に及ぼした影響は、1959～79年に比べて1987～89年にはすでに弱くなっていたことを発見している。また、1955～79年の自動車部品、航空機、電気機器産業の平均賃金は、ビッグ・スリーの平均賃金に倣っていたが、1987～90年にはその関係ははるかに弱くなっていたことも発見している[4]。また、ビッグ・スリーの内部でも多様化が進み、「クライスラーの労働者は、他の2社よりもはるかに多額の利潤分配を受け取っている」[5] といった状況になっていたのであって、その最大の要因は、団体交渉の分散化にあると指摘する論者もいる[6]。

3 企業の具体例

具体的な企業での実態を取り上げる前に、現代のアメリカ企業がどういった課題に直面し、それが賃金にどういった影響を及ぼしているのかを簡単に見ておこう。

これまでのアメリカ企業は、拡大する国内市場に依存し、国内市場に適した規模に成長しようとしていた。その際重視されたのは資本であり、競争上の優位は技術進歩や規模の経済に基づく生産性向上によって達成されていた。競争は限られた数の企業、とくに国内企業との間で行われていたため、前節で見たパターン・バーゲニングや企業横断的並びに産業横断的に安定した賃金関係を利用すれば、賃金を競争の外に置くことができたのである。つまり、賃金コストが競争優位を大きく左右することはなかったのである。その代わり、製品イノベーション、プライス・リーダーシップ、広範な広告などを使って市場占有率を確保しようとした。

このような状況は、グローバル化と技術革新、そして規制緩和のなかで大き

く変容する。グローバル化のもとでは，アメリカ企業の最強の挑戦者は国際企業であり，アメリカの国内市場に特化した企業であっても，その国内市場自体が国際企業に蚕食されることから，国際企業と競争せざるを得なくなる。そこでは賃金を競争の外に置くことができなくなる。また，技術革新，とくにIT革命と呼ばれた情報技術革新のもたらした影響も大きい。そこでは，スピード，フレキシビリティ，新製品や新しいサービスの開発が競争優位の不可欠の要因となり，新しい技術を活用できる知識（ナレッジ）と技能（スキル）をもつ稀少な熟練知識労働者をいかにして惹きつけ，定着させるかに関心が寄せられる。資本ではなく人間が重視されるようになるとともに，彼らの争奪戦のなかでは賃金を含む報酬が一定の役割を演じることになる。インセンティブ給やストック・オプションなど業績（企業と個人の業績）に連動する賃金制度への移行が進むのはこうした背景があるからである。さらに，規制緩和は，新規企業が既存の競争相手よりも低いコストで参入することを可能にした。それは既存企業に対応を迫るものであると同時に，新規企業が組合に組織されていない企業であったことから，組合組織率の下落と，何よりも賃金の不平等性，賃金格差の拡大をもたらしている。こうしたなかで賃金の二極分化が進んだのである。

(1) シスコシステムズ社

まずシスコシステムズ社（以下シスコ社）である。同社は，インターネット・コミュニケーションを提供するネットワーキング・システムの設計に特化することで急速に成長したハイテク企業である。1984年に設立された同社は，1990年に株式公開した。同社の人的資源管理は高い評価を得ており，1999年にはフォーチュン誌の「アメリカでもっとも働きやすい会社ベスト100」の24位，2000年には「もっとも称賛される企業」の4位にそれぞれランクされていた。同社の急速な成長は，株式公開後は買収によっている。技術革新の速い業界で，すべてを開発することは不可能である（コンピュータ・ネットワーク業界の製品ライフサイクルは平均で6〜18か月といわれている）。そのため，新しい技術が出現した際には，フィージビリティ・スタディ（実現性の検証）を行い，さらにその技

術が同社において現在あるいは将来必要かどうかを見極めたうえで，自社開発するかそうした技術を有する他企業を買収するのが同社の戦略である(先の製品ライフサイクルからいえば，6か月以内に新製品が開発できなければ買収によって入手するしかない)。もちろん，買収したとしても，知的資本（ノウハウをもった人材）が逃げないように手立てを講じる必要がある。また，優秀な人材を募集する必要もある。

シスコ社の人的資源部門担当副社長のバーバラ・ベック（Barbara Beck）は，1999年初頭のインタビューで次のように語っていた。「……わが社はまた業界を変革するために知識労働者を採用している。わが社の企業理念は報酬とリスクを共有することである。わが社は業界平均の約65％でしかない基本給を払っているだけである。ボーナスは，同じ業界と比較したわが社の業績と顧客満足度に基づいて支払われている。全従業員は採用時にストック・オプションを供与され，彼らの業績に基づいて追加的なストック・オプションを供与される。発行済みストック・オプションの40％は非管理職の従業員が保有している。」[7] いうまでもないことだが，この発言は知識労働者に限定されている。それでも，基本給は業界の65％程度，それ以外はインセンティブ給で，その1つのボーナスは「業績と顧客満足度」に基づいている。もう1つのストック・オプションは，入社時に一定提供されるが，「業績」次第で追加される。残念ながら，基本給が何に基づいているのかはこの発言だけでは分からない。要するに，彼女の言葉を借りれば，「非常に選別的」に選ばれた「わが社で優れた成績を上げることのできる人物」[8] が対象になっているだけである。それはとりもなおさず，同社の成功が，同社技術を技術革新の最先端で保つ能力に依存していると認識されているからである。同社のコア・コンピタンスは技術と従業員にある。では，こうした彼女のいう同社で雇いたい「レイオフする必要がないと認められる従業員」[9] 以外はどう処遇されているのか。それは，彼女が「需要における不確実性と変動性の衝撃を緩めるために非典型労働者を活用する」というように，派遣労働者と業務請負企業労働者，あるいは独立契約者で埋められているのである。

以上のように，新興企業（ニュー・エコノミー企業などとも呼ばれる）が成功する秘訣は，知的資本や知識労働者をM&Aなどを介して他社から引き抜き，定着させるために必要な制度の整備にある。その意味では，人的資源が中心的な位置を占めるといえなくもない。ただし，それが派遣労働者など非典型雇用労働者の犠牲の上に成り立っていることは見過ごしてはならないであろう。

(2)　IBM

　では，シスコ社のような新興企業以外の企業ではどういったことが起こっているのであろうか。その代表例としてIBMを取り上げたい。ここでは，第3章でも取り上げたルイス・V・ガースナー（Louis V. Gerstner, Jr.）が，同社の報酬改革をなぜ実行し，どう評価していたのかを考察したい。

　ガースナーは，IBMのそれまでの諸制度を創設者トーマス・J・ワトソン・シニア（Thomas J. Watson, Sr.）の特徴的な精神に求めつつ，次のように述べている。「トーマス・ワトソンは強力で家父長的な指導者であり，会社のあらゆる面に足跡を残している。勤勉，労働環境の整備，公正，正直，尊敬，完璧な顧客サービス，終身雇用など，ワトソン個人の哲学や価値観がIBMの文化を形づくった。ワトソンが生み出した家父長制度はIBMの資産となると同時に，その死後かなりの年数が経つと足枷になった。だが，この制度によって，大恐慌後，雇用の安定と公平な処遇を切望する労働者の間でIBMが魅力的な勤め先になったのは間違いない。」[10] とりわけ，報酬に関する考え方がきわめて硬直的であったとして以下の3点を指摘している。

①　どのレベルでも報酬の大半を給与が占めていた。ボーナスやストック・オプション，部門の業績と連動した報酬はほとんどなかった
②　ほとんど差がつけられていなかった
③　福利厚生に力点が置かれていた。IBMは家父長的で，あらゆる形で社員への支援をふんだんに提供していた。年金，医療給付，社員用のカントリー・クラブ，終身雇用の保障，豊富な教育機会。どれをとってもアメリカ企業で一番だった

①は新たな動きである。また、③は福利厚生の問題で、ここで課題としている内容とは違う。②はもう少し説明が必要であろう。ガースナーによれば、具体的に以下のような実態が見られたという。(a)業績が基準に達しない者を除いて全社員に年次昇給が与えられていた、(b)成績上位と下位の社員の間で、年次昇給額にほとんど差がなかった。(c)昇給率はその年の平均前後の狭い幅に抑えられていた。たとえば、予算が5％増加した場合、実際の昇給率は4％から6％の間に落ち着いた。(d)ソフトウェア・エンジニアやハードウェア・エンジニア、営業担当者、財務担当者などの専門職で、市場での需要が旺盛な職種であっても、全社員に等級ごとに同じ給与が支払われていた。以上が、前節で取り上げた「公平性」の影響であることはいうまでもない[11]。

これに対しガースナーは、基本的には家族主義であり、成果に基づく差別化よりも平等や分配が優先された、と指摘している。そこで彼が採用したのは図表4－3に示される業績に基づいて報酬を決定する方法であった。新制度は、「忠誠心や在職期間に応じた報酬ではない。そして、すべて差別化に関わっている。市場の実勢に応じて全体の給与に差をつける。個人の業績や市場価値に応じて昇給に差をつける。事業の業績や個人の貢献度に応じてボーナスに差をつける。個人のスキルの重要性や他社との人材獲得競争に敗れるリスクに応じてストック・オプションに差」[12]をつけたものである。

最後にガースナーは、報酬制度の改革も含めて、破綻しかけていたIBMで

図表4－3　IBMにおける報酬決定要因の変化

旧　制　度	新　制　度
均　質　性	差　別　化
固　定　報　酬	変　動　報　酬
内部ベンチマーク	外部ベンチマーク
社　員　の　権　利	業　績　本　位

出所）Louis V.Gerstner Jr., *Who Says Elephants Can't Dance?*, HaperCollins, 2002. 山岡洋一・高遠裕子訳『巨像も踊る』日本経済新聞社、2002年、135ページ。

見られた旧来型の家父長的・家族主義的な諸制度を財務危機のなかで廃止した。それは，一部の従業員からは不興を買ったが，「大半の者は私心を捨てて，会社が生き残り成長するには必要不可欠なものだと理解」してくれたと自賛している。とくに，「どのレベルの者も報酬哲学の全般的な変更を歓迎してくれたこと」が重要だったと指摘し，「家父長的な保護は減るが，年間ボーナス，持ち株・オプション制度，業績に基づく昇給によって，全員が成功の対価を受け取る機会がはるかに大きくなる」と締め括っている[13]。

以上のIBMの取り組みは，何も家父長的・家族主義的なIBMだけの特徴ではなかった。アメリカ企業の多くがその方向にシフトしたのである。

（注）

1） Karl Polanyi, *The Great Transformation,* Beacon Press, 1944. 吉沢英成他訳『大転換：市場社会の形成と崩壊』東洋経済新報社，1975年。
2） Paul Osterman, *Securing Prosperity：The American Labor Market：How It Has Changed and What to Do about It,* Princeton University Press, 1999. 伊藤健市・田中和雄・佐藤健司・橋場俊展訳『アメリカ・新たなる繁栄へのシナリオ』ミネルヴァ書房，2003年，37ページ。
3） Francis X. Sutton, et. al., *The American Business Creed,* Harvard University Press, 1956, pp. 64－65. 同書は，高田馨・長浜穆良両氏による訳（『アメリカの経営理念』日本生産性本部，1968年）があるが，当該箇所は要約されているだけである。
4） John Budd, "The Determinants and Extent of UAW Pattern Bargaining," *Industrial and Labor Relations Review,* 45, 3 (April, 1992).
5） P. Osterman, *op. cit.*. 前掲邦訳書，74ページ。
6） Harry Katz and Owen Darbishire, *Converging Divergences：Worldwide Changes in Employment System,* ILR Press, 2000.
7） Paul Osterman, et al., *Working in America：a blueprint for the new labor market,* MIT Press, 2001. 伊藤健市・中川誠士・堀龍二訳『ワーキング・イン・アメリカ』ミネルヴァ書房，2004年，68ページ。
8）9） *Ibid.*. 同上邦訳書，69ページ。
10） Louis V. Gerstner, Jr., *Who Says Elephants Can't Dance？,* HarperCollins, 2002. 山岡洋一・高遠裕子訳『巨像も踊る』日本経済新聞社，2002年。
11） *Ibid.*. 同上邦訳書，133～134ページ。
12） *Ibid.*. 同上邦訳書，135～136ページ。
13） *Ibid.*. 同上邦訳書，144～145ページ。

Chapter 5

コンピテンシー概念と人的資源管理

1 コンピテンシー概念の成立

　アメリカでは，1990年代初頭以来人的資源管理(Human Resource Management)の領域に「コンピテンシー」(Competency) 概念の導入が開始されてきている。それは1996年のアメリカン・コンペンセーション・スタディに参加した217の北米大企業のうち，すでに40％がコンピテンシーに基づく人的資源プログラムを開発中であったという調査が示すように，1990年代後半にはアメリカの大企業で広範に活用されるようになっている[1]。

　コンピテンシーに基づくマネジメントがアメリカにおいて成立し，普及しているのには大別2つの要因がある。第1に，アメリカにおいて従来の人事管理が前提としていた「職務」(job)の概念が1980年代より変化してきており，そうした事態に対応するマネジメント・テクニックが必要とされたこと。第2に，そうした事態と並行して，そのようなマネジメントのツールとして応用されることになるコンピテンシー概念がアメリカの心理学 (Psychology) の領域で発展していたことである[2]。

(1) 細分化された「職務」の変化

　職務とは個別的分業を人間の主体的活動の側面から定義した概念であり，「職業」(occupation)，「職種」(trades) に次ぐ単位である。職務は，個々の労働者に分業分担された，労働者一人分の労働力を必要とし，一定の目的に規定された「動作」(motion) から構成される一群の「課業」(tasks) として定義さ

れる「職位」(position) において，その遂行に必要な知識・熟練・責任・義務などの要因の観点から類似する，あるいは事実上同一の種類や程度のものを一単位として編成される管理・労働単位である。それは「職務分析」，「職務記述書」，「職務明細書」，「職務評価」など，人事管理の諸技術により厳密に定義され，しかも労働組合との団体交渉により厳密に規定される。

職務の細分化は，「テイラー・システム」(Taylor system of management＝Scientific Management) および「フォード・システム」(Ford system) として企業経営に具体化される個別的分業の延長上にあり，したがって労働生産性の観点から，またはそれを基盤に形成される組織の効率の観点から，さらには労働力の流動性を前提とするアメリカ産業社会においては細分化され限定された職務が，それに包含される情報量が制約されるために，従事する労働者の教育訓練の時間と費用が節約されることや，賃率の設定を厳密に行うことが可能となるという観点から企業経営上の有効性が把握されてきた。また，労働組合の側も，賃金，労働時間，労働内容などに対する経営側による裁量の余地を排除することが可能となる。そのため職務の細分化は労使双方に容認されてきた。

しかし，人間労働が，このような職務として細分化されるということは，他面において，1960年代後半から1970年代初頭にかけて，深刻な労働疎外の問題を顕在化させ，その対策として，ＱＷＬ (Quality of Working Life＝労働生活の質改善) や「労働の人間化」(work of humanization) として知られる「職務拡大」(job enlargement)，「職務充実」(job enrichment)，「職務交替」(job rotation) などの「職務再編」(job redesign) や，「半自律的作業集団」(semi-autonomous work group) のようなチーム労働制などの諸施策が多くの企業で導入されることになった。

1980年代から90年代にかけては，工場における生産技術職のような定型的な職務が減り，労働にフレキシビリティが要求され，コンピュータや情報技術を介して多様な内容の仕事を一人の従業員で行うことや，チームワークなどグループで従事するようになり，日本企業の雇用・労働慣行の影響もあり職務が大きく変わってきた。こうしたことにより，細分化された職務を前提として確

Chapter 5　コンピテンシー概念と人的資源管理

立されているマネジメント・テクニックが再編されざるを得なくなった。すでにみられる「職務給」(job evaluation wage system)から「スキル・ベースド・ペイ」(skill-based-pay, 能力給)への賃金システムのシフト(第4章参照)は，賃金決定要素が職務の側から人間の側，特に人間の能力という要因へとシフトしていることを示している[3]。

(2) コンピテンシー概念と心理学の成果

　心理学の成果が人事管理・労務管理の領域に応用される例は，人事管理の成立時に，ミュンスターバーグ(H. Münsterberg)の『産業能率の心理学』[4]が関係し，人的資源管理の成立に「行動科学」(Behavioral Sciences)の成果が関係していることを指摘するまでもなく多い(第2章参照)。むしろ当該領域は心理学の発展とともにあるといってよい。

　コンピテンシーは，心理学の領域の中でも，人間行動の「動機」(Motive)に関する研究から概念化されたものである。動機に関する研究は，マズローやハーツバーグによる欲求理論があり，早くから人事管理の領域に応用されているが，コンピテンシーに関しては，1950年代から1960年代にかけてのマクレランド(D. C. MaClelland)[5]やアトキンソン(J. W. Atkinson)による「達成動機」(Achievement Motieve)の研究[6]，とりわけ前者の研究に依拠している。達成動機とは，困難を克服して，より高度な問題に挑戦し，高い業績をあげたいという動機であり，マクレランドはその研究により，達成動機の高い者ほど，常に高い業績に結びつくような行動をしており，実際，高い業績をあげていることを明らかにした。そのような，高い業績に結びつく行動の特性を概念化した新しい能力概念がコンピテンシーと考えられている。1970年代に，マクレランドが，アメリカ国務省の職員採用に関する選考基準にコンピテンシーの導入を提唱して以来，1980年代末にはアメリカ企業の人的資源管理システムへの適用が試みられるようになった。

2 コンピテンシー・モデルと活用領域

(1) コンピテンシー・モデル

コンピテンシーとは，一般に，継続して高い業績を上げている人の能力を意味する「高業績者の行動特性」(high performer's behavioral characteristics)として理解されている。コンピテンシーに基づくマネジメントは各企業で高業績者を選択し，継続して高業績に導いている行動特性を把握し，それをモデル化したコンピテンシー・モデルを開発することから開始される。その場合，コンピテンシーに対応するスキル，知識を明確に定義する例もあるが，動機や性格特性までも含めてコンピテンシーを広義に理解する例もある。このように，コンピテンシーとは厳密に定義されている概念ではない。

また，高業績者とは典型的にはマネジャーを意味するし，それをベースにして確立された体系的なマネジメントもマネジャーを対象とする場合が一般的であるが，コンピテンシーは，必ずしもマネジャーのそれに限られるものではない。むしろ，高業績者をマネジャーに限定せずに，職場のリーダー，エキスパート，スペシャリストなど，多様な高業績者の行動特性をモデル化し，それに基づくマネジメントを展開しようとするところに，コンピテンシーに基づくマネジメントの特徴がある。このような新しい能力概念を基盤にマネジメントを展開するところに従業員の能力開発を重視しているとされる理念的な人的資源管理の特質の一面が端的に示されている。しかもその適用が経営を構成する全構成員および，経営層もその例外ではないという点についても人的資源管理の特質を反映している[7]。

(2) コンピテンシーの活用領域

コンピテンシー・モデルを開発した次の段階は，目的ごとにフォーマットを作成し，それを活用できるようにすることである。図表5－1では，コンピテ

図表5−1 コンピテンシー・モデルのフォーマットと人的資源管理システム

活用領域	フォーマット
選　考	・定義のあるコンピテンシー ・面接で適切な行動についての情報を導き出すための質問項目のリスト ・容認できる行動から容認できない行動までの範囲を示す被面接者評価フォーム
教育訓練・能力開発	・各コンピテンシーごとに高業績を説明するための3つから5つの具体的行動例 ・コンピテンシーの活用可能性あるいは有効性を評価する基準 ・現在あるいは将来の役割に対するコンピテンシーの有効性を評価する基準 ・スキル改善に有効な職場経験あるいは開発経験のリスト
業績評価	・上位のスタンダードから下位のスタンダードまで，各コンピテンシーの有効性に関する3つから5つのレベルの説明 ・各コンピテンシーに関して特定の行動例のあるチェック・リスト
後継者育成計画	・具体的な行動について説明のあるコンピテンシー／職務を遂行するために必要な能力 ・コンピテンシー開発の方法に関する指示

出所）A.D. Lucia and R. Lepsinger, *The Art and Science of Competency Models, −Pinpointing Critical Success Factors in Organizations−*, Jossey−Bass／Pfeiffer, 1999, p.114.

ンシー・モデルが人的資源管理システムの選考 (Selection)，教育訓練・能力開発 (Training and Development)，業績評価 (Performance Appraisal)，後継者育成計画 (Succession Planning) ごとに活用される場合のモデルがとりうるフォーマットが簡潔に示されている。

ところで，アメリカの大企業でもコンピテンシーに全面的に依拠する報酬システムの実施例は多くはない。すなわち，アメリカでは，前述の傾向があるものの現在でも「職務給」が依然として主流であるからである。したがって，ここでは報酬システムへの適用例を示すことはできない。しかし，企業では，外部の労働市場で主流である職務給を前提として職務分析を実施する際に，職務分析要素にコンピテンシー概念を利用したり，職務等級のレンジ内での昇給の

決定にコンピテンシー概念を利用するというような部分的な活用例は増加してきている。

　以下では，コンピテンシー・モデルの人的資源管理システムへの適用，とりわけその実施のプロセスについてルーシア（A.D.Lucia）とレプシンガー（R. Lepsinger）の見解に依拠して概説する。

3　コンピテンシーの人的資源管理への適用と実施

(1)　コンピテンシーに基づく選考システムの実施

　コンピテンシーを人的資源管理に適用する場合，新規従業員の選考に活用することは，他の人的資源管理プロセスで活用することに比べ抵抗が少ない。したがって，選考システムの強化あるいは修正にコンピテンシー・モデルを適用することは，業績評価や後継者育成計画に適用することよりも扱いやすい。また，新規従業員の質へのコンピテンシーに基づく選考の影響は，測定することが容易である。そのため，あらゆるレベルのマネジャーが，コンピテンシー・モデルを活用することのメリットを認識することができる。したがって，人的資源管理システムでのコンピテンシー・モデルの活用を選考システムから開始することは，他の人的資源管理プロセスへの適用をはるかに容易にする効果があると考えられている。ルーシアらによれば，コンピテンシーに基づく選考システムを実施するためには，以下のことを準備しておくことが必要である[8]。

　① 　業務上の成功を予測する有効なコンピテンシー・モデル

　有効なコンピテンシー・モデルを活用することは，採用の意思決定が業務上の成功を予測できる基準に基づいて行われることを保証する。図表5－2は，セールス担当者を対象としてアメリカの企業で活用されているコンピテンシー・モデルである。それらのコンピテンシーが面接や選考の基準として活用される場合には，新規雇用者の業績は向上し，労働移動は減少する。

図表5－2　セールス・コンピテンシー・モデル

ス キ ル
- 基本的セールス・スキル
    信頼関係を確立し，顧客のニーズを認識し，製品の有益な特徴を説明し，取引をまとめている。
- 戦略的セールス・スキル
    製品に対するニーズに注意し，顧客とサプライヤーとの関係の戦略的方向性をサポートするビジョンを確立している。
- コンサルティング・スキル
    顧客とサプライヤーとの関係に影響を及ぼす意思決定や問題解決に主要な利害関係者の参加を奨励し，画期的なアイディアや解決法を開発している。
- 問題解決スキル
    問題を予測し，アイディアを求め，原因と徴候とを識別し，計画を修正し，解決を実行している。

知　識
- 財務分析
    顧客や組織の意思決定に対する財務上の影響を理解している。
- 市場分析
    市場のトレンド，および産業，顧客，市場，競争に対するそのトレンドの密接な関係を理解している。
- ビジネス・プランニング
    収益性や成長に対する産業の潜在能力や当該企業の競争上の地位に影響を及ぼす要因や，情報が企業の戦略的な方向性やビジネス・プランを確定するために活用される方法を理解している。
- コンピュータ・リテラシー
    顧客候補者リストや関連経済データなどマーケティング・プログラムへのアプリケーションのための基本的なコンピュータ・スキルを保有している。
- ビジネス・プロセスの改善
    ビジネス・プロセス間の関係を理解しており，問題を確認し，プロセスを改善するためにこの知識を活用している。
- 製品に関する知識
    事業上の重要な問題や，製品およびサービスに関する専門知識を保有している。

能　力
- 精神的能力
    多様な問題に対応することができ，学習する能力を保有している。
- 批判的思考
    帰納的かつ演繹的な思考能力を保有し，限定された情報から結論を引き出すことができ，関連情報を積極的に捜し求めている。

|性　格|・数量的把握
論理的に考え，分析し，多くの要因から結論を引き出すことができ，数量的データの処理に慣れている。
・広域的思考
具体的な事象の範囲を超えて考え，独創的な解決法を公式化している。
・忍耐力（長期のセールス・サイクル）
当座の満足を回避し，他人の要求に喜んで対応しており，将来の利益のために長期にわたり時間とエネルギーを投資することができている。
・達成欲求
自己を評価し，個人目標と事業目標を達成し，成果に到達することにより満足を得ている。
・思慮深さ
自己を認識し，自己に対する他人の評価を認識し，言葉や行動の他人への影響について配慮がいたり，決して衝動的に行動したりしない。
・所属欲求
他人と協力し合い，良好な関係を保ち，他人に認められたいという欲求をもっている。
・確　信
対面的な状況で，適切な交渉力や鋭敏な察知能力を示して，指揮することができている。
・自己管理
長期にわたり最小限のサポートで，自主的に活動し，イニシアチブを発揮し，個人的な成功に導くことができている。

出所）図表5－1と同じ。117～118ページ。

② 候補者が必要なコンピテンシーあるいは開発可能な潜在能力を保有しているか否かを面接担当者が判断するための質問項目

　高い業績に対応するコンピテンシーが確認されたならば，面接担当者は，候補者がそれらを保有しているか，あるいは開発することができるかどうかを判断しなければならない。そのために，面接担当者は適切な質問項目を準備しておかなければならない。それらは，マネジャーにとって，選考をサポートすることになるが，質問項目とコンピテンシーとの間には単純な関係はないということを認識する必要がある。質問項目は，候補者が，現在および過去の経験について述べ，同時にいくつかのコンピテンシーを示すことを促すように設計されなければならない。

Chapter 5　コンピテンシー概念と人的資源管理

③　候補者が有能であるか，職務に必要な潜在能力を保有しているかどうかを評価する訓練を受けた，経験のある面接担当者

面接担当者のスキルは重要である。担当者は質問項目を有効に活用し，一般性よりもむしろ特殊性を厳密に調べ，コンピテンシーの観点から回答を解釈することができなければならない。

④　結果を記録し，候補者を比較評価するためのフォーム

面接についての情報を収集するための標準的なフォーマットは，候補者に関する事実と印象が時間の経過とともに忘れられたり，あるいは誤解されたりすることを回避するためのものである。

(2)　コンピテンシーに基づく教育訓練・能力開発システムの実施

コンピテンシーは，360度評価（360-degree feedback）とともに，教育訓練・能力開発システムに導入されている。360度評価の質問事項は，高業績に対応する行動のリストを伴うものであり，コンピテンシー・モデルに類似している。360度評価は，変化や組織開発の必要性を認識し，業務の改善を検討するために，現在，多くの教育訓練・能力開発システムで活用されている。コンピテンシーに基づく教育訓練・能力開発システムを実施するためには，以下のことが必要である[9]。

①　コンピテンシーが業務において発揮されている具体的行動例

スキル，知識，および性格は抽象的な概念である。チーム・ワークあるいは自主性のようなコンピテンシーは，多様な解釈が可能である。したがって，実際の行動を観察することにより，それらを保有しているかどうかを判断しなければならない。コンピテンシーの定義は，明確に定義された具体的行動例を伴う必要がある。

②　コンピテンシーが最近活用されている範囲を確認するプロセス

コンピテンシー・モデルは，高業績にもっとも関連する具体的行動例を提示しており，360度評価は，業務に必要とされる具体的行動例を詳述している。ともにそれらは，業績を高めるために開発される必要のある領域を指摘するた

図表5－3　セールス・コンピテンシー　360度評価項目

基本的なセールス・スキルの例

当マネジャーは，下記の特定の行動についてどのように行っているか，それぞれの記述内容を注意深く読み，右の回答欄にマークしてください。

① 決して行わない　　　④ たいてい行う
② まれに行う　　　　　⑤ ほとんど常に行う
③ 時々行う

基本的セールス・スキルの行使

当人は…

1	他人の意見を理解するために十分注意をはらっている。	⑤④③②①
2	顧客が自身のニーズを把握するのに役立つように調査に基づく質問をしている。	⑤④③②①
3	顧客への提案がそのニーズと一致することを確実にしている。	⑤④③②①
4	適切な場面で意思決定を求めている。	⑤④③②①
5	異議や懸念を十分に検討して，次のセールス・プロセスに進んでいる。	⑤④③②①
6	提案が認められれば，あらゆる要因を配慮して実行している。	⑤④③②①

出所）図表5－1と同じ。127ページ。

めに有効である。360度評価は，最近では上司や同僚，時には顧客から業績を高めることに関して学習する方法として一般的に知られるようになった。それは，図表5－3に見るように，伝統的な上司からの下方向のフィードバックよりも包括的で正確な行動例を提供しており，個人の長所および短所を明確にするためには有効である。

③ コンピテンシーを学習し，開発する教育訓練・能力開発の機会に対する認識

フィードバック・プロセスで問題点が指摘される場合には，教育訓練・能力開発のオプションに関する認識が必要となる。それらには，職場訓練や大学などでの訓練プログラムがある。職場訓練などの場合には，プログラムとコンピテンシーとの間の関係は明確である。プレゼンテーション・スキルやコンフリクト・マネジメント・スキルのような一定のコンピテンシーは，教室で学習することが十分可能である。リーダーシップやモチベーションのような他のコン

ピテンシーは，実際の職場で学習することが可能である。しかし，この種のコンピテンシーとタスク・フォースあるいは職場横断的なプロジェクトで活動するような特定の職場経験との関係を発見し，それを開発することは困難である。いかなる経験もコンピテンシーが学習されることを保証するものではない。スキル・ギャップを縮小し，コンピテンシーを開発することにもっとも適切な経験を明確にすることは，努力を必要とする。

④ **スキルや知識のギャップを縮小することを保証するサポート体制**

教育訓練・能力開発に対する継続的なサポートが有益であることは経験が示している。サポートがなければ，学習が日常の行動の自然な一部となるようなことはあり得ない。カリキュラムは，業績に大きく影響するコンピテンシーに焦点を当てるべきである。サポートにより，どのようにコンピテンシーを発揮しているかなどについての情報を得ることができる。

(3) コンピテンシーに基づく評価システムの実施

コンピテンシーに基づく評価システムは，評価の基準が明確となり，業績に直接関係する問題を提出し，事業目標とその目標が達成される方法との間のバランスを確立する可能性を高める。コンピテンシーに基づいている，いないにかかわらず，健全な評価システムを実施するための主要な要件は共通している[10]。

① **業務の遂行にとって適切な行動に関する説明**

多くの評価システムの欠陥は，評価者が業績を効果的かつ正確に評価するための十分な情報がないということである。それらは，何が達成されたかについての評価を強調する傾向があり，それがどのように達成されたかについては，ほとんど注意が向けられていない。コンピテンシーに基づく評価は，業績を評価するために特定の行動例を提示することにより，何がということと，どのようにということの両方が評価されることを保証する。図表5－4では，一定のコンピテンシーに基づいて業績を評価するための考課基準が示されている。

図表5－4　コンピテンシーの定義と考課基準

考課基準：5つの考課基準は業績のレベルを表わす
1　例　外　的：一貫して期待を上回っている
2　非常に良好：一貫して期待を満たしている，あるいは上回っている
3　良　　　好：一貫して期待を満たしている
4　満　　　足：時々期待を満たしている
5　不　満　足：一貫して期待を満たすことができない

コンピテンシー	考課
イニシアチブを発揮している：能率向上のために積極的に変化を起こし，あるいは行動し，既存の問題や潜在的な問題を提出し，顧客を満足させ，新しい機会を見いだしている。	
コミュニケーションを効果的に行っている：口頭や文書で，情報やアイディアを発信し，他人に対して耳を傾け適切に対応している。	
フレキシビリティを示している：状況の変化，予期しないプレッシャー，仕事上の多様な要求に直面したときに効果的に適応している。	
優先事項の均衡を図っている：多様な優先事項を考慮して仕事量を適切に管理している。	
分析的なスキルを活用している：正確で有意義な結論を引き出すために，適切な情報，データ，分析ツールを活用している。	

出所）　図表5－1と同じ。133ページ。

②　被評価者の行動に関するデータ収集

　コンピテンシー・モデルは，2つの方法で，被評価者の行動に関するデータ収集に役立つ。第1に，それは，マネジャーに対し，評価期間内に観察し検討すべき特定の行動のリストを提供する。第2に，それは，評価者が被評価者の同僚や顧客との有益な対話を実施することを可能にする。コンピテンシー・モデルは，360度評価の項目に変換することができるし，多くの人から適切なデータを収集する有効な手段としても利用することができる。

③　業績を検討する能力

　業績を検討するためには，次の要件が必要である。第1は，評価プロセスそれ自体がマネジャーにとって扱いやすいものでなければならない。第2は，評

価者には能力開発の必要性などについて検討するためにコミュニケーション・スキルや問題解決スキルが必要である。

(4) コンピテンシーに基づく後継者育成計画システムの実施

有効な後継者育成計画を実施するためには，次の4つの要件が必要である[11]。

① 重要な業務や役割に関するコンピテンシー・モデル

後継者育成計画システムにおけるコンピテンシー・モデルは，第1に，潜在能力の高い従業員を評価し，確認するための基準として利用される。第2に，将来，企業において重要な地位につく潜在能力をもつ人を決定することを確実にする。現在，活用可能な従業員を確認し，将来，重要な地位につく潜在能力のある従業員を決定することを可能とするものである。

② 後継者候補を評価し，育成するための方法

後継者育成計画システムは，潜在能力の高いマネジャーの個人情報を企業秘密として保護し，後継者候補に，組織に対する貢献者であるためにはどのようなことを行うべきかを伝える最善のシステムである。このシステムはまた，能力開発や将来のキャリアの観点からもその意義が明確にされる必要がある。図表5－5のフォーマットは，各コンピテンシーに考課基準を設定し，能力開発

図表5－5　後継者育成計画―後継者候補評価・能力開発フォーム

					考　課				
(1)　＝　能力を証明している									
(2)　＝　期待を満たしている									
(3)　＝　改善を必要としている									
役職位	可能な候補者	後継の時期	戦略的思考	変化の管理	従業員開発	事業洞察力	次の段階		

出所）　図表5－1と同じ。140ページ。

計画を記録する欄のあるものである。各要素は，後継可能性を評価し，スキルを強化するための開発計画を記録する単一のフォームに統合されている。

③ **コンピテンシーを開発する方法と機会に関する理解**

後継者候補の能力開発上の問題が確認されれば，組織はそれを最小化するために時間と費用を投資する必要がある。さらに，いっそう重要な役割を果たすために必要な経験や知識を得ることができるように，後継者候補にキャリア開発の機会を提供する。

④ **すべての人的資源管理システムとの連携**

後継者育成計画は，他の人的資源管理システムからのインプットの質に大きく依存しており，人的資源管理プロセスのなかでユニークな存在である。後継者育成計画システムは，選考，教育訓練・能力開発，業績評価システムのすべてが有効に機能していなければ成功しない。これらのシステムは，必要な能力を保有している人が採用され，その潜在能力が学習やコーチングにより開発され，その能力が強化されることを保証するように設計されている。すべての人的資源管理システムでコンピテンシー・モデルを活用することは，システムに必要な一貫性や継続性を準備することになる。

4 コンピテンシー・マネジメントの特質

(1) 職務細分化とコンピテンシー

コンピテンシー・マネジメント（competency based management）の成立・普及は1990年代であるが，それは1980年代より顕著になっていた細分化された職務の崩壊と大きな関係がある。細分化された職務とは，人間労働をその構成要素に分解し，「労働力の量的限定」を「科学的」に設定することを可能としたテイラー・システムに始まり，職務分析，職務記述書，職務明細書，職務評価など従来の人事管理を構成する管理技術により「労働力の質的限定」が定義されることによりいっそう細分化され，さらに，産業別労働組合との団体交渉によ

り厳密に限定された，職務給の前提となる職務である。それのもつ問題は，前述のように1960年代後半から1970年代初頭にかけて，労働疎外の問題として顕在化していたが，1980年代には，経営環境の変化への対応を阻害する要因と考えられるようになった。すなわち，細分化された職務のもとでは配置転換が困難であり，能力開発に限界があり，変化へのフレキシブルな対応ができないという問題である。そこで，こうした問題への対応として，類似する職務を大ぐくりするブロードバンドやチーム・ワーキングが普及することになった。そうした状況のもとで，人事上の基準として職務に替わり登場したのが，属人的要素であるコンピテンシーであることに注意しなければならない。

このように，コンピテンシーとは，テイラー・システムに始まる職務細分化の崩壊を端的に示す概念であり，そうした事態に対処する具体的な管理実践であるとして理解することができよう。そのような意味で，「テイラー主義」の終焉を意味するものと考えることもできるであろう。しかし，テイラー・システムが「一流労働者」の労働内容を研究し，客観化・標準化することにより，一般の労働者を統制することに利用したのと同様に，コンピテンシーは，高業績者の行動特性を研究し，客観化・標準化することにより，一般の労働者のみならず，ホワイトカラー労働者，さらには経営層までをも統制することに利用している，ということにも注意しなければならない。コンピテンシーに基づくマネジメントとは，「テイラー主義」のいっそうの展開という側面をもつことを指摘せざるを得ない。

さらに，コンピテンシー・マネジメントの成立・普及が，アメリカにおける労働組合運動の停滞と並行して行われていることに注意しなければならない。それは職務の変化による事態に労働組合が十分に対応できず，労働条件等が悪化している可能性があることを意味している[12]。

(2) 「職能資格制度」とコンピテンシー

コンピテンシーは，1970年代よりわが国の企業で普及している「職能資格制度」にきわめて類似するものである。1970年代から1980年代にかけて，アメリ

カの企業は,「日本的経営」を批判的に摂取したといわれている。当然, この「職能資格制度」についても研究の対象とされている。しかし,「職能資格制度」からどの程度摂取し, コンピテンシー・マネジメントの完成に生かしたか否かについは, 断定するだけの資料が無い。ここでは, 相違する点を指摘するにとどめたい。

「職能資格制度」の職能とは職務遂行能力を意味するが, それは潜在的な能力の保有状態を意味するものであり, コンピテンシーの場合の顕在化した発揮能力と大きな違いがある。それは,「職能資格制度」では能力要件として表現される場合,「〜できる」とされることが一般的であるが, コンピテンシーの場合には, 現実に発揮している行動特性を基準とするため, 上述のように「〜している」と表現されるところに典型的に示されている。それゆえ, きわめて精緻につくられているとされる「職能資格制度」であるが, 以上に見るように, 発揮している能力ではなく, 潜在的な能力が基準であることにより, 勤務年数や職場経験などの年功的要素が, 安易にその運用上の基準となるところに, この制度のもつ大きな欠陥があると考えられている。そこで, 業績の評価などにコンピテンシーを利用するなど,「職能資格制度」を補完するためにコンピテンシーを部分的に活用するという例がわが国では増える可能性がある。

(注)
1) A. D. Lucia and R. Lepsinger, *The Art and Science of Competency Models—Pinpointing Critical Success Factors in Organizations—*, Jossey—Bass／Pfeiffer, 1999, p.113.
2) D.D.Dubois (ed.), *The Competency Casebook—Twelve Studies in Competency Based Performance Improvement—*, HRD Press & International Society for Performance Improvement, 1998, pp.1—5.
3) コンピテンシーと職務内容の変化との関係については, 次の研究が詳しい。W. Bridges, "The End of the Job", *Fortune,* 1994.9.14, W. Bridges, *Job Shift,* Addison—Wesley Publishing, MA, 1994 (岡本豊訳『ジョブシフト』徳間書店, 1995年). 古川久敬監修, ＪＭＡＭコンピテンシー研究会編『コンピテンシーラーニング』日本能率協会マネジメントセンター, 2002年。本寺大志『コンピテンシー・マネジメント』日経連出版部, 2000年。笹島芳雄『アメリカの賃金・評価システム』日経連出

版部，2001年。
4) H. Münsterberg, *The Psychology of Industrial Efficiency,* Houghton Mifflin, 1913.
5) D. C. McClelland, *The Achieving Society,* Van Nostrand Company, Inc., 1961.
6) J. W. Atkinson, "Motivational determinants of risk-taking behavior", *Psychological Review,* 1957, vol. 64, pp. 359-372.
7) A. D. Lucia and R. Lepsinger, *op. cit.,* pp. 140-146.
8) *Ibid.,* pp. 147-152.
9) *Ibid.,* pp. 153-160.
10) *Ibid.,* pp. 161-172.
11) *Ibid.,* pp. 143-180.
12) 1970年代まで継続するアメリカにおける伝統的な対抗・交渉型の労使関係の特質は，労使関係の中心に「団体交渉」が位置づけられていることであり，「ジョブ・コントロール・ユニオニズム」(job control unionism) という組合の運動原理である。それは経営者が厳密に定義した職務の内容を，団体交渉を通じて再定義し，各職務担当者の義務と責任の範囲を明確にするとともに，各職務について賃金を設定し，各労働者間への配分ルールを確立した。とくに後者は「先任権原則」(principle of seniority)へと結実していった。このように，雇用から一時解雇，解雇，さらには再雇用にいたるまで厳格にルール化されており，労使関係はこうしたルールをめぐる団体交渉により対抗的にならざるをえない。こうしたルールは一般に「制限的労働慣行」(restrictive work rule) といわれている。

ところが，団体交渉制度を中心に巨大企業と対立的交渉を行なうというニューディル期に形成され，約半世紀にわたり存続してきたアメリカの産業別労働組合は1980年代に入り歴史的転換をせまられた。この時期，製造業企業により排除の対象とされたのは敵対的な伝統的労働組合であるが，事実上排除されることになるのは，むしろその組織形成基盤である「制限的労働慣行」である。労働組合による職務への規制は緩められることになる。

Chapter 6

3Mの人的資源管理
－リーダーシップ・コンピテンシー・モデルの適用－

1 人的資源管理とコンピテンシー・モデル

　本章は，アメリカ企業における人的資源管理研究の一環として[1]，アメリカのエクセレント・カンパニーである3M（Minnesota Mining & Manufacturing Co.）における「リーダーシップ・コンピテンシー・モデル」（leadership competency model）を取り上げ，その開発の過程，その具体的な制度，その活用領域について検討することを課題としている。この事例は，コンピテンシーをベースにして体系化されたマネジメント，すなわちコンピテンシー・マネジメント（competency based management）の3Mの経営層への適用事例である。

　人事管理は，従来，ブルーカラーと管理職を含むホワイトカラーの全職種を対象としてきたが，経営層に対しては有効な管理を実施していたとは，いいがたい。人事管理の1980年代以降の新展開と考えられる人的資源管理はその対象が労働者から経営層にいたる企業の全構成員に及ぶことになる。この特質は，経営層の教育訓練・能力開発の問題に典型的に見ることができるが，さらに，経営層に必要とされる能力あるいは行動特性を客観化・標準化し，それを業績評価に利用したり，後継者育成計画に利用するコンピテンシー・マネジメントにおいて顕著に見られるようになる（第5章参照）。

　このように職務ではなく，コンピテンシーという能力あるいは行動特性を管理の対象要素とするがゆえに，職務の変化に対応して形成されていると考えられるコンピテンシー・マネジメントは，職務の変化が著しく進行しているホワ

イトカラーやブルーカラーに広範に適用されると同時に，経営層にも適用することが可能となる。

　すなわち，経営層の労働は，従来の人事管理が前提としている徹底的に細分化された職務とはもとより対極にあると考えてよい。それゆえ，職務の変化に対応して形成されていると考えられるコンピテンシー・マネジメントは経営層に適用することが可能となる。もとより，コンピテンシー概念の依拠する職務変化が著しく進行しているホワイトカラーやブルーカラーには当然のように広範な適用が促進されることになる。このことは職務の変化に対応してマネジメント・テクニックが着実に形成され実践されてきていることを示している。

2　3Mの経営上の特徴と人的資源管理原則

(1)　イノベーション企業3M

　3Mは，1902年に北米大陸中西部のミネソタ州ツー・ハーバーズ（Two Harbors）で，初代社長となるヘンリー・S・ブライアン（Henry S. Bryan）やウィリアム・マクゴナグル（William McGonagle）ら地元の有力者5人により，研磨材（サンドペーパー）の材料である金剛砂（corundum）を採掘する鉱山事業として操業が開始された。2002年に創業100周年をむかえたアメリカを代表する伝統のある大企業である。

　現在では，スコッチ（Scotch），ポスト・イット（Post-it），スコッチ・ブライト（Scotch-Brite），スコッチガード（Scotchgard），オセロ（O-Cel-O）などのブランドで世界的に知られており，世界25か国で研究開発を行い，50か国以上の地域で製造し，61か国に合弁企業（日本では3Mが50％，住友電気工業が25％，日本電気が25％を出資し，1960年に設立された住友スリーエム。2003年に3Mが75％，住友電気工業が25％に出資比率を変更）を所有し，200か国以上の市場で製品を販売しているグローバル企業である。

　その製品はスコッチ・ブライト・研磨パッド（Scotch-Brite Scouring Pads）な

Chapter 6　3 Mの人的資源管理

どの家庭用消費財，ポスト・イット・ノート（Post-it Notes）やスコッチ・マジック・透明テープ（Scotch Magic Transparent Tape）などの事務用消費財，3 M歯科用電気麻酔（3 M Dental Electronic Anesthesia）やスコッチキャスト・ギプス材料（Scotchcast Orthopedic Casting Materials）などの医療用品・医薬品，スコッチライト・ダイアモンド・グレード交通用反射シート（Scotchlite Diamond Grade Reflective Sheeting for Traffic Sign）やスコッチプリント・エレクトロニック・グラフィック・システム（Scotchprint Electronic Graphic System）などのプリント・フィルムに見られるように多方面におよび，製品数は5万種類を越え，消費財，産業財，化学・医薬品，エレクトロニクス関連の総合メーカーとして確立されている[2]。

こうした3Mのきわめてユニークな存在を支えているコンセプトは，継続的なイノベーション（innovation）である[3]。それは，新製品の開発に要する研究開発費が対売り上げ比6.5％程度を維持するという数値目標や，年間売り上げに占める最近5年以内に発売された新製品の割合を25％以上にすることを目標とするストレッチ・ターゲットという目標戦略の展開に端的に見ることができる[4]。

(2)　3 Mの企業文化と人的資源管理原則

3 Mは，イノベーションと新製品開発を促進する組織として繁栄を享受してきたが，それは以下のような独自の企業文化（culture）に支えられてこそ可能であったという[5]。

- 従業員の企業に対する高度なレベルの忠誠心（a high level of loyalty to the company among employees）
- 承認されたプロジェクトの範囲外の新事業に対するリスク負担の奨励（encouragement to take risks on new ventures, often outside the scope of their approved projects）
- 企業内部でのリーダーシップとマネジメント能力の育成（leadership and management talent within the enterprise）

・　雇用の高度の安定（high job stability）[6]

　こうした文化は，さらに，人的資源管理に関する4原則に具体化されている。3Mでは，従業員は3Mの理念や目的・目標を達成するために不可欠な手段であり，もっとも価値のある資源であると考えられている。それゆえ，3Mの組織構造や労働環境も以下に示す人的資源管理に関するこの4原則に基づいて形成されている[7]。

　① 個人の尊厳と価値の尊重（Respect the dignity and worth of individuals）

　公正かつ客観的で，困難に挑戦できる協力的な労働環境のもとで，個々人が最高の業績を達成できるように奨励する。個人の権利を尊重し，従業員間のタイムリーでオープンな意思疎通が奨励される。監督者と管理職は，従業員の業績と成長に責任をもつ。

　② 各従業員の自主性の奨励（Encourage the initiative of each employee）

　従業員が創造的に活動できるように，適切な指導と自由を提供する。従業員の成長のためにはリスクの負担とイノベーションが不可欠である。それらの実施は，誠実で相互に尊重のできる環境において奨励され支援されるべきである。

　③ 個人の能力の発揮（Challenge individual capabilities）

　適切な配置，オリエンテーション，能力開発により，個人の能力を十分に発揮できるようにする。能力開発に対する責任は，従業員，監督者，管理職，3Mが共有する。

　④ 機会の公平な提供（Provide equal opportunity）

　能力開発のための機会を公平に提供し，すぐれた業績には正当に報いる。業績は職務に関連する客観的な基準によって評価され，功労の認知及び適切な報酬制度によりそれに報いる。

3 リーダーシップ・コンピテンシー・モデルの開発

(1) 開発の経緯

 こうした人的資源管理原則に基づき，グローバルなリーダーシップを要求される[8] 3Mの経営層に対するリーダーシップ・コンピテンシー・モデルの開発は，トップ・エグゼクティブと社内の専門家のグローバル・チームの協力で完成した。それは，12のコンピテンシーと各コンピテンシーの具体的行動例とから構成されているものであり，現職経営層の能力開発，同社トップ500のグローバル・ポジション候補者の準備段階での評価，将来のリーダーの配置に関する客観的妥当性を確保することに適用されている。

 3Mにおけるリーダーシップ・モデル開発の第1の推進要因は，組織の存続・成長の要求にある。製品差別化が困難となり，利益が減少し，製品価格へのプレッシャーが高まるにつれ，リーダーシップの有効性は組織の存続にとってますます重要となる。リーダーは部下の職務満足や業績に影響を及ぼすと同時に，イノベーションや組織の業績に直接影響を及ぼしている[9]。3Mでは，この試みを実施した場合の成果として，現在のリーダーの能力の強化と将来のリーダーの育成がいっそう計画的に行われるようになることを期待している。

 第2の要因は，後継者育成計画の緊急な要請であった。3Mでは，適切な従業員を，適切な時期に，適切なポジションに，配置することが，事業の多様性と内部昇進制という経営実践のもとで複雑な問題となっていた。内部昇進制は，3Mの幅広い事業分野と技術を理解するためには年数がかかるという理由で奨励されていた。3Mは，外部労働市場への依存を最小限に抑制しており，M&Aによる事業展開は原則として行っていない。それゆえ，リーダーの育成や成長の機会の提供を管理することは重要な課題となるのである[10]。

 したがって，3Mで適用されるリーダーシップ・モデルには以下の点が考慮された。

- リーダーシップ能力の正確な評価（accurate assessment of leadership capability）
- 組織内部における能力保持者の有効な育成（more effective development of talent within the organization）
- 重要なポジションへのリーダーの選考と配置（selection and placement of leaders into key positions）

しかも，3Mでは既存のモデルを採用するのではなく，リーダーシップ・コンピテンシーのカスタムモデルを独自に開発している。これも，同社のコア・コンピタンスであるイノベーションの一例である[11]。

このリーダーシップ・コンピテンシーのカスタムモデルの開発は，1986年に開始された。当時の目的は，ゼネラル・マネジャーとして成功するのに必要なコンピテンシーを確認することであった。その後，後継者育成計画へ，さらには現職の経営層や後継者候補の能力の評価や開発へと，期待される適用の範囲が拡大している。

1995年には，同社の人的資源部門の最優先課題として取り組むことが決定され，アルドレッジ（Margaret E. Alldredge）とニラン（Kevin J. Nilan）に包括的なシステムを開発するための権限が与えられた。彼らは，第1に，開発プロセスに主要な経営層や上層管理者の参加が必要であることを主張した。第2に，このコンピテンシー・モデルが3つの要素，すなわち，各コンピテンシーの名称，定義，具体的行動例から構成されるものであることを決定した。第3に，このモデルのグローバルな適用が効果的に実施されるために，この領域における人的資源担当者をアメリカをはじめ，カナダ，ラテンアメリカ，ヨーロッパ，アジアから招集し，グローバル・チームとして活動の質を強化した。

経営層などの開発プロセスへの参加は，人的資源部門のバイス・プレジデントが支援する次の3つの委員会で実施された。第1の「エグゼクティブ・リソーセス・コミッティー」（Executive Resources Committee：ERC）は，3Mのトップ9人が関係している。この委員会は，トップ500のポジションへの選考・配置・育成に責任を負っている。第2の委員会「ヒューマン・リソーセ

ス・ポリシー・コミッティー」(Human Resources Policy Committee：ＨＲＰＣ）は，コーポレート・サービス・バイス・プレジデントなどから構成され人的資源に影響するあらゆる政策を確認している。第3の委員会「オペレーションズ・コミッティー」(Operations Committee：ＯＣ)は，ＣＥＯと直属の部下13人とから構成され，３Ｍの諸活動の監視に責任を負っている[12]。

(2) コンピテンシー・フレームワーク

３Ｍのグローバル人的資源チームは，主としてＥＲＣおよびＨＲＰＣと協議のうえ，図表6－1に示すようなフレームワークを提示している。ここでは，12のコンピテンシーと体系的なフレームワークのそれぞれの背後にある考え方が示されている。それは，これらのコンピテンシーのそれぞれに固有な性格を明確にするために有益である。それはまた，これらのコンピテンシーを一定の役職位に適用するロジックを説明するために役立つという。

1）「ファンダメンタル」リーダーシップ・コンピテンシー

そうしたフレームワークのなかで，次の3つのリーダーシップ・コンピテンシーはファンダメンタルであると考えられている。従業員はこれらのコンピテンシーを採用時から保有しているが，それらは，管理職レベルでの職務経験を通して精練される。

この第1のコンピテンシーは，「倫理および誠実」であり，信頼関係を構築するための方法としての３Ｍの理念（values）に対するコミットメントと関連している。リーダーの言葉や行動は，一貫しており明確であることを必要とする。リーダーの行動や意思決定により伝達されるメッセージは誠実なものであるべきである。顧客，サプライヤー，従業員との関係は倫理に基づくものであることが期待される。ちなみに，３Ｍの理念とは以下のものである。

- 優れた品質，価値，サービスにより顧客を満足させる（Satisfying our customers with superior quality and value）
- 持続的な品質の向上により，投資家に魅力的な配当を保証する（Providing investors an attractive return through sustained, high-quality growth）

図表6-1　3Mのリーダーシップ・コンピテンシー

ファンダメンタル（FUNDAMENTAL）

- 倫理および誠実（ETHICS AND INTEGRITY）
  3Mの企業理念，人的資源管理原則，事業運営方針に対して誠実さとコミットメントを示している。意思疎通により相互に尊重しあい，信頼関係を構築している。
- 知的能力（INTELLECTUAL CAPACITY）
  情報を迅速に理解し，総合し，問題の複雑性を認識している。仮説に挑戦し，現実に真正面から立ち向かっている。多面的で，複雑で，逆説的な状況に対処することができている。明瞭に，簡潔に，そして適度な平易さで意思疎通を行っている。
- 成熟度および判断力（MATURITY AND JUDGMENT）
  事業上および組織上の挑戦を実施するさいに柔軟性や健全な判断力を示している。意思決定が行われるべき時期を認識しており，熟慮された時宜を得た方法で行動している。不確実性に効果的に対応し，過去の失敗や成功から学習している。

エッセンシャル（ESSNTIAL）

- 顧客志向（CUSTOMER ORIENTATION）
  3Mの顧客に対してすぐれた価値を提供するために持続的に活動し，当事者間の相互の影響を積極的なものにしている。
- 能力開発（DEVELOPING PEOPLE）
  多様性の意義を認め，個人を尊重する環境のもとで，すぐれた職場を選択し，維持している。潜在能力を最大限に発揮するために，継続的な学習や，自己および他者の能力開発を奨励している。
- 他者の啓発（INSPIRING OTHERS）
  目標の意義や協働の精神を通して，個人的な満足や高い業績を達成するように動機づけをして他者の行動に積極的に影響を及ぼしている。模範を示し指導している。
- 事業の健全性および成果（BUSINESS HEALTH AND RESULTS）
  短期的にも明確な事業成果を絶えず出しながら製品，市場，海外での成長の機会を識別し，創造している。価値を付加し，将来の成功のために組織を配置する方法について持続的に探求している。

ビジョナリー（VISIONARY）

- グローバルな視野（GLOBAL PERSPECTIVE）
  3Mのグローバル市場，将来性，諸資源についての認識に基づき行動している。3Mの利益のために，グローバルなリーダーシップを行使し，多文化的な環境を尊重して活動している。

- ビジョンおよび戦略（VISION AND STRATEGY）
  共通の目的に到達するために，すべての従業員を引きつけ一致させる顧客重視のビジョンを創造し，浸透させている。
- イノベーションの育成（NURTURING INNOVATION）
  審査をされることのない自由で開放的な雰囲気により，実験を支援し，リスク負担を奨励し，好奇心を強化し，現状に挑戦する環境を創造し，維持している。3Mの利益のために，将来に影響を及ぼしている。
- 連携の構築（BUILDING ALLIANCES）
  3Mに多様な機会をもたらす内部および外部の相互に有益な諸関係やネットワークを構築し，目的遂行の手段としている。
- 組織的機敏性（ORGANIZATIONAL AGILITY）
  3Mの文化や資産について認識し，尊重し，強化している。持続可能な競争優位を確立するために事業単位内部の変革の統合を指導している。計画的に，適切にチームを活用している。

出所）　M. E. Alldredge and K. J. Nilan, "3M's Leadership Competency Model：An Internally Developed Solution," *Human Resource Management,* Summer／Fall 2000, vol. 39, Nos. 2 & 3, p. 139より作成。

- 社会および自然環境を尊重する（Respecting our social and physical environment）
- 従業員が3Mの一員であることを誇りに思うような企業にするために努力する（Being a company that employees are proud to be part of Minnesota Mining & Manufacturing Co.）

第2のコンピテンシーは，「知的能力」である。リーダーの知性は継続的に鋭敏にし，かつ発達させなければならない。事業の複雑性，新しい基盤技術，市場への挑戦などの問題は，トータル・システム的な理解を必要とする。リーダーは，3Mの同僚と同様に顧客とも効果的に意思疎通することで，複雑な思考やアイディアおよびビジョンを提示できなければならない。

第3のコンピテンシーは，「成熟度および判断力」である。リーダーは，予測能力や対応能力により不確実な状況に処処すべきである。リーダーの行動態度は他者に冷静さを伝えるものでなければならない。企業が信頼と責任をよせるリーダーには健全な判断力が期待されている。

2）「エッセンシャル」リーダーシップ・コンピテンシー

　「エッセンシャル」の4つのコンピテンシーは，個人が管理職の仕事あるいは特定部門に対して責任を負うようになるにつれ発達する。これらは，より複雑で広範な経営者の仕事に就く準備段階を設定する。

　この第1のコンピテンシーは，「顧客志向」であり，事業の成功にとって決定的に重要であると3Mでは考えている。3Mは「優良なサプライヤー」であることが期待されているので，顧客とのあらゆる関係はポジティブなものでなければならない。リーダーはあらゆる活動や意思決定を顧客の現時点での戦略やニーズと調整する必要がある。

　第2のコンピテンシーは，「能力開発」である。リーダーが成し遂げようとすることは，すべて他者により実行されるのであり，したがって，諸関係を発展させる能力は重要な要因となる。それゆえ，リーダーは従業員の能力開発に時間，エネルギー，思考，活動を捧げなければならない。

　第3のコンピテンシーは，「他者の啓発」である。リーダーは従業員と協力して業務を遂行することにより，他者へ影響を与えている。すなわち，リーダーがいかに有能であれ，単独で事業を成就しうるということはありえず，事業の成功の当否は各事業単位の構成員に依存している。したがって，事業が成功するためには，事業単位の使命がすべての構成員に明確に伝達されていることが重要である。現在のグローバルな競争市場において，事業を健全に維持するために必要とされる特別な努力を十分に発揮させるためには最終的な到達状態をリーダーは提示することが重要である。

　第4のコンピテンシーは，「事業の健全性と成果」を達成することである。リーダーは3Mが，利潤を追求する営利事業であることを理解し，事業単位の収益に責任を負っている。リーダーはまた，事業の開拓や成果の向上へと導く方向性を育成しなければならない。リーダーは株主の投資に対し魅力的な配当を追求することが目的であることを構成員に意識づけなければならない。

3）「ビジョナリー」リーダーシップ・コンピテンシー

　業務上の責任が増大するリーダーにとっては，コンピテンシーの「ビジョナ

リー」セットとして特徴づけられる特別な能力を開発する必要がある。リーダーは自らの統制の範囲を超えて外部，つまり他の組織にまで注意を向ける必要があり，はるかに広い責任を受け入れなければならず，リーダーシップの責任が増大するにつれ，以下のコンピテンシーが広範囲に活用されるようになる。

　この第1のコンピテンシーは，「グローバルな視野」あるいは思考である。3Mの顧客および競争企業は世界中に及んでいる。したがって，3Mのリーダーは文化が習慣，表現様式，言語，組織的配置，有効な製品，および経済変化に影響を及ぼしているがゆえに，文化の多様性が3Mに何をもたらしているかを正しく認識しなければならない。アメリカ以外の事業からの収益の増大は，世界的規模で顧客を理解しサービスを提供することによってのみ達成される。

　第2のコンピテンシーは，「ビジョンおよび戦略」である。3Mの活動の成功は，グローバルな成果を達成するための戦略とともにグローバルなビジョンを必要とする。リーダーは，グローバルな成果を達成するという目的に向けてすべての資源を調整しなければならない。ビジョンは組織の目標であり，戦略はそこに到達するためのロードマップである。有能な3Mのリーダーは，事業単位の目標を追求しながら，企業のビジョンにより組織を調整し維持することができる。3Mのビジョンは，各事業あるいは市場において「もっとも革新的な企業となり，顧客に優先的に選択されるサプライヤーとなる」("To be the most innovative enterprise and the preferred supplier" in each business or market)ということである。

　第3のコンピテンシーは，「イノベーションの育成」である。3Mが，上記のビジョンを掲げる以上，イノベーションの育成において優れたリーダーを期待することは当然である。3Mのリーダーは新しいアイディアを支援し，リスクの負担を厭わない環境を創造する。次いで，商品化は単独では実現し得ないことを認識して，アイディアあるいは製品の発明者と親密な関係を発展させなければならない。

　第4のコンピテンシーは，「連携の構築」である。事業と組織との相互の結合は困難な問題を提起するが，リーダーは，事業目標を達成するための連携の

構築によって対応する。リーダーは，一定の成果を達成するために組織の内外でネットワークを発達させ，連携を促進する。これらのネットワークは，ジョイント・ベンチャーからインフォーマル・プロフェッショナル・グループにまで及ぶ。有能なリーダーは，相互に有益なパートナーシップに積極的に着手している。

第5のコンピテンシーは，「組織の機敏性」である。それは，開発するのがもっとも難しい能力であるが，将来，もっとも重要となる能力の1つである。組織の変化は非常に急速なので，リーダーも組織もしばしばバランスを失いがちである。しかし，有能なリーダーは，市場と経済における変化を予測するために細部に至るまで観察を怠ることはない。そのような能力をもつ個人は，持続的な競争優位を確立するために組織単位内部の変革の統合を指導している[13]。

4 コンピテンシーの行動定義と活用領域

(1) リーダーシップ・コンピテンシーの行動定義

上述のリーダーシップ・コンピテンシーを定義することは，3Mのプロジェクトの第1の段階である。次の段階は，各コンピテンシーに関して，優れたリーダーによって具体的に発揮されている特定の行動特性(particular behavioral characteristics)を確認することである。

それは，3Mの2つのグループにとって重要な意味をもつ。第1に，経営層にとってそれは，モデルの人格化を意味する。すなわち，著しい業績をあげている経営層の具体的な行動特性が正確に検討され，反映されるものとなるからである。第2に，従業員にとっては，各コンピテンシーの行動特性が明示されることは，経営層への昇進の基準が明確になることを意味する。

方法として，グローバル・チームはクリティカル・インシデント・インタビューを採用した。インタビューは，グローバル・チームのメンバー12人が数人ずつのペアで，3Mの経営層70人に対し実施した。各人は，コンピテン

図表 6 − 2　コンピテンシーの具体的行動例

グローバルな視野
- 異なる習慣，文化，および価値を尊重し，支援している。事業全体を十分に理解し，育成するために，グローバル・マネジメント・チームを活用している。多様な文化的環境のもとで協働することによる利益を支援している。
- 世界的規模での製造，研究開発，事業展開など，グローバルな体制に基づき諸資源を最大限に活用し調整している。3Mの成長と収益性を増大するために活動している。
- 世界中いたるところでグローバルな顧客および市場を満足させている。
- 世界経済，貿易問題，国際市場の動向および機会についての潮流を積極的に把握している。

イノベーションの育成
- 個人および組織の創造性を支援し，従業員が日常活動している領域の外部でイニシアチブをとることに挑戦し，個人および組織の学習を最大限に行うことによる問題に寛容である環境を創造している。
- 新規の事業を起こす活動の際，適度なリスクを負担する人を擁護している。
- アイディアや製品を開発し，関連情報を提供し，その価値を説明し，商品化するために，十分に従業員を指導し協働している。

出所) M.E.Alldredge and K.J.Nilan, op.cit., p.143. E.Gundling, *The 3M Way To Innovation：Balancing People and Profit*, Kodansha International Ltd., 2000, p.106より作成。

シーの2つの領域，すなわちコンピテンシーの定義と具体的行動例について質問を受け，とくに，コンピテンシーの高い程度を示す具体的な行動例や特別な事象について回答した。これらの資料からリーダーシップ・コンピテンシーのそれぞれに関連する行動特性が抽象され，次いでリーダーシップ・コンピテンシーを評価し，能力開発のために活用される一般的な項目が確認された。

インタビューを受けた経営層は，3Mの企業ビジョンや目的，理念に媒介されたメッセージを一貫して述べていたことに注意したい。それゆえ，それらには，3Mの価値と文化が反映されていると考えられる。各コンピテンシー領域には3つから5つの行動例が明示されている[14]。例として，図表6−2では「グローバルな視野」と「イノベーションの育成」の領域の行動例が示されている。

(2) リーダーシップ・コンピテンシーの活用領域

モデル開発時の会長兼CEOである[15] L. D. デシモン (L. D. DeSimone) は, 以上の成果に関して, 簡単なアセスメント・ツールが開発されたことを強調している。したがって, このモデルの第1の活用領域は, 業績評価の領域である。採用された標準的なツールは, 図表6－3に見るように, 12の領域のそれぞれにおいて, 経営層のもつリーダーシップ・コンピテンシーの程度を示すものであり, 実際の行動が, 各コンピテンシーの相対的な考課として明示され, 容易に確認することができるものである。業績評価プロセスには, 対面式の意見交換の実施が必要とされる。このアプローチは, 3MのOC (トップ13人) の各

図表6－3　リーダーシップ・コンピテンシー・プロファイル

Name：

Competency Area	Degree of Competence		
	Not a Strength	Sufficient	A Strength
Ethics and Integrity	☐	☐	☐
Intellectual Capacity	☐	☐	☐
Maturity and Judgment	☐	☐	☐
Customer Orientation	☐	☐	☐
Developing People	☐	☐	☐
Inspiring Others	☐	☐	☐
Business Health and Results	☐	☐	☐
Global Perspective	☐	☐	☐
Vision and Strategy	☐	☐	☐
Nurturing Innovation	☐	☐	☐
Building Alliances	☐	☐	☐
Organizational Agility	☐	☐	☐

出所）　図表6－1と同じ。144ページ。

Chapter 6　3Mの人的資源管理

図表6－4　後継者候補のプロファイル

CANDIDATE COMPARISON

Candidates

Position Requirements																					
Key Leadership Attributes (only those marked "high" in importance)	High	Med.	Low		High	Med.	Low		High	Med.	Low		High	Med.	Low		High	Med.	Low		High	Med.	Low
1. Ethics & Integrity, Maturity & Judgment	☐	☐	☐		☐	☐	☐		☐	☐	☐		☐	☐	☐		☐	☐	☐		☐	☐	☐
2.	☐	☐	☐		☐	☐	☐		☐	☐	☐		☐	☐	☐		☐	☐	☐		☐	☐	☐
3.	☐	☐	☐		☐	☐	☐		☐	☐	☐		☐	☐	☐		☐	☐	☐		☐	☐	☐
4.	☐	☐	☐		☐	☐	☐		☐	☐	☐		☐	☐	☐		☐	☐	☐		☐	☐	☐
5.	☐	☐	☐		☐	☐	☐		☐	☐	☐		☐	☐	☐		☐	☐	☐		☐	☐	☐
Key Job Experiences (only those marked "high" in importance)	Strong	Some	None		Strong	Some	None		Strong	Some	None		Strong	Some	None		Strong	Some	None		Strong	Some	None
1.	☐	☐	☐		☐	☐	☐		☐	☐	☐		☐	☐	☐		☐	☐	☐		☐	☐	☐
2.	☐	☐	☐		☐	☐	☐		☐	☐	☐		☐	☐	☐		☐	☐	☐		☐	☐	☐
3.	☐	☐	☐		☐	☐	☐		☐	☐	☐		☐	☐	☐		☐	☐	☐		☐	☐	☐
4.	☐	☐	☐		☐	☐	☐		☐	☐	☐		☐	☐	☐		☐	☐	☐		☐	☐	☐
5.	☐	☐	☐		☐	☐	☐		☐	☐	☐		☐	☐	☐		☐	☐	☐		☐	☐	☐

出所）図表6－1と同じ。140ページ。

メンバーに対し個別にテストされている。70人の経営層のプロファイルが集約された段階で，デシモンは，ＥＲＣの会議で，これらの資料を活用した。

　第２の活用領域は，能力開発の領域である。この領域では，組織内部のリーダーへの期待を明確にするために行動例を活用する。個々の経営者は，自己の業績を評価する基準として，確立された行動例を通して判断することになる。また，各個人の能力や業績改善の必要性のためにフィードバックするためにも行動例を活用している。

　第３の活用領域は，後継者育成計画の領域である。ここでは，行動例は他の従業員の潜在能力を評価するために活用される。３Ｍでは，効果的なリーダーシップ行動を示す高い潜在能力をもつ従業員は，キャリア・パスにより処遇し，成長させることが可能であるとしている。このプロセスは，客観的な業績の評価と対照させて徹底的に検討される。こうして，従業員は自己のリーダーシップ・コンピテンシーを強化し，精練化することが可能となる[16]。図表６－４は，当時，後継者育成計画に活用された際のツールである。

　３Ｍのリーダーシップ・コンピテンシー・モデルは，非常に単純な構造からなるツールである。しかし，その開発を担当したアルドレッジが，「我々は，複雑なツールを単純に適用するよりも，単純なツールを精巧な方法で活用することを選択する」[17]と述べているように，単純なツールであることで活用の範囲を狭めていないばかりか，十分に活用に耐えうるツールとして開発することを意図していたことを指摘しておきたい。

5　リーダーシップ・コンピテンシー・モデルの評価

　３Ｍのリーダーシップ・コンピテンシー・モデルは，経営層の業績評価や能力開発，後継者育成計画に適用することにより経営層に対するコンピテンシー・マネジメントを展開することを意図したものである。したがって，このモデルは，３Ｍの経営層を始めとするリーダーが対象とされるものであり，それゆえ，人的資源管理の対象が，労働者から経営層にいたるまで，企業の全構

成員におよぶことを端的に示している事例である。

　従来，アメリカにおける人事管理は職務の形成とその細分化を前提とし，職務評価や人事考課により管理者に対する管理，すなわち管理者管理（manager management, managing the manager）を実現していた。たとえば，職務評価は，企業における職務の相対的価値を決定する体系的手続きであるが，その相対的価値とは，職務の企業に対する，あるいは利潤や資本の蓄積に対する貢献度の相対的序列を意味する。こうした職務評価の方法と，標準化された評定要素をもつ人事考課とにより管理者は労働者を管理すると同時に自らもそうした管理者としての職務に従事することにより企業に，あるいは利潤や資本の蓄積に貢献するべく管理されることになる。こうした制度は，もともと管理者の労働を客観化・標準化することにより得られたものである[18]。

　３Ｍのこのモデルは，３Ｍのリーダー像を検証する試みであるとともに，限定的ではあるが，経営層の労働の客観化・標準化を，必要とされる能力や行動特性であるコンピテンシーという視角から可能にし，それを管理要素として経営層を管理する試みである。コンピテンシーは，前述のように，職務の変化とともに出現した概念であり，したがって，細分化された職務とは対極にある経営層の労働にも適用する根拠があると考えられる。

　しかもそれは，管理要素としてコンピテンシーという，すでに企業に，あるいは利潤や資本の蓄積に対して貢献した高業績者の能力や行動特性を基準とすることにより，企業の全構成員の行動を企業の目的や戦略，理念，文化に効果的に適合させることが可能となる[19]。３Ｍにおいても同様であった[20]。すなわち，「職務」が含意していた管理要素はコンピテンシーに具現されているのを見ることができる。このことは職務概念の変化している状況に対応したマネジメントが確立してきていることを意味している。

　そうしたモデルの開発プロセスへは，前述のように人的資源部門のバイス・プレジデントが支援するＥＲＣ，ＨＲＰＣ，ＯＣという３つの委員会への参加を媒介して経営層自らが関与しているのである。したがって，それは，経営層の労働の自己客観化を意味すると考えられる。経営層は，コンピテンシーとい

う自らの労働条件に影響する管理要件を，自ら確定することになるのである。しかし，それは民主的な管理体制をただちに意味するわけでは決してない。むしろ，それは経営層自らが，自らへの管理強化・労働強化を促さずには競争優位を獲得・維持することのできない厳しい競争条件にあるアメリカ企業の現実を反映するものである。

（注）
1 ）　E. McKenna and N. Beech, *The Essence of Human Resource Management,* Prentice Hall, London, 1995（伊藤健市・田中和雄監訳『ヒューマン・リソース・マネジメント』税務経理協会，2000年）．伊藤健市・田中和雄・中川誠士編著『アメリカ企業のヒューマン・リソース・マネジメント』税務経理協会，2002年。P. Osterman, *Securing Prosperity : The American Labor Market : How It Has Changed and What to Do about It,* Princeton University press, 1999（伊藤健市・田中和雄・佐藤健司・橋場俊展訳『アメリカ・新たなる繁栄のシナリオ』ミネルヴァ書房，2003年）．E. Appelbaum and R. Batt, *The New American Workplace : Transforming Work Systems in the United States,* ILR Press, Cornell University Press, 1994（赤羽新太郎・田中和雄訳『ベスト・プラクティス競争戦略－グローバル化とITをめぐる作業システムの変革』，八千代出版，2004年）．
2 ）　E. Gundling, *The 3 M Way To Innovation : Balancing People and Profit,* Kodansha International Ltd., 2000, pp. 57－60．
3 ）　R. M. Kanter, J. Kao, and F. Wiersema (eds.), *Innovation Breakthrough Thinking at 3 M, Dupont, GE, Pfizer and Rubbermaid,* Harper Business, 1997. pp. 60－62．
4 ）　G. E. William, "How 3 M Innovates For Long－Term Growth," *Research Technology Management,* Mar／Apr. 2001. vol. 44. Issue 2. pp. 21－24．
5 ）　http：//www.3m.com/about 3 m/sustainability/perf-devpeople.satisfactionEx.jhtml
6 ）　独自の文化として雇用の高度な安定を掲げている3Mであるが，業績の悪化している化学事業部門では2001年5月より1年間にわたり，全世界の従業員の7％にあたる約5,000人を削減し，その半数をアメリカ国内で削減すると発表した。以下の文献を参照のこと。*Electronic News,* 04.30.2001. vol 47. Issue 18. p. 34. *Chemical Week,* 05.02.2001. vol 163. Issue18. p. 14．
7 ）　E. Gundling, *op. cit.,* pp. 57－60．
8 ）　A. J. Morrison, "Developing A Global Leadership Model," *Human Resource Management,* Summer/Fall 2000, vol. 39, Nos. 2 & 3, pp. 117－131．
9 ）　以下の文献を参照のこと。C. Hymowitz, "How Leader at 3 M Got His Employees

Chapter 6　3Mの人的資源管理

To Back Big Change"*The Wall Street Journal,* 23 Apr. 02, p. B1.
10) M. E. Alldredge and K. J. Nilan, "3 M's Leadership Competency Model : An Internally Developed Solution,"*Human Resource Management,* Summer/Fall 2000, vol. 39, Nos. 2 & 3, pp. 133−135.
11) 1993年には, 管理職の評価プログラムとして, コンピテンシーに基づく「スキル・アセスメント・プログラム」が導入されている。以下の文献を参照のこと。J. C. Aaron, "What makes a world-class supervisor ? "*Traffic Management.* Jan. 1994, vol. 33, Issue 1, p. 6 .

　　D. Laurieによれば, 3 Mが過去40年以上も業績を維持しているのにはこうしたマネジメントのイノベーションが貢献している。以下の文献を参照のこと。"It just might work. Find new avenues", *Management Today,* Feb. 2002, p. 20.

　　1994年には, ＣＥＯであったＬ. Ｄ. デシモンの指示のもと, 創造性のある従業員を奨励し, 創造的な思考を促進する労働環境を準備するために次の「十戒」(Ten Commandments) が制定されている。Give folks time to follow their muse ; Create a culture of cooperation ; Measure your results ; Stay ahead of the customer ; Stage celebrations ; Be honest and know when to say no ; Make the company a lifetime career ; Give best managers assignments overseas ; Increase R & D spending ; Don't heedeverything Wall Street says. 以下の文献を参照のこと。L. Marshall. "Ten Commandments for managing creative people", *Fortune,* 1/16/95, vol. 131, pp. 135−136.
12) M. E. Alldredge and K. J. Nilan, op. cit., pp. 136−137.
13) Ibid., pp. 137−142.
14) Ibid., pp. 142−143.
15) 2001年12月, 3 Mでは100年の歴史で初めて外部よりＣＥＯを招いた。新しいＣＥＯはＧＥ (General Electric Co.) の航空機エンジン事業部の前ＣＥＯであったW. J. McNernyである。以下の文献を参照のこと。W. H. Miller, "New Leader, New Era", *Industry Week,* nov. 2001. vol. 250, Issue 14, p. 28.
16) M. E. Alldredge and K. J. Nilan, op. cit., pp. 143−145.
17) E. Gundling, *op. cit.,* p. 106.
18) 長谷川廣『現代の労務管理』中央経済社, 1989年, 65〜66ページ。同『現代労務管理制度論』1971年, 42〜45ページを参照。
19) A. D. Lucia and R. Lepsinger, *The Art and Science of Competency Models − Pinpointing Critical Success Factors in Organizations −,* Jossey−Bass/Pfeiffer, 1999, pp. 13−14.
20) 以下の文献を参照のこと。M. E. Alldredge and K. J. Nilan, op. cit., p. 143. P. Mullin, "Anallysts Rate 3M's New Culture", *Chemical Week,* 9/26/2001. vol. 163 Issue 36, p. 39.

Chapter 7

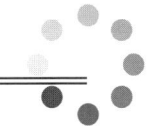

ＡＴ＆Ｔの人的資源管理
－1984年企業分割後の展開を中心に－

　2005年１月，ＡＴ＆Ｔ（American Telephone and Telegraph Co.）は，かつてのベル地域電話会社（Regional Bell Operating Company：RBOC）の一つであるSBC Communications（ＳＢＣ）への売却を発表した。同年11月に実施されたＳＢＣによるＡＴ＆Ｔへの実質的な吸収合併（ＳＢＣは社名をＡＴ＆Ｔに変更）により，創業以来120年以上続いた名門ＡＴ＆Ｔは事実上消滅した。本章では，1984年企業分割後のＡＴ＆Ｔの経営構造の再構築，いわゆる「リストラクチャリング」（restructuring）が雇用システム・人的資源管理さらに内部労働市場をどのように変貌させたかを見ることとする。

1　ＡＴ＆Ｔにおけるリストラクチャリングの展開

　ＡＴ＆Ｔは，これまで大きく３度のリストラクチャリングを経験している（図表７－１）。

　第１回目は，1982年の司法省との修正同意審決（Modification of Final Judgement of 1956：MFJ）に基づく1984年企業分割である。司法省による第２回反トラスト訴訟（1974年）に対してＡＴ＆Ｔは，1956年同意審決を修正し，主要22電話運営会社（Bell Operating Company：BOCs）の株式を手放し，市内・地域電話事業を分離する代わりに電話機器・システムの製造・販売を担うウェスタン・エレクトリック社（Western Electric Co.）および研究開発を担うベル電話研究所（Bell Telephone Laboratories）を統合し，これまでの長距離通信に加え従来制限されていたデータ通信，国際通信に進出し，「世界のネットワーキングリー

図表7−1　1984年企業分割後のAT＆Tのリストラクチャリングの展開とダウンサイジング

| 会長・CEO | C.L.Brown(79.2~86.9) | J.E.Olson(86.9~88.4) | R.E.Allen(88.4~97.10) | C.M.Armstrong(97.10~2002.11) | D.W.Dorman(2002.12~2005.11) |

国際通信事業
〈ワールドパートナーズ（92~2000）〉　〈コンサート（2000~2002）〉

- 投資終了（2004.7）
- AT＆Tコンシューマ（個人向け通信サービス）→ SBCコミュニケーションズへ売却（2005.11）
- AT＆Tビジネス（企業向け通信サービス）
- AT＆T（通信サービス）
- （1996年3分割）
- AT＆Tワイヤレス（携帯電話）── シンギュラーワイヤレスへ売却（2004.11）
- AT＆Tブロードバンド（CATV、広域通信）── コムキャストへ売却（2002.12）
- （2000年4分割）
- Lucent（通信機器）
- （NCR）（コンピュータ）
- （マッコーセルラー）
- （NCR）
- （7RBOCs）（地域通信会社）
- （1984年企業分割）
- AT＆T（長距離電話サービス／Western Electric（電話機器製造）／ベル電話研究所（研究・開発）／（地域電話サービス））
- (ベル・システム)

AT＆Tの従業員数の推移（万人）

100万人　104万人
50　37.3
40　28.3　31.7（NCRとの合併）
30　30.4　29.9（1996年3分割）
20　12.8　10.7　165（2000年4分割）TCI・メディアワン合併
10　7.8万人　7.1　6.2　4.7　SBCへ（3.9万人）

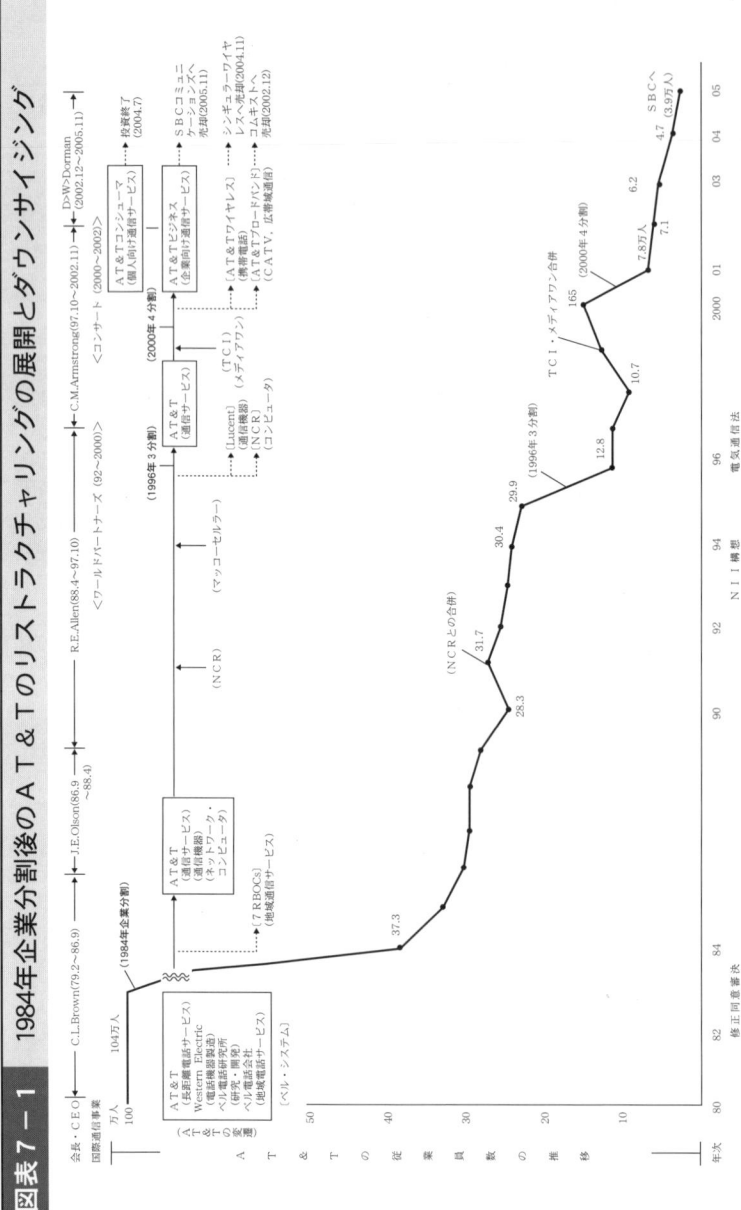

年次　80　82　84　86　88　90　92　94　96　98　2000　01　02　03　04　05
修正同意審決　　　　　　　　　　　　NII構想　　電気通信法

注：84年〜90年は、AT＆Tの国内従業員数。91年〜95年は、AT＆TとNCRと合わせた従業員数。96年以後は、3分割後のAT＆Tの従業員数。2001年以後4分割後は、AT＆TビジネスとAT＆Tコンシューマの合計である。

出所：AT＆T *Annual Report*（各年）等より作成。

ダー（World's networking leader）」への再編をめざした。

　第2回目は，クリントン政権の全米情報通信基盤（ＮＩＩ）構想とその法的枠組みである1996年電気通信法（Telecommunications Act of 1996）に向けてのＡＴ＆Ｔの自主的な1996年3分割である。1934年通信法（Communications Act of 1934）で規制されていた「通信と放送」区分の廃止＝相互参入を含む通信の全面的な競争導入に向けて，ＡＴ＆Ｔは通信機器・システム製造事業（ルーセント・テクノロジーズ社）およびコンピュータ事業（ＮＣＲ）を分離する一方，通信事業をコア事業にマッコー・セルラー社（McCaw Cellular comm.）さらにケーブルテレビ（ＣＡＴＶ）会社を積極的に合併・買収し，ＣＡＴＶインフラを中核とする市内／長距離／国際を一貫した「あらゆる距離の会社"any-distance company"」への再編をめざした。

　3度目は，ＡＴ＆Ｔ消滅の直接的契機となる2000年4分割である。通信の全面的競争導入と通信バブルの崩壊の下で，ＡＴ＆Ｔはシェア低下・収益性悪化による株価下落を背景に，合併したばかりのＣＡＴＶ事業（ＡＴ＆Ｔブロードバンド）と成長分野の携帯電話事業（ＡＴ＆Ｔワイヤレス）をスピン・オフ（分離）し，また国際通信分野でもＢＴとの国際合併事業（コンサート）を解散し，企業向け長距離通信（ＡＴ＆Ｔビジネス）を継承会社に，個人向け長距離通信（ＡＴ＆Ｔコンシューマ）をトラッキング株により資本関係を維持する「1つの長距離通信会社"a long distance company"」へと回帰したのである。

　こうしたリストラクチャリングの展開により，1984年企業分割以前の100万人の従業員はＢＯＣｓの分離により約37万人に，1996年3分割で12〜13万人に，そして2000年4分割で約8万人へと「ダウンサイジング」された。しかも，ＡＴ＆Ｔは事業再編と人員削減のみならず，自主管理チームなどの新たな人的資源管理の導入を試み，従来の雇用システムと労働者や管理者の仕事とキャリアを形成する「内部労働市場」を大きく変えたのである。

2　1984年企業分割前のＡＴ＆Ｔと「電話ファミリー」

　いうまでもなく、1984年企業分割前のＡＴ＆Ｔは、長距離電話の運営を担うと同時に地域電話を担う主要22ＢＯＣｓと電話機器の製造・購買・配給・建設を担うウェスタン・エレクトリック社、研究・開発を担うベル電話研究所を統合する親会社として電話事業の運営・製造・研究開発の垂直統合体（いわゆる「ベル・システム」）を構築し、連邦通信委員会（Federal Communications Commission：ＦＣＣ）の規制の下で、アメリカの電話機の約80％、電話事業収入の83％を占める公衆電話事業の独占（「規制下の独占」）であるとともに、従業員約100万人を擁する「地球最大の企業」[1]としても知られていた。

　「規制下の独占」の下で、ＡＴ＆ＴおよびＢＯＣｓは機能別・専門別に編成された全般管理部門（法規・技術・会計・人事等）と現業部門（施設、運用、営業）という組織構造を確立し、さらに主要な現業部門は地域別に地方（area）・地域（division）・地区（district）・電話局（central office）という階層制組織をアメリカ全土に張り巡らした。

　現業部門は、おもに３つの特徴的な職務（job）――施設（ネットワーク）部の高度な熟練工、営業部の顧客サービス、運用部の不熟練化された交換手――から構成されていた。施設部の「ネットワーク」（電話局の交換機や伝送設備）は、高度な熟練労働者（highly skilled craft workers）によって建設・維持・補修された。彼らは電気工学的なスキルに基づく交換機技師や架線工、ケーブル工、据付け工や修理工などであり、労働組合の中核を担った。また、営業部の顧客サービスも、顧客の質問や用件に対応するある程度の熟練を必要とし、全国数千の営業所に配置された。これに対して、運用部の交換手（オペレーター）は不熟練化した女子労働者が多数を占め、交換機の自動化によって減少していた。ベル・システムの非管理職種に占める割合は、1950年から1980年の間では施設部の熟練工は24％から44％に、また営業部の顧客サービスも5.3％から11.1％に増加したのに対して、交換手は47％から16％に減少したのであった[2]。

現業部門では，機能別に現場監督者（supervisor）までの2～4層の現場管理組織とその現場管理組織の上層にトップ・マネジメントに至る6層からなる階層制組織が形成され，そこでは労働者や管理者の仕事とキャリアを形成する内部昇進制が確立していた。入社した労働者はベル・システム内の洗練された「技能訓練（craft training）」や「監督者訓練（supervisor training）」を受けた。

労働者の圧倒的多数は熟練工を生涯の仕事としたが，少数のものが特別の監督者訓練を受け，現場監督者・中間管理者に昇進した。大半の管理職は内部昇進者で占められたが，内部昇進や外部労働市場から採用された現場管理者の一部は，中間管理者のカレッジコースや資格を取るための会社支援プログラムを活用しさらに昇進した。最高経営層のために大学教育を受けた人々が採用されたが，彼らは出世街道を進むエリートであった。ベル・システムでは，通信インフラが小さな町，都市まで全国的に拡張したことに伴い現場・中間管理者への機会が生まれ，全従業員に占める管理層の割合は1950年の13％から1980年には29％に増加し，管理階層が肥大化し始めていたのである[3]。

企業分割前のAT&Tは，伝統的なパターナリズムに基づく企業内福利厚生や年金制・従業員持ち株制，相対的に高い賃金と昇給制，管理者教育を含めた洗練された教育訓練制などの人的資源管理により「長期雇用」(Long-term employment）や「雇用の安定」(employment security)[4]が維持される一方，一般従業員のほとんどが加入した産業別組合であるＣＷＡ（Communications Workers of America）やＩＢＥＷ（International Brotherhood of Electrical Workers）も，AT&Tとの間で1973年以降賃金，労働時間，労働条件，年金等について全国統一方式による団体交渉を行い，「雇用の安定」と「生活の水準」の維持に影響力をもったのであった。こうして，企業分割前の約100万のベル・システム労働者は，アメリカでも最良の賃金による生活水準と最善の年金制度を享受し，「終身雇用の安定」(life-time employment security) を獲得したのであった。そこでは，彼あるいは彼女は，平均年齢43歳で，ほとんどが既婚者で家をもち子供がいて，高卒またはカレッジ卒で平均勤続年数33年，転職が少なく（転職率7％），定年まで同じ仕事に従事してそのうちの約1割が管理職に昇進して多

くがCWAに加入し,退職後は豊かな年金生活を送るという「AT&Tタイプ」[5]の「電話ファミリー」像も定着していたのである。

3 修正同意審決(MFJ)によるAT&T企業分割と労使関係の変貌

(1) 企業分割後のAT&Tの経営戦略と組織構造の変化

1984年1月,ベル・システムは,AT&T(長距離通信・電話機器製造・研究開発)と7RBOCs(地域通信)に企業分割され,当時約100万人を擁した従業員もAT&Tの国内の37万人(世界全体では約40万人)と7RBOCsの約58万人に分離された。

企業分割後のAT&Tは,合併・買収・事業分割(mergers, acquisitions & divestitures)を梃子にリストラクチャリングを展開し(図表7-2),その事業構造を大きく変えた。

企業分割後にJ.R.オルソン(Olson)に継いで内部昇進者として会長兼CEOとなったR.E.アレン(Allen)は,「C&C(Communication & Computer)」技術の融合に基づく「世界のネットワーキングリーダー」をめざすという経営ビジョンを掲げ,3つの柱の経営戦略——①コア事業である長距離通信サービスと通信機器製造・販売の強化,②コンピュータ・ネットワークをリードするためのコンピュータ事業への進出と金融・サービス等の新規事業の開拓,③外国企業との提携等による海外進出——を展開し,その組織構造も従来の集権的・機能別組織から市場別の分権的・機能横断的なビジネス・ユニット(Strategic Business Unit:SBU)へと再編成したのである[6]。

しかし,①コア事業である「通信サービス」は事業収入の過半数を占めたが,MFJの競争下,MCI,スプリント社等との競争によりAT&Tのシェア(収入ベース)は1984年の90%から1995年には55%にまで低下した。もう1つのコア事業であるウェスタン・エレクトリック社から引き継いだ「通信製品・システム」の製造・販売は,世界一の通信機器メーカーとして事業収入の20%を

図表7－2　1984年企業分割後の合併・買収・分割（M＆A＆D）と海外展開

	主な合併・買収・分割（M＆A＆D）	主な海外事業展開
1984年	ＡＴ＆Ｔ　企業分割実施 ＡＴ＆Ｔ Credit Corporation（融資クレジット）設立 ＡＴ＆Ｔ Resource Management（融資クレジット）設立 American Transtech（株主へのサービス）設立	伊，オリベティ株式(25%)取得，販売契約 オランダ，フィリップとの合弁会社（ＡＰＴ）設立 ＡＴＴ台湾設立
1985年	Acturarial Science Associate. Inc（従業員福利制度に関するコンサルタント）設立 AT＆T Foundation（慈善活動の組織）設立 ＊　85年度，2万7,000人削減	英，100％子会社ユニックス・ヨーロッパ設立
1986年	＊　86年度，3万2,000人削減 （84年1月から86年末で，約8万人削減）	
1987年	＊　87年度，1万3,900人削減	
1988年	Sun Microsystems（コンピュータ会社）の株式（1990年まで20％）買収 ＊　管理部門2,000名を営業部門に配置転換，ネットワークオペレーションズ部門の人員削減計画	ＡＴ＆Ｔネットワーク・システム・インターナショナルの統合（従業員5千名がＡＴ＆Ｔグループへ）
1989年	Paradyne Corp.（データ通信設備製造会社）の買収（2億5,000万ドル） ＊　管理職を中心とした特別希望退職制の導入（管理職1万2,500人削減）	英，専用線通信会社ＩＳＴＥＬ買収 伊，通信システムメーカー，イタルテルの株式取得
1990年	ＮＣＲとの合弁を決定 ＡＴ＆Ｔ Universal Card（クレジットカード会社）の設立 Pacific Financial Service Inc（融資会社）の2事業部門買収（4億7,700万ドル）	伊，オリベティとの提携解消 オランダ，フィリップとの合弁事業終了
1991年	ＮＣＲとの合併実施（75億ドル），ＮＣＲ従業員（国内2万8,000人，全世界5万人） Teradatal Corporation（高性能コンピュータ・システムの開発製造会社）の合弁（5億ドル） Sun Microsystems の株式の売却（6億8,700万ドル）	
1992年	McCaw Celluar Communications, Inc（移動体通信会社）との提携発表 ＊　ＣＷＡと新労働協約"Worke of the Future"締結	英ＡＴＴ，ＩＳＴＥＬ，ドイツとフランスのコンピュータ会社結成
1993年	子会社ＵＮＩＸ System Laboratories の株式売却（2億1,700万ドル） ＊　3万人に人員削減計画発表，旧ＮＣＲの従業員に早期退職・自発的退職提案，94年7,500人（全従業員の約15％）削減予定	ワールド・パートナーズ結成（2000年7月解消）
1994年	McCaw Celluar Communications, Inc の買収完了	米国外の海外従業員5万人
1995年	ＡＴ＆Ｔ Capital Corp の保有株式の売却発表（97年17億ドルで売却） ＡＴ＆Ｔの3分割（ＡＴ＆Ｔ，Luccent Technologies，ＮＣＲ）の発表（9月）	

1996年	ＡＴ＆Ｔ３分割の実施（96年末までに完了） ＊ 全従業員の13％，４万人（管理職２万4,000人，一般従業員１万6,000人）削減計画	
1997年	ＡＴ＆Ｔ Skynet（ＡＴ＆Ｔの衛星サービス部門）の売却（７億1,250万ドル） ＡＴ＆Ｔ Submarine（海底ケーブルの建設・運営100％子会社）売却（８億5,000万ドル） ＡＴ＆Ｔ Tridom（VSATサービスの機器製造，ハブ施設等のサービス提供100％子会社）売却 ＡＴ＆Ｔ LIN Televisionの保有株式売却（７億6,500万ドル），Wood－ＴＶ株式売却 ＡＴ＆Ｔ Universal Cardのシティーコープへの売却（35億ドル） ＡＴ＆Ｔ Captialの売却（17億ドル） ＡＴ＆Ｔ Solution Customer Care（企業等へのサポートサービス）売却（６億2,500万ドル） ＡＴ＆Ｔ DirectTVの保有株式売却（１億6,180万ドル）	
1998年	地域通信事業者 Telport Communications Group（ＴＣＧ）の買収（110億ドル） ＣＡＴＶ会社の Tele Communications Inc（ＴＣＩ）の買収発表（480億ドル） ＩＢＭのグローバル・ネットワーク事業買収発表（50億ドル） ＊ １万5,000〜8,000人（管理職１万〜１万1,000人，一般職5,000〜7,000人）削減計画	ＢＴとの国際合併事業計画発表（98年12月）
1999年	ＣＡＴＶ会社のタイムワーナーとの合弁事業計画発表 ＣＡＴＶ会社の Mediaone の買収（580億ドル）	
2000年	ＡＴ＆Ｔ　４分割案提案 ＡＴ＆Ｔ Liberty Media（ＴＣＩのソフト部門）のスピン・オフを発表	ＡＴ＆Ｔ，ＢＴとともに日本テレコムに出資
2001年	ＡＴ＆Ｔ Broadband（ＣＡＴＶ事業）を Comcast に売却（470億ドル）合意（2002年完了） ＡＴ＆Ｔ Wireless 分離	ＢＴとのコンサート開始（〜2002年末解消） ＡＴ＆Ｔ，ＢＴとともに日本テレコム株式売却
2004年	Cinglar Wireless，ＡＴ＆Ｔ Wireless を買収（410億ドル） 個人向け通信サービスへの投資終了。企業向けに集約化 ＊ 人員削減目標８％を上回る全従業員23％（１万4,000人）削減（2000年末から４年間で全従業員40％，４万人削減）	
2005年	ＡＴ＆Ｔ，ＳＢＣ Communications への売却（160億ドル）合意⇒「新生ＡＴ＆Ｔ」（11月） ＊ ＡＴ＆Ｔ（従業員４万人弱ＳＢＣに移籍）	

出所）　ＡＴ＆Ｔ *Annual Report*（各年度）等から作成。

占めたが,電気機器市場の自由化によりノーザン・テレコム社,ジーメンス社,日本電気等の海外企業が各ＲＢＯＣｓに進出し,そのシェアは急速に低下した。

また,②企業分割後に新規参入したコンピュータ事業は,企業・政府等の大口の利用者向けに高度なＶＡＮサービスや企業内専用通信網（ＬＡＮ）の構築・運用サービスを提供するとともに,独自に開発したＯＳ（ＵＮＩＸ）を武器に大型コンピュータやミニコンピュータの開発をすすめたものの大幅な赤字が続いた。1990年には米国第５位ＮＣＲを敵対的買収し,ＮＣＲ（ＡＴ＆Ｔグローバル・インフォメーション・ソリューションズ）による事業再建に乗り出した。さらに,コア事業を補完するＡＴ＆Ｔユニバーサル・クレジット等の金融・サービスなど多角化は比較的順調に推移し,金融事業は総収入５％を占めるまでとなった。

③海外展開では,ＡＴ＆Ｔは通信製品・システムの輸出,外国企業との提携等による現地生産（1991年,40か国30製造・技術センター等,従業員１万9,000人）や多国籍企業向けの国際通信サービスを提供する国際コンソシアム（1993年ワールド・パートナーズ結成）により急速にグローバル化した。1994年には輸出・現地生産・国際通信サービスによる国際収入は,全事業収入の15％,海外従業員は５万3,000人は全従業員の17％を占めるまでとなった。

(2) 企業分割後のＡＴ＆Ｔの雇用システムと人的資源管理の変化

ＭＦＪ体制の競争市場下で,企業分割後の「通信とコンピュータ（Ｃ＆Ｃ）」技術の融合に基づく「世界のネットワーキングリーダー」をめざす事業再編は,「規制下の独占」時代の労使関係を大きく変えた。ＡＴ＆Ｔは,大規模な人員削減を徹底しただけでなく,企業分割以前の雇用システムを変え,「参加型管理」の新たな人的資源管理を導入し,「内部労働市場」を変貌させた。

ＭＦＪ体制下の通信の競争激化と通信の技術革新という新たな経営環境に対応して,ＡＴ＆Ｔは料金引き下げや光ファイバー・デジタル交換機等のネットワークのデジタル化を推進し,さらに競争力強化＝コスト低廉化のため大規模な人員削減を実施した。この「仕事の縮小」(job reductions)は,再訓練・再配置,早期退職制度,特別休暇,レイオフとして展開され,分割直後２年間で約

6万人弱，1990年までに全従業員の約3分の1に当たる約12万人が削減された。ＡＴ＆Ｔの従業員数は1984年の37万人から1990年の25万人に減少しただけでなく，雇用システムと労使関係を大きく変えることとなった（図表7－3）。

図表7－3　1984年企業分割後の「ベル・システム」の従業員と労働組合

A）Regional Bell Operating Company：Employment and Unionization Employment

	1984	1991	Change 84－91	Union Membership	Union Density 1991
Ameritech	79,000	73,964	－6%	49,250	67%
Bell Atlantic	80,000	76,200	－5%	50,795	67%
Bell South	99,100	96,975	－2%	58,214	60%
NYNEX	98,200	83,514	－15%	57,000	68%
Pacific Telesis	82,000	62,532	－24%	39,327	63%
Southwestern	74,700	59,460	－20%	38,500	65%
US West	75,000	64,206	－14%	41,000	64%
Total	588,000	516,851	－12%	334,086	65%

B）AT＆T：Employment and U.S. Unionization

	Global	AT＆T NCR U.S. only	AT＆T U.S. only	AT＆T Management	AT＆T Nonmanagement	AT＆T U.S. Union	AT＆T Union Density
1984	435,000	405,000	373,000	111,432	261,568	250,000	67%
1900	328,900	281,773	253,773	115,851	137,920	140,039	46%
1992	312,700					117,000	

出所）　Jeffrey Keefe and Karen Boroff, "Telecommunications Labor－Management Relations：One Decade After the Divestiture," Paula B. Voos, ed., *Contemporary Collective Bargaining in the Private Sector,* Industrial Relations Reserch Association, 1994, p.325.

第1に，企業分割後のリストラクチャリングの結果，それまでのＡＴ＆Ｔの雇用システムの特質であった「雇用の安定」が崩れ，従業員の士気が急速に低下した。分割直後に削減された5万6,000人のうち4万4,000人は一般従業員であり，1990年までに削減された約12万人もそのほとんどが施設（ネットワーク）部の熟練工，営業部の顧客サービス労働者，運用部の交換手や通信機器工場の

労働者であった。この結果，ＡＴ＆Ｔ従業員のなかに「雇用の安定」から「慢性的な雇用の不安(chronic employment insecurity)」による悲観的見通しが急速に拡大した。ＡＴ＆Ｔの内部調査によれば，1981年に会社が「仕事の安定(job security)」を提供していると感じる一般従業員は68％とそう感じないという人の８％大きく上回った。しかし1991年ではこの数字は逆転し，「仕事の安定」を感じなくなった人が73％と急増し「仕事の安定」を感じる人の14％を大きく上回り，「雇用の不安」が拡大したのであった[7]。

第２に，一般従業員は26万人から13万人へと縮小したが，管理職は削減されたものの新規事業による増加もあり，結果的には1984年の11万1,000人から1990年の11万5,000人へと微増した。これにより，全従業員に占める管理者の割合は29％から46％に増加し管理層の肥大化が急速に進んだ。こうした管理層の肥大化に対して，ＡＴ＆Ｔは特別希望退職奨励など管理者の人員削減を行うとともに後に見るように自主管理チーム（self-management teams）など「参加型管理」の新たな人的資源管理を導入して管理階層の合理化を推進し始めたのである。

第３に，リストラクチャリングによる一般従業員の激減と管理層の微増の結果，ＡＴ＆Ｔ全従業員に占める労働組合員の割合が低下し非労働組合化が進んだ。加えてＡＴ＆Ｔは組合員が多数を占めるコア事業（通信サービス・通信機器製造）をダウンサイジングする一方で，American TranstechやＡＴ＆Ｔ Universal Cardなど新たな非組合の事業を立ち上げたり，反労働組合の会社（ParadyneやＮＣＲ）などを買収した。ＡＴ＆Ｔの組合加入者は1984年の25万人から1990年の14万人に，組合等の全従業員に占める割合は67％から46％に低下した。

こうしたダウンサイジングによるＡＴ＆Ｔの非労働組合化，さらにはグローバル化による海外従業員の増加のもとで，1984年企業分割によりＲＢＯＣｓが全国統一交渉方式を拒否したため，1992年にはＣＷＡはＡＴ＆Ｔとの間で３年間の新しい労働協約である「未来の職場(Workplace of the Future)」を締結した。そこでは，ＣＷＡは団体交渉は基本としながらも，それを補完するものとして

ＡＴ＆Ｔの「ビジネス・ユニットプログラム委員会」に参加し，この委員会への参加を通して，高品質サービスの提供，リストラやダウンサイジングの影響，参加型チームの構造・構成等における従業員の裁量を増大させることをめざした。1993年にはＩＢＥＷも同様の協定を結び，ここにＡＴ＆Ｔと２つの組合との間で「新たな労使関係の枠組み」[8)] がスタートしたのであった。

　企業分割後の雇用システムと労使関係の新しい枠組みのもとで，ＡＴ＆Ｔは通信の技術革新による職種や仕事の変化に対して「参加型管理」の人的資源管理の実験を開始し，内部昇進制を大きく変化させた。すでに1980年代初頭以降の「通信とコンピュータ（Ｃ＆Ｃ）の結合」やネットワークのデジタル化は，電話のすべての職種に影響を与え労働者の仕事やスキルを変化させていたが，ＭＦＪ体制下での企業分割後の技術変化と競争の激化はその流れを加速させた[9)]。

　施設部では，機能的に専門化された職種として交換機技師や架線工，ケーブル接続工，据付け工や修理工などは電気工学的スキルに基づく熟練工的性格をもっていたが，ネットワークのデジタル化（光ファイバー・デジタル交換機等）により必要とされるスキルも電気工学からコンピュータに基づくスキルにシフトした。たとえば電話局では，従来トップの熟練工であった交換機技師や修理工の仕事は減少し，電子交換機やデジタル交換機の導入によりコンピュータを制御・監視する少数のクラーク（clerks）に置き代わった。光ファイバーの導入は一時的に銅線を取り替える建設工の仕事を増やしたが，長期的にはケーブル接続工の需要を縮小した。施設部では少数のシステムアナリストやプログラマーの仕事が作り出されたものの，熟練工の人員削減や営業部門への配置転換が実施されたのである。

　運用部でも，巨大なコンピュータによる自動応答システムや音声コマンドシステムの導入は，交換手の仕事の減少や労働の単調化を進め，配置転換・人員削減を加速させた。

　新たな技術やリエンジニアリングによる変化に対して，「職務充実の戦略」（job enhancement strategies）としてＡＴ＆Ｔは，おもにＱＷＬ（Quality of Work-life)や自主管理チームなど「参加型管理」の人的資源管理を実験的に開始した[10]。

　前者のQWLは，すでに1980年にはAT＆TとCWAの間での合意に基づき労使の全国合同委員会が設置され，1981年にQWLプロジェクトが開始された。そこでは教育訓練・能力開発，先任権・各種昇進，作業・職務評価，職務設計等の仕事や労働生活に影響を及ぼす意思決定への従業員参加がめざされ，1984年企業分割までに約1,000の任意のQWLチームが結成され，約4万人が参加するまでとなっていた。バット（Rosemary Batt）によれば，QWLはトップダウンの「軍隊式管理」スタイルを取り除き「参加型管理」に変えることに焦点を合わせ，1980年代を通してより広範囲な従業員参加である顧客サービスの改良のためのTotal Quality（TQ）プログラム（1991年開始）に道を譲った。

　後者の自主管理チームの実験は，1980年代中頃から始まったが，バットによれば管理者「解雇」（managers "letting go"）の新たな段階と捉えられる[11]。すなわち，自主管理チームの実験は，労働者が現場監督者の仕事や地位を奪い実質的に労働コストを削減しようとしたものであり，過度に肥大化した現場を減少させる手段として労働者や労働組合によっても支持されたとされる。たとえば，ネットワークの熟練職種では伝統的な管理下に置かれていた労働者に比べて，自主管理チームの労働者は労働の割当て，道具，労働のコントロール，スケジュール，品質，安全検査などで高度なレベルまで自主性をもち，内部での学習や問題解決能力と同様に外部の専門家や管理者とも機能横断的な問題を解決する上で高いレベルを示した。また，高い仕事満足とグループ活動が示される一方，これまでの管理者の仕事の時間を25～30％減らし，直接労働コストを大幅に節約したと評価されている。こうしたバットの評価の当否は別にしても，自主管理チームの実験は，施設部のみならず営業部の顧客サービスや運用部の交換手でも試みられており，AT＆Tでの職務充実を図るとともに管理者を合理化するための「参加型管理」の人的資源管理への変化を示すものである。

　しかし，企業分割後のAT＆Tおいて，労働者のみならず管理者にとってもっとも重要な変化は，新しい内部労働市場のもとで「長期雇用」や「雇用の安定」

の約束が崩れさったことである[12]。

　企業分割以前のベル・システムでは,「軍隊式管理」と見なされた,厳しく統制され,機能別に専門化された組織構造のなかで,管理者は機能別サイロ (silos) の7層の梯子を駆け登り役員に昇進した。ベル・システムの管理者は,機能別に編成された階層組織で,同じ部門で特殊な技術と仕事の知識を獲得しキャリア・アップを図り,その知識や技能はベル・システム以外では利用できなく,退職する人々は引退もしくは新たな仕事のために再訓練を必要とした。

　しかし,企業分割後は,従業員参加やＴＱプログラムなどの新たな人的資源管理が導入され,管理者の職務が,軍隊式の命令と統制という性格から「参加型管理」に変わり始めた。現場監督者や中間管理者は技術的な狭いスキルよりむしろ新しい行動が求められ,管理者訓練では教える技能より従業員との議論や組合との交渉をいかにするかといったソフト面が強調された。

　現場監督者層,とくに自主管理チームが導入されたところでは,職務が変化し彼らは命令や服従よりむしろ指導や鼓舞といった「コーチ」の役割を果たし始めた。自主管理チームは,現場管理者がこれまで処理した管理の仕事を担い,問題解決や紛争解決のための責務を果たし,従業員のモラールや意思決定の改良,労働と管理の信頼関係の改善,管理階層の削減や管理範囲 (span of control) の拡大によりダウンサイジングの手段としての役割を果たした。この結果,現場管理者は削減され,彼らの仕事量は増加したのである。

　中間管理層でも,機能別組織から市場別の機能横断的なＳＢＵへの組織構造の再編成により,中間管理者の職務は,狭い機能的なものからＴＱプログラムにみられるサービス・品質の改良,利益の拡大,コストの削減といった広範囲で機能横断型の協同的な仕事となった。中間管理者に要求される資質も,規制下での公衆・従業員・地域に対応するためのスキルから経営・マーケティング・人的資源管理といった方向にシフトした。管理者のための教育訓練では制度そのものに大きな変化はなかったが,中間管理層の自由裁量の拡大＝分権化によって,その内容は経営,マーケティング,産業や管理・リーダーシップ技能といった新しい分野が中心となった。そして,中間管理層や最高経営層への

内部の垂直的な昇進が減少し，外部からの転職者が増加したのである[13]。

しかも，ＡＴ＆Ｔの管理層の肥大化に対する管理者を対象としたダウンサイジング＝人員削減が，1990年代には本格化し管理者の人数と階層が削減される一方で，彼らの仕事量は増加し，内部昇進を含めた移動も減少したためモラールは急速に低下したのであった。こうして企業分割以前の「規制下の独占」のもとで確立したＡＴ＆Ｔにおける内部労働市場（技術や専門性のための持続的な訓練と，安定した仕事と生活を通しての忠誠心による垂直的なキャリアの階段）は，労働者のみならず管理者の各階層において変化し，「動揺」し始めることとなった。

4 1996年電気通信法後のＡＴ＆Ｔのリストラクチャリングと解体・消滅

(1) 1996年電気通信法とＡＴ＆Ｔ３分割

1996年電気通信法成立直前の95年９月に，ＡＴ＆Ｔは100年以上統合していた通信機器・システム製造事業（ルーセント・テクノロジーズ社）および新規参入したコンピュータ事業（ＮＣＲ）を分離して通信事業をコア事業（継続会社）とする３分割を発表し，96年末までに完了した。さらに，1997年これまでの内部昇進者でなくＩＢＭを経てＧＭ傘下のヒューグ社から初めて外部出身者の会長兼ＣＥＯとなったＣ.Ｍ.アームストロング（Armstrong）は，通信サービスをコア事業に経営資源を集中し金融・サービス業も相次いでスピン・オフする一方，1996年電気通信法による「通信と放送」の相互参入を含む通信の全面的競争導入とインターネットを中心としたＩＴブームに向け，「あらゆる距離の会社"any-distance company"」[14]の経営ビジョンのもとに1999年にＴＣＩやメディアワン社（MediaOne）などＣＡＴＶ会社を積極的に合併・買収してＣＡＴＶインフラを中核に「音声，データ，ビデオ」を統合し，さらに国際通信でもイギリスのBritish Telecom（ＢＴ）と国際合弁事業（コンサート）を結成して市内／長距離／国際通信を一貫した「総合情報通信企業」への再編成をめざした。

アームストロング会長による「あらゆる距離の会社」への事業再編と管理層

を中心とする新たな人員削減の展開は，ＡＴ＆Ｔの雇用システムや内部労働市場の動揺を加速させただけでなく，経営基盤そのものを危うくし2000年以後のＡＴ＆Ｔ解体・崩壊へとつながるものとなる。

　1996年3分割は，事業再編とともに管理階層を中心に人員削減を徹底した。ＡＴ＆Ｔはルーセント・テクノロジーズ社（約13万人），ＮＣＲ（3.8万人）を分離し3分割以前の従業員約30万人を約13万人に削減したが，さらにコア事業である長距離通信事業でも通信網のデジタル化を積極的に推進するとともにＭＣＩ・ワールドコム社合併やＲＢＯＣｓ再編成と長距離通信参入による競争激化に対してコスト削減のために管理者を中心に人員削減をより徹底した。

　1996年1月にＡＴ＆Ｔは，3年間で管理者2万4,000人をターゲットとした4万人の人員削減計画を発表したが，これは1993年のＩＢＭの6万3,000人，シアーズ・ローバック社の5万人に次ぐ近年では3番目の削減計画であった。この人員削減計画は予定通り進まなかったものの，1998年には管理者1万～1万1,000人を中心に全体で1万5,000人（全従業員約10万人の1割）の新たな人員削減計画を発表したのであった。1984年企業分割時の37万人から1990年までに一般従業員を中心に12万人近い人員削減（全従業員の約3分の1）を進めたＡＴ＆Ｔは，1996年分割後もさらに管理層をターゲットとした大幅な人員削減計画を相次いで発表し，ＡＴ＆Ｔの特徴であった労働者および管理者の「雇用の安定」および仕事とキャリア・アップを図る昇進ルートである内部労働市場の「崩壊」を加速させた。こうした相次ぐリストラクチャリングとダウンサイジングにより，ＡＴ＆Ｔの優秀な管理者・従業員はワールドコム社等の他社に移り，管理者・従業員の質とモラールは低下したのである。

　しかも，3分割後のＡＴ＆Ｔは，ルーセント・テクノロジーズ社やＮＣＲのみならず金融・サービス事業をもスピン・オフした。ＮＣＲやＡＴ＆Ｔ Universal Card, American Transtech などは，新規参入事業としてＡＴ＆Ｔ内では非組合的な職場であり，またＴＱプログラムや自主管理チームなど「参加型管理」の人的資源管理を積極的に推進し，全米での顧客サービス等で品質に関する賞を受けるなど企業分割後のＡＴ＆Ｔの新たな人的資源管理のいわば

モデル的な部門であったが，これらの部門も相次いで分離されたのであった。

さらに，新たに買収したＴＣＩは従業員約５万人とＡＴ＆Ｔの全従業員の約３分の１を占めたが，ＣＡＴＶ業界に影響力をもつＪ．Ｃ．マローン（Malon）という投資家でありオーナー経営者の下で，95年までに650社の合併・買収を繰り返し急成長した独特の企業風土は，100年以上続いた通信の名門企業であるＡＴ＆Ｔの企業文化とは異質のものであった[15]。

(2) テレコム崩壊とＡＴ＆Ｔ４分割

2000年のネット関連株の暴落とそれに続く景気後退を境にしたＩＴバブル崩壊は，ＡＴ＆Ｔにも直接の影響を与えた。ＡＴ＆Ｔの株価は2000年５月以降急落（99年79ドルから2000年10ドル台）し，株式格付けもジャンクランクまで落ち込んだ。長距離通信市場でのシェアも2000年38％に低下し，新興長距離会社やＲＢＯＣｓとの競争激化，固定通信から携帯通信への構造的変化等により，ＡＴ＆Ｔの収入は減少して，2000年四半期決算は赤字転落したのであった。

2000年10月ＡＴ＆Ｔは，４企業分割を発表した。通信の規制緩和とテレコムブームを背景に，ＡＴ＆Ｔが「あらゆる距離の会社」の中核として約1,100億ドルの巨費を投じ買収したＴＣＩやメディアワン社による全米第１位のＣＡＴＶ事業（ＡＴ＆Ｔブロードバンド，従業員5.2万人）およびマッコーセルラー社を買収し全米第３位に成長した携帯電話事業（ＡＴ＆Ｔワイヤレス，従業員2.7万人）を分離し，ＡＴ＆Ｔは企業向け長距離通信（ＡＴ＆Ｔビジネス，従業員６万人）を中心に個人向け長距離通信（ＡＴ＆Ｔコンシューマ，従業員1.8万人）統合する「１つの長距離通信会社 "a long distance company"」に再編成された。

ＡＴ＆Ｔブロードバンドは，広帯域網への転換のための技術的・コスト面で問題もあり成果をあげらないまま，テレコムバブル崩壊後は巨額の負債がＡＴ＆Ｔの財務状況を圧迫し2002年までにコムキャスト社に470億ドルで売却された。またＡＴ＆Ｔワイヤレスも2004年にシンギュラーワイヤレス社に410億ドルで売却され，国際通信分野でのＢＴとの国際合弁事業コンサートも2002年末で解散され，ＡＴ＆Ｔは「１つの長距離通信会社」となった。

「1つの長距離通信会社」として継続会社となったAT＆Tでは，2002年11月に退任したアームストロング（コムキャスト社に転出）の後任に外部出身者（スプリント，パシフィック・ベル＝現ＳＢＣ経て2000年ＡＴ＆Ｔに入社）のD.W.ドーマン（Dorman）が会長兼ＣＥＯに就任し「ワールド・ネットワーキング・カンパニー"world's networking company"」の新ビジョンを掲げ，2004年7月には個人向け長距離通信への投資を終了し，企業向け長距離通信事業への集約化をはかるとともに人員削減を継続した。2004年には当初計画目標8％を上回る全従業員の23％（約1万4,000人）が削減され，2000年4分割後では全従業員の40％（約3.7万人）が削減され，2004年末のＡＴ＆Ｔ従業員は4.7万人となった。ＣＷＡを中心とする労働組合員は国内従業員4.2万人の35％（1.4万人）にすぎない。2005年11月ＳＢＣによるＡＴ＆Ｔ買収が実施されたが，旧ＡＴ＆Ｔ出身者は新役員18名の内3名，全従業員19万7,000人の内約4万人弱を占めるにすぎず，ＡＴ＆Ｔの社名は残るもののＳＢＣによる買収であり，ＡＴ＆Ｔは120年の歴史を事実上終焉した。2005年には通信業界の寵児として一時もてはやされ，その後粉飾決算で倒産したワールドコム社（ＭＣＩ）も，ＲＢＯＣの1つのベライゾン社に買収（2006年1月完了）された。通信業界の巨人として君臨し，リストラクチャリングとＭ＆Ａを華々しく展開した両雄のあまりにも象徴的な結末である。

（注）

1） Sonny Kleinfield, *The Biggest Company on Earth A Profile of AT＆T,* Holt Rinehart and Winston, 1981. 喜多迅鷹・喜多元子訳『地球最大の企業AT＆T』ソニー出版，1982年。
2） Jeffrey H. Keefe and Karen Boroff, "Telcommunications Labor-management Relations：One Decade After the AT＆T Divestiture" Paula B. Voos, ed., *Contemporary Collective Bargaining in the Private Sector,* Industrial Relations Resarch Association, 1994, p.313.
3） Rosemary Batt, "From Bureaucracy to Enterprise？The Changing Jobs and Careers of Managers in Telcommunications Service", Paul Osterman, ed., *Broken Ladders:Managerial Careers in the New Economy,* Oxford University Press, 1996, p.60.

Chapter 7　ＡＴ＆Ｔの人的資源管理

4) Jeffrey H. Keefe and Rosemary Batt, "United States", Harry C. Katz, ed., Telcommunications:Restructuring Work and Employment Relations Wordwide, Cornell Univesrsity, 1997, p.53. AT＆T労務政策の形成については、宮崎信二「AT＆Tの労務政策とベル・システムにおける労使関係」（平尾武久・伊藤健市・関口定一・森川章編『アメリカ大企業と労働者――1920年代労務管理史研究――』北海道大学図書刊行会、1998年）も参照されたい。
5) S. Kleinfield, op. cit., p. 202. 前掲邦訳書、205ページ。Jeffrey H. Keefe and Rosemary Batt, op. cit., pp.72-73.
6) AT＆T Annual Report, 1992, 1993. 1984年AT＆T企業分割については宮崎信二「規制緩和と巨大企業のリストラクチャリング－AT＆Tの企業分割を中心に－」角谷登志雄編著『激動の世界と企業経営』（同文舘、1992年）も参照されたい。
7) J. H. Keefe and R. Batt, op. cit., p.52.
8) Ibid., p.56. 企業分割後のAT＆TとBOCsの労使関係については、J. H. Keefe と K. Boroff が詳細に分析している。
9) Ibid., pp.73-85.
10) Ibid., p.73. AT＆TのQWLについては、松田裕之『AT＆Tを創った人びと－企業労務のイノベーション－』（日本経済評論社、1996年）が詳しい。
11) R. Batt, op. cit., p.66 ; J. H. Keefe and R. Batt, op. cit., pp.74-85.
12) J. H. Keefe and R. Batt, op. cit., p.85.
13) R. Batt, op. cit., pp.66-73.
14) AT＆T Annual Report, 1998. 企業分割後のAT＆Tの経営戦略の展開については、宮崎信二「米国通信の規制緩和とAT＆Tの経営戦略の展開」井上昭一編著『現代アメリカ企業経営史』（ミネルヴァ書房、2004年）も参照されたい。
15) マローンとTCIについては、Kevin Maney, Megamedia Shakeout : the inside story of the leaders and losers in the exploding communications industry, Joh Wiley and Sons Ins, 1995. 古賀林幸訳『メガメディアの衝撃　日本ひとり負けの構図』（徳間書房、1995年）が詳しい。

Chapter 8

高業績業務システムの展開と人的資源管理

　本章では，近年アメリカ企業で積極的に導入されている高業績業務システム（high-performance work systems）[1]を取り上げる。

1　高業績業務システムと人的資源管理

　高業績業務システムとは，ブルーカラーだけではなくホワイトカラーも対象とし，業務に関する意思決定に第一線の労働者が参加できるように組織化されたシステムである。このシステムは，教育訓練と継続的な学習，情報の共有化，従業員参加，フラットな組織構造，労使のパートナーシップ，業績とスキルに連結した報酬，雇用保障，業務環境支援といった諸慣行で構成されているが，それらが統合されて企業の経営戦略や企業の対外的な問題と結びついている点にその特徴がある[2]。

　高業績業務システムは，人的資源管理（Human Resource Management）を具現化したものの1つであると考えられるので，人的資源管理の理論的特徴及びその組織設計について確認しておく必要があろう。人的資源管理においては，従業員を企業の有する経営資源のなかでもっとも重要な資源と位置づけ，従業員をコストではなく資産として扱っている。そのため，人的資源管理は全社的管理活動として経営過程の中枢部に位置づけられる。したがって人的資源を管理することは，全社的な経営戦略を実現するための重要な基盤の1つとして位置づけられる[3]。また人的資源管理では，従業員を人間的存在として取り扱うことを重視している。これは人間の欲求についての理論を基盤とした行動科学や組織行動論の系譜を受け継ぐものであるが，人的資源管理では，従業員が人間

として本来的にもつ多様な欲求を仕事で実現することが，労働生産性の向上につながるとする考え方，すなわち組織目標と個人目標の統合を図ることに特徴がある。また，人的資源管理ではこの考え方を基盤として従業員満足を喚起することで従業員個人への対応を中心に置き，漸次的に集団的な労使関係から個別的な従業員関係への転換をはかろうとしている[4]。

　このような人的資源管理の考え方を実現するための組織設計の項目として，たとえばローラー（E.E.Lawler）は，①組織と職務設計，②物理的なレイアウトデザイン，③情報システム，④マネジャーの役割，⑤報酬体系，⑥教育訓練と能力開発，⑦人員配置，⑧人事政策をあげているが[5]，高業績業務システムはこれらの組織設計項目を基盤に置き，それらを統合的に捉えようとするものである。

2　高業績業務システムの普及

　1992年と97年にポール・オスターマン（P.Osterman）教授が実施された全国事業所調査は，高業績業務システムの推移を明らかにしている。教授は，高業績業務システム諸慣行の具体的活動として，自己管理型業務チーム，ジョブ・ローテーション，ＱＣサークルないしはラインを離れた問題解決グループ，そして総合的品質管理を取り上げ，少なくとも"基幹"従業員の半数が高業績業務活動に関与している企業の割合を調査された（図表8－1）。それによれば，自己管理型業務チームを除いて，ＱＣサークルないしはラインを離れた問題解決グループでは27.4％から57.4％，ジョブ・ローテーションでは26.6％から55.5％，総合的品質管理では24.5％から57.2％に増加しており，高業績業務システムが着実に企業に浸透していることが明らかになった[6]。

Chapter 8 高業績業務システムの展開と人的資源管理

図表 8 − 1 少なくとも"基幹"従業員の半数が関与する高業績業務活動のある企業の割合

	1992	1997
ＱＣサークル／ラインを離れた問題解決グループ	27.4%	57.4%
ジョブ・ローテーション	26.6%	55.5%
自己管理型業務チーム	40.5%	38.4%
総合的品質管理	24.5%	57.2%
２つ以上の業務活動	26.0%	70.7%
３つ以上の業務活動	14.2%	39.5%

資料） 1992 and 1997 National Establishment Surveys.
出所） P.Osterman, *Securing Prosperity：The American Labor Market：How It Has Changed and What to Do about It,* Princeton UniversityPress, 1999, p.94. 伊藤健市・田中和雄・佐藤健司・橋場俊展訳『アメリカ・新たなる繁栄へのシナリオ』ミネルヴァ書房，2003年，122ページ．

3 高業績業務システムの展開の背景

(1) アメリカの国際競争力の低下と競争力政策

　1980年代及び90年代のアメリカ企業の競争相手は，国内企業から国際企業に拡大し，アメリカ企業はグローバルな競争に直面することになった。このような状況のなかで1980年代前半におけるアメリカ企業の労働生産性は，マイナス成長と成長の鈍化を繰り返し，各国の労働生産性と比較してもこの時期のアメリカはもっとも低い数値を示した（1979年から86年にかけての主要５カ国の労働生産性の推移をみると，毎年の成長率の平均は，フランスで3.24％，日本で3.06％，イギリスで2.95％，ドイツで1.88％，そしてアメリカで1.09％であった）。また，アメリカの貿易収支もこの時期にマイナス成長を続け，貿易赤字の問題が深刻に認識されることになった[7]。

　このような状況のなかでアメリカ政府は，競争力強化策の検討を迫られることになった。カーター政権時の1980年には，競争力の現状分析と対応のための

施策についてまとめた『大統領競争白書』が報告された。同白書は，生産財，ハイテク部門，農産物部門においてはアメリカの競争力は十分にある一方，消費財分野（自動車，繊維，金属機械，電機，鉄鋼等）における競争力が低下してきた点を指摘した。同白書は，初めて本格的に競争力の問題を取り上げ，アメリカの競争力の低下を指摘した点に意義が認められるが，競争力低下の問題を正面から取り上げたものではなく，消費財分野におけるシェア低下の要因は石油の輸入コストの上昇に関連した一時的なものであり，構造的な問題ではないと結論づけている[8]。

レーガン政権時の1985年に報告された『ヤングレポート』は，アメリカの競争力低下の直接の原因は製造業の競争力低下にあるとしたうえで，その打開策として，①新技術の創造・実用化・保護，②資本コストの低減（生産資本の供給増大），③人的資源開発（労働力の技能・順応性・意欲の向上），④通商政策（国際貿易）の重視についての提言を行った。人的資源開発については，具体的に，政府，産業界，労組の間の実効性ある対話，労使協調化，ストックオプション等従業員奨励策の強化，解雇労働者支援，大学・研究所の技術教育支援，実務学校の支援，教育面での連邦と民間の協力，教育技術促進が提案された。しかし，この内容は直接政策に反映されなかったという課題を残した[9]。

その後クリントン政権では，提言が積極化すると同時に具体的施策が進行したが，競争力向上の施策に関しては，ブッシュ政権末期に成立しクリントン政権において活動を本格化させた競争力政策協議会（Competitiveness Policy Council）が包括的な競争戦略を提示している。このような政策提言が行われるなかで，高業績を達成できる労働環境整備の促進を図る目的で，1993年にアメリカ労働省内にアメリカ職場局（Office of the American Workplace）が設立された。同局は1994年に，高業績をあげる職場の具体的内容と実践例を紹介した『高業績職場への道（*Road to High-Performance Workplace: A Guide to Better Jobs and Better Business Results*）』を発表し，高業績職場を実現するためのシステムの確立について本格的な政策提言を行うに至ったのである[10]。

(2) 労使関係のパラダイム転換

　競争力回復の問題を考える際に，労使関係のパラダイム転換についても確認する必要があろう。というのも，組合のあるアメリカの大企業が日本の大企業とのグローバル競争において，次々と敗退を余儀なくされていった事実があったからである。日米間の競争で，競争優位を維持し得たアメリカ企業は，組合がなく，しかも洗練された人的資源管理を展開している企業であり，日本企業との競争で敗退したのは，敵対的な労使関係が広範に見られた企業であった[11]。こうした状況のなかで，アメリカ労使関係におけるパラダイム転換が起こった。その具体的内容は次の2点に要約できる。

　第1は，近年「ニューディール型労使関係」が衰退し，それに代わって行動科学的労務管理ないし人的資源管理に基づいた「非組合型労使関係」が台頭してきている点である。非組合型の特徴は，相対的に良好な賃金，高い雇用保障，従業員の積極的な参加や発言をとりつけるための諸制度などを用意し，労働組合不在を容認していることである。このような労務政策及び労使関係は，1920年代からニューディール期においてアメリカの大企業を中心に開花・展開・消滅したとされ，新型福利厚生と従業員代表制を機軸とするウエルフェア・キャピタリズム（welfare capitalism）ときわめて類似した性格を有しているので，近年ウエルフェア・キャピタリズムを再評価しようという動きがみられる[12]。

　第2は，日本の労使関係への関心が高まったという点である。アメリカ企業は，日本企業が行ってきていたQCサークルをモデルにした小集団活動の導入をはじめとした経営参加の実験を進めていった。しかし関心は単にQCサークルにとどまらず，日本企業の作業組織・雇用慣行・労使関係にまで拡大・深化していったのである[13]。

　こうして，国際競争力に直面したアメリカ企業は，人的資源管理や日本企業の雇用関係および労使関係をモデルにして，敵対的労使関係から協調的労使関係への関心を高めることになったのである。

(3) 変化する市場と技術環境

今日のグローバル市場においては，より差別化された高品質の商品やサービスが求められ，なおかつプロダクト・ライフサイクルが以前に比べて短くなってきている。このような状況に大きな影響を与えたのが情報技術の発展である。情報技術の発展によって，新製品を生産する学習曲線のサイクルは短くなり，新製品を迅速に市場に送り出すことが可能になったのであるが，その点が企業の競争優位性確保の重要な源泉の１つとして考えられるようになった[14]。

このような競争の質的変化は，生産過程における従業員の役割と，スキルを有しかつモチベーションの高い従業員が工場の業績に与える貢献が企業において再検討される契機となってきている。より多くのスキルを有する従業員は，新製品を産み出すための学習に参加する時間を減らして，実質的には問題解決活動に参加している。というのも，バッファーとしての在庫を削減することは，迅速に品質問題を解決する重要性を高めているからである。すなわち，部品に欠陥がある場合や製品が設計明細書にそぐわない場合，不足分は在庫で補うことができないのである。したがってこのような状況に直面する企業は，新たな競争に適応するために，高業績業務システムを導入する必要に迫られることになった[15]。

4 高業績業務システムの具体的内容と実践例

本節では，高業績業務システムの具体的内容と実践例を，アメリカ職場局の提言を中心にみていくことにする。同局は，高業績業務システムを，教育訓練と継続的な学習，情報の共有化，従業員参加，組織構造，労使のパートナーシップ，業績とスキルに連結した報酬，雇用保障，業務環境支援，そして高業績諸慣行の統合の側面から分析している[16]。

1） 教育訓練と継続的な学習

　高業績企業は，教育訓練と継続的な学習に多額の投資を行っている。一部の企業は，製品やサービスに影響を与えると考えられる教育とスキルを労働者に授けるために賃金総額の5％以上をそれに費やしている。形態としては，教室で行われる教育や業務を行いながらの教育訓練が一般的であるが，一部の企業では，従業員が多様なスキルを身につけるために，一連の仕事を交替で行っている。このような企業は，すべての従業員の間でスキルのバランスがとれたときに，教育訓練への投資がもっとも効果的なものになると考えている。従業員は，生産，品質管理，顧客サービスに責任をもつに従って，問題解決，チーム設計，業務計画の基本となる新たなスキルを身につけなければならないようになる。一方，管理職については，戦略策定者，コーチ，教師，まとめ役としての新たな役割を担うための教育訓練が必要になる[17]。

NUMMIのケース

　トヨタとGMの合弁会社であるNUMMI（New United Motor Manufacturing Inc.）では，従業員が，車を組み立てるラインに配置される前に，問題解決のスキルに関する広範囲にわたる教育訓練を受ける。最初の教育訓練には，10から15の特別プロジェクトが含まれており，そこで従業員は，首尾よくプロジェクトをやり遂げなければならない。次に，従業員は4から6のチームで業務を行うのであるが，大部分の従業員は，1つのチームですべての業務を交替で行う。彼らは，安全や品質からコストに至るすべてのことに責任をもつようになる。一部の熟練労働者は，機械操作や工場のメンテナンスといった新しい職務を受けもつために，クロス・トレーニングを受ける。

　また従業員は，教育訓練の計画や実施においてもきわめて重要な役割を演じた。一部の従業員は，生産ラインや対人関係の諸慣行について集中的な研修を受けるために3週間日本に派遣されたが，彼らはアメリカに戻って，新しく採用された従業員のトレーナーとして中核をなした[18]。

2） 情報の共有化

　高業績企業は，自社が成功をおさめるために全社的に情報の共有化を図ることが不可欠であることを認識している。高業績企業は，自社の財務及び事業情報を全社的に提供する。そして高業績企業は，メール，グループウエア，ネッ

トワークといった技術を用いて組織横断的に情報を伝えることによって，従業員が職務を迅速に果たすために必要な知識を彼らに提供するのである。

それではこのような企業が伝えている情報にはどのようなものがあるのであろうか。全社的に共有されている典型的な情報としては，戦略的計画，組織の優先事項，予算制約 (budget constraints)，事業単位別の業務結果，競合他社との業績比較，新技術に関する計画がある。けれども，このようにオープンな戦略が効果的な戦略になるためには，従業員が自分の職務に関連するデータをどのように解釈し，活用するかということについての教育訓練を受ける必要がある。また，企業が真に成功するためには，情報が組織の至る所にいきわたらなければならない。同時に従業員のアイディアや知識は企業組織のすべての段階に伝えられ，それぞれの組織はそれに十分に反応しなければならない[19]。

この種の社内コミュニケーションシステムが機能している企業では，生産性，品質，顧客サービスが改善されている[20]。

3） 従業員参加

高業績企業は，従業員が顧客にとってもっとも身近な存在になる機会が多いことを認識している。彼らは，製品やサービスについての豊富な知識や情報を兼ね備えており，品質や能率に大きな影響を与える立場にある。したがって，このような従業員の参加を促進するためには，高業績企業は組織構造をフラットにし，従業員で構成されているチームに責任をもたせる必要がある。さらに高業績企業は，業務と生産に影響を与える従業員の日常的な意思決定の範囲を広げようとしている[21]。この点に関してタラス (Daphne G. Taras) は，「高業績職場固有の参加プログラムは，デザイン，範囲，諸問題の点で大きく変化している。概して言えば，チームに基づいたアプローチが，新しい慣行になりつつあり，業績に基づいた報酬システムが繁栄しつつある。」[22] と述べている。

一部の職場では，労使のコンフリクトが，労使間のパートナーシップと労使協調を妨げている。これに対して従業員参加のもとでの従業員や労働組合は，会社の運営に対して現実的な意見をもち，自社の卓越性を追及している。

4) 組織構造

高業績企業は，意思決定を会社の最下層にまで広げ，クロスファンクショナルチーム (cross-functional teams) の活用を通じて部門間の障壁を取り除くことによって，自社の組織構造に参加とエンパワーメントを組み入れている。また，煩わしいプロセスを簡素化し，階層レベルをフラットにする企業は，市場や技術の変化に対応している[23]。

また高業績企業は，伝統的な部門間の境界を越えて業務を組織化することによって，より効果的に，よりよい製品やサービスを生み出す流れを設計する。たとえば，一部の企業は，プロセスの最後までわからなかった潜在的な問題を発見するために，デザイナー，エンジニア，マーケティング担当者，生産担当者で構成されているチームを結成する。

クロスファンクショナルチームはまた，従業員に生産過程全体をより深く理解させ，いかにしてそれらの意思決定が会社全体の業績に影響を与えるかということを理解させることができる。またクロスファンクショナルチームは，部門間のプロジェクトに対する責任の"丸投げ"の問題を取り除き，プロジェクトの能力と成功を共有する。

エディズ・グランド・アイスクリーム社のケース

エディズ・グランド・アイスクリーム社 (Edy's Grand Ice Cream) は，従業員の意思決定がボトムラインにどのような影響を及ぼしているのかということについて彼らが理解していないという問題を抱えていた。そこで，同社では組織の総点検を行った結果，クロスファンクショナルチームが組織化され，品質，個別の事業目標，チーム内のスケジューリングや統制から教育訓練，雇用，賃率 (pay scales)，キャリア開発に至るすべてのことに責任をもつチームとして，事業単位ごとに一列に並べられることになった[24]。

---

5) 労使のパートナーシップ

高業績企業は，敵対的な労使関係の代わりに，従業員並びに労働組合とのパートナーシップを求め，相互の信頼と尊重という新たな段階に踏みだしている。高業績業務システムでは，これまで経営陣単独で行われていた問題につい

て労使共同で説明義務や責任をもち，共同で意思決定を行うようになる。

　従業員，労働組合のリーダー，経営者は，それぞれ別々の行動指針をもつ代わりに，協力して共通の使命と目標についての見解を十分に考えていく必要がある。彼らは，企業の経営状況が全従業員にとって重要事項であることを認識しているので，すべての段階において共同で計画立案と問題解決を行う。

　組合に組織化された企業では，労働組合の代表が，意思決定プロセスに不可欠な一員になる。たとえばサターン社（Saturn Corporation）では，労働組合の代表が各経営レベルおよび各スタッフレベルでサターン経営陣のパートナーとなる。この種の取り決めは，今はまだ標準的なものとはいいがたいが，このような取り決めを行っている職場を見ると，教育訓練，安全，業務スケジュール，品質保証，雇用に関する決定といった諸問題に対処するための合同労使委員会（joint worker-management committees）が設置されている。さらに高業績企業は，パートナーシップを保障するために，コンフリクトの解決，互いの利害に基づいた問題解決（そこでは労使が相互の利害を両立させる道を探っている），統一的な意思決定といった手段を用いている。また一部の革新的なケースでは社内管理システムが実質的に変化しているが，それは権力ないしは権限というよりむしろ信頼に基づいたコミットメントを反映している[25]。

ゼロックス社のケース

　ゼロックス社（Xerox）は，長期にわたって従業員参加のプロジェクトを実施するとともに，時間給労働者を代表する組合である全米縫製・繊維労働組合（United Needletrades, Industrial, and Textile Employees：UNITE）との間で労使パートナーシップ関係を保ってきた。

　従業員参加制度は，労使が労働協約のなかにこの制度の導入に関する協定を盛り込んでから80年に始められた。労使はまた，事業の現在と将来の状態に関する情報を共有するために，経営側の代表，工場管理者，そして組合の幹部をメンバーとする複数の委員会を設立することに同意した。それらの委員会は，年に2回全社的な戦略目標について検討する政策実行委員会（executive and policy committee），年に4回全社的な戦略を展開する方法について検討する労使共同計画委員会（joint planning committee），そして月に1回全社的な戦略の実施方法について検討する工場諮問委員会（plant advisory committee）から構成されていた。

Chapter 8 　高業績業務システムの展開と人的資源管理

> しかし，同社はワイヤーハーネスの製造・組立といった労働集約業務のアウトソースを迫られる状況に追い込まれたため，その解決策として，業務組織，職員の移動と配置，監督の役割と数，会計制度，工場レイアウトと業務のスケジュール，そして，その他の生産システムについて広範な変更を推奨することを目的とした研究チームを設立した。
>
> このような労使合同で諸事項を検討するやり方は，その後20年間にわたって，継続的な雇用保障を含むさまざまな団体交渉事項を労使間で取り上げる形として具現化されていったのである[26]。

6) 業績とスキルに連結した報酬

　高業績企業は，個人業績，チーム業績，企業業績に対して報酬を支払うシステムを構築することによって，長期にわたる従業員のコミットメントを獲得している。このような企業はまた，経営陣の報酬 (executive compensation) と企業の長期目標とを結びつけている。節約賃金分配制度 (gainsharing)，従業員持株制度 (employee stock ownership)，利益分配制度 (profit sharing)，チーム別業績給 (team-based pay)，能力給 (skill-based pay) は，企業が従業員に報酬を支払うために用いているシステムの一部である。たとえば，能力給（従業員が新たなスキル・能力を身につけた場合に報酬を支払うこと）は，従業員の継続的な学習を促進する。利益分配制度は，従業員に自分たちの努力の成果と企業のボトムラインとの関係を理解させることができる。チーム別業績給（チームの業績に基づいて個人に報酬を支払うこと）は，チームないしはプロジェクトの成功に対する個人の関心を高めることができる[27]。

　このようなインセンティブ報酬システム (incentive-based compensation systems) は，企業の業績に影響を与える権限，責任，参加を労働者に促すプログラムがそれぞれ結びついた時にもっとも効果的に機能する。

7) 雇 用 保 障

　より多くの企業がコスト削減戦略を採用するに従って，近年記録的な速さでダウンサイジングを実施している。さらに，レイオフされた労働者は，もとの

企業に再雇用されることが以前に比べて少なくなってきている。いくつかの研究は，ダウンサイジングが企業の期待する結果を生み出さないことが往々にしてあることを示している。事実ダウンサイジングが，生産性や収益性を下げることは多い。ダウンサイジングはまた，企業にとどまっている従業員の勤労意欲や生産性に否定的な影響を及ぼしている。というのも，レイオフの脅威は，従業員が自分自身を変革して失業しないように，生産性の改善や生産性改善のための新しい方法を提案するインセンティヴを必然的に弱めているからである。

　高業績企業は，従業員を企業の重要な投資対象の1つとして考えているので，レイオフを最後の手段として考えており，その代わりに雇用保障の明確な約束を提案する。一部の企業は，ノーレイオフ政策（no-layoff policies）を実施しているし，長期間，教育訓練を受けさせるために従業員を派遣する企業や，企業内で従業員をその他の職務に配置換えする企業もある。高業績企業はまた，パートタイム雇用，契約雇用，臨時常勤雇用，ワーク・シェアリングといった多様な雇用形態を利用して事業の変動に対応している。

　また，今日の絶え間ない経営環境の変化において，ハイレベルの教育訓練とスキル開発が，従業員に対する別の形態の雇用保障をつくりだす。ハイレベルのスキルは，従業員を企業にとってより価値あるものにし，レイオフを減らす可能性がある。けれども，もしレイオフが行われる場合は，従業員が幅広いスキルを有していることによって，新しい仕事を見つけることが容易になる。

　そこで，もし高業績企業がレイオフを回避できない場合は，それらの企業は従業員に対して解雇事前通告，離職一時金（severance pay）の支給，再就職の斡旋を行っている[28]。

8）業務環境支援

　高業績企業は，自社の労働力の生産性やコミットメントのための安全及び業務環境支援の重要性を認識している。このような企業の多くは，先陣をきって業務と家庭生活のバランスを支援する政策を採用している。

　家庭生活支援や生活の質（quality of life）の向上政策に取り組む企業は，有

Chapter 8 高業績業務システムの展開と人的資源管理

能かつ献身的で生産性の高い従業員層を確保することによって，競争優位性を得ている。このような企業は，概して，フィットネス，健康，安全を促進する政策やプログラムを採用している。それらの企業は，フレキシブルな労働時間制度を導入したり，障害者である従業員や従業員の子供の世話をするための施設をつくっている。その他の従業員に対する取り組みとしては，女性従業員やマイノリティー従業員の昇進を妨げる差別の排除や人種差別反対政策の実施といったものがある[29]。

9） 高業績諸慣行の統合

　高業績企業における職場慣行は，企業が行っている事業に根本的に統合される。より十分な情報の共有，水平的な組織，新しい報酬システムを採用することなしに，たとえば新しい教育訓練プログラムといった1つの慣行を実施するだけでは，統合されたアプローチを活用する際に効果的な結果を残すことはできないであろう。それぞれの職場慣行はその他の慣行を補完し支えているが，それらが組織的な職場変革の一部として実施される際に，もっとも効果的なものになる。

　高業績企業は，職場の諸慣行を束ねているというよりはむしろ，一歩進んでそれらの諸慣行を統合している。高業績企業は職場の諸慣行と，顧客サービス，R＆D，製品開発のための新しい技術，マーケティングといった事業の基準となる重要事項とを結合させている。全体的な統合を実践している企業は，顧客サービスや製品の品質を改善するベスト・ポジションに従業員がいる機会が多いことを理解している。同様に，これらの企業は，機械を購入ないしは設計することについての意思決定に従業員や労働組合を参加させている。また高業績企業は，彼らが新しい技術を利用し，巧みに操作し，修正することについて訓練する機会を提供する。要約すると，これらの諸原則を1つの体系の一部として考える企業は，収益性，品質，顧客満足に関して多くの利益を獲得するのみばかりでなく，従業員のコミットメントも高めている[30]。

5 高業績業務システムのゆくえ―労使相互の利益はあるのか―

前節では，高業績業務システムの具体的内容と実践例をアメリカ職場局の報告を中心にみてきたが，本節では，高業績業務システムの肯定的側面と批判的側面について考える。

(1) 肯定的側面

高業績業務システムを肯定的側面からとらえるならば，経営側が高業績業務システムにどのような点を期待しているのかということを確認する必要があろう。さしあたり以下の4点を指摘することができる。

第1は，従業員のアイディアや創造性の活用が，従業員の組織へのコミットメントを強めるという点である。すなわち，経営側は従業員に仕事に関心をもたせながら働かせ，従業員の提供する労働のフィードバックを明確にし，報酬の提供を確保する場合は，従業員がより積極的に仕事に取り組むことを期待するのである[31]。

第2は，組織のフラット化に伴う管理監督者層の削減である。メンバーに一定の権限を与える高業績業務システムの採用が，管理監督の必要性を弱め，その結果中間管理職及び管理監督者を排除することを可能にするので，経営側はコストを削減することを期待する[32]。

第3は，高業績業務システムの組織内で生じる同僚からの圧力(peer pressure)が，従業員の生産性とコミットメントに影響を与えることを経営側が期待しているという点である。というのも高業績業務システムは，チームのメンバーにチームの業績に対して責任をもたせ，チーム単位の報酬制度を設けているため，チームのメンバーは共同体の運命が個々のチームメンバーの業績にかかっているといった意識になり，彼らは同僚からのプレッシャーを受けて，チームのために自分を犠牲にしてでも尽くすようになるからである[33]。

このように，同僚からの圧力は，集団が個人の行動に大きな影響を及ぼして

いることを意味している。この点については人間関係論（Human Relations）で初めて明らかにされ，同僚からの圧力が，生産制限，労働組合の創設，そして経営コントロールへの抵抗を導くものであるということが経営者に認識されたのである（第2章参照）。この人間関係論を起点に，集団が個人の行動に与える影響を積極的に活用することについての研究が発展し，現在は集団の業績に対して報酬が支払われ，業務に関して組織のメンバーが一定の自律性や統制力をもった時に，集団の影響力から生じる積極的な効果が得られると考えられている。したがって，経営側は，高業績業務システムにおける組織が優れた成果を生み出すことを期待するのである[34]。

　第4は，高業績業務システムは，企業に対する従業員の多大な貢献のもとで機能すると考えられるので，従業員が新しいスキルを学ぶ必要に迫られるという点である。というのも従業員は，十分な教育訓練を受けることなしに適切な意思決定を行うことはできないからである[35]。

　以上の点が高業績業務システムに経営側が期待するものとして考えられるが，従業員も，より大きな活動範囲をもつチームワークと自分たちのアイデアを分かち合う機会を好んでいた側面があることがいくつかの調査から明らかにされている[36]。

(2) 批判的側面

　高業績業務システムを批判的に捉えるならば，高業績業務システムとリストラクチュアリングの関係が軸になるであろう。高業績業務システムとリストラクチュアリングの相関関係の根拠を示す調査としてはオスターマン教授の調査が貴重である。図表8-2に示されているように，高業績業務活動を軸とする組織上のイノヴェーションがリストラクチュアリングの主要な推進力であったといえよう[37]。

　このような事実をみれば，企業のすべての従業員にとって良い状況になるというわけではない。たとえば，職務割当や賃率を勤続期間に結びつけている制度に慣れ親しんでいる従業員は，新たなシステムのもとで働くことに抵抗を示

図表8−2　高業績業務活動とリストラクチュアリングとの関係

	2つ以上の 高業績業務活動	2つ未満の 高業績業務活動
非典型雇用，1997年	3.9%	6.2%
非典型雇用のパーセントの変化，1992〜97年	−0.0002	3.6
アウトソーシングで行う仕事が過去5年間で増加している	37.5%	46.4%
管理職雇用，1997年	10.6%	13.1%
管理職雇用のパーセントの変化，1992〜97年	−0.01	2.2

資料）　1992 and1997 National Establishment Surveys.
出所）　図表8−1と同じ。106ページ。前掲邦訳書，130ページ。

す可能性がある。また労使間の信頼関係が希薄な場合は，多くの従業員が，業務を改善するために自分たちのアイディアを提供した後で，経営側が従業員と契約を交わしていた職務保障を反故にするのではないかという不安を感じる可能性もある。労働組合の指導者も，既存の労働組合組織との協調やパートナーシップを経営側が求めようとする時に，別の場所で彼らが労働組合回避の行動に従事しているのではないかという疑念をもつことは十分に考えられる[38]。

　また，経営側の従業員に対するコミットメントが低下しているという現実のなかで，従業員のより高いレベルの献身が存在していることも事実であろう。しかし，一方でそれは脅威と不安を伴っており，それが彼らの行動に影響を与え，労働市場における取引条件を根本から変えてきたことを示唆している。このような状況下では，たとえ従業員がリストラクチュアリングに伴う解雇を免れた場合でも，よりいっそう働かせられると感じるか，あるいは彼らが次は自分の番だということを恐れて，抵抗感を生み出す可能性がある[39]。

　このように高業績業務システムは，とりわけ90年代のアメリカ企業で積極的に実施されたリストラクチュアリングの推進力の1つとして機能してきたことを見逃してはならない。このような文脈のなかで考えれば，もちろん高業績業務システムを肯定的側面のみで捉えることは難しい。しかし，近年の労使間のパワーバランスの変化に伴う従業員の発言力の低下に伴って，従業員が高業績

Chapter 8 高業績業務システムの展開と人的資源管理

業務システムを受け止めざるを得ない側面があることも事実であろう。

したがって，今後，労働市場の変化，政府の規制，労働組合運動といった問題と連関させながら高業績業務システムの動向に引き続き注目していく必要があろう。

(注)

1) なお高業績業務システムは，高業績作業システム，高業績業務組織（high-performance work organizations），あるいはハイ・パフォーマンス労働組織などと呼ばれる場合がある。
2) Eileen Appelbaum et al., *Manufacturing Advantage : Why high-performance work systems pay off,* Cornell University Press, 2000, p. 7 ; Paul Osterman, *Securing Prosperity : The American Labor Market : How It Has Changed and What to Do about It,* Princeton University Press, 1999, p.94. 伊藤健市・田中和雄・佐藤健司・橋場俊展訳『アメリカ・新たなる繁栄へのシナリオ』ミネルヴァ書房，2003年，116ページ；U.S. Department of Labor, *Road to High-performance Workplaces, A Guide to Better Jobs and Better Business Results,* 1994.（本文献は，http:deming.eng.clemson.edu/pub/tqmbbs/prin-pract/road.txtより取得。）; Bruce E. Kaufman, "The Quest for Cooperation and Unity of Interest in Industry", in Bruce E. Kaufman et al., eds., *Industrial Relations to Human Resources and Beyond : The Evolving Process of Employee Relations Management,* M.E. Sharpe, 2003, p.140. なお，従来の「労働生活の質的改善（Quality of Work Life）」活動や「従業員参加（Employee Involvement）」と高業績業務システムの違いについて詳細な分析が行われているものとして次の文献がある。橋場俊展「高業績作業システム（HPWS）の概念規定に関する一試論」『北見大学論集』第28巻第1号，2005年10月。
3) この論点の根拠としては，経営戦略の新しい理論が，人的資本と他の無形資産のますます拡大する重要性を示したうえで，企業の競争優位性の源泉は，他の企業が有しない資源，真似ができないか代わるものがない資源の所有にあることを強調していることがあげられよう。具体的なものとしては，人的資本，知的財産，組織構造，そして従業員と顧客の間の長期にわたる関係を指摘することができる(Sanford M. Jacoby, "A Century of Human Resource Management", in Kaufman et. al., eds., *op. cit.,* pp. 168-169. 伊藤健市訳「ヒューマン・リソース・マネジメントの1世紀」『関西大学論集』第47巻第6号，2003年2月，199ページ）。
4) Christopher Mabey, Graeme Salaman, and John Storey, "Strategic Human Resource Management : The Theory of Practice and the Practice of Theory", in Christopher Mabey et al., eds., *Strategic Human Resource Management,* SAGE Publications, 1998, p. 1 ; 岩出博『戦略的人的資源管理の実相―アメリカSHRM論研究ノート―』泉文堂，2002年，10～11ページ。

5) E.E.Lawler Ⅲ, "Creating the High-Involvement Organization"in J.R.Galbraith and E.E.Lawler Ⅲ eds., *Organizing for the Future,* Jossey-Bass Inc., 1993, pp. 182-191. 寺本義也監訳「高度参加型組織の創造」『21世紀企業の組織デザイン』産能大学出版部, 1996年, 179～188ページ。
6) なお, 自己管理型業務チームの導入率が下がっているのは, 自己管理型業務チームにおいては, 構成員が変わり続ける場合にうまく管理するのが難しいという点からレイオフやその他の急進的な組織上の変更といった影響を最も強く受けるためであると考えられる (P.Osterman, *op. cit.,* p.99. 前掲邦訳書, 122ページ)。
7) Paul Osterman, Thomas A. Kochan, Richard Locke, and Michael J. Piore, *Working in America : A Blueprint for the New Labor Market,* The MIT Press, 2001, p.63. 伊藤健市・中川誠士・堀龍二訳『ワーキング・イン・アメリカ―新しい労働市場と次世代型組合―』ミネルヴァ書房, 2004年, 62ページ; U.S.Department of Labor, *Report on the American Workforce,* 2001, p.151; Martin Neil Baily and Alok K.Chakrabarti, *Innovation and the Productivity Crisis,* The Brookings Institution, 1988, p. 5; U.S.Department of Commerce(www.doc.gov); 佐藤健司「高業績業務組織(1)―経営環境の変化に伴う新しい働き方の検討―」『京都経済短期大学論集』第12巻第1号, 2004年10月。
8) 日本政策投資銀行産業・技術部『「ヤングレポート」以降の米国競争力政策と我が国製造業空洞化へのインプリケーション―国際競争プラットフォームの整備とイノベーション強化のための提言』日本政策投資銀行産業・技術部, 2001年, 1ページ(本文献は, http://www.dbj.go.jp/japanese/download/pdf/industry_report/r03.pdf より取得)。
9) 同上書, 2～5ページ。
10) 同上書, 12, 16ページ。
11) 萩原進「アメリカ労使関係の転換」萩原・公文編『アメリカ経済の再工業化―生産システムの転換と情報革命―』法政大学出版局, 1999年, 303ページ。
12) 同上論文, 299ページ; 「はしがき」井上・黒川・堀編『アメリカ企業経営史―労務・労使関係的視点を機軸として―』税務経理協会, 2000年, 1ページ。なお, ウエルフェア・キャピタリズムの歴史的および現代的分析については以下の文献が詳しい。Sanford M. Jacoby, *Modern Manors : Welfare Capitalism since the New Deal,* Princeton University Press, 1997. 内田一秀・中本和秀・鈴木良始・平尾武久・森杲訳『会社荘園制』北海道大学図書刊行会, 1999年; 平尾武久・伊藤健市・関口定一・森川章編『アメリカ大企業と労働者―1920年代労務管理史研究―』北海道大学図書刊行会, 1998年; 百田義治「アメリカ労使関係の変容と経営労務研究の課題―歴史的視点からの考察―」労務理論学会誌編集委員会編『労務理論学会誌第14号経営労務の新しい課題』晃洋書房, 2005年。
13) 荻原進, 前掲論文, 304ページ。例えば, 自動車組立部門, 自動車部品部門, 鉄鋼部門において, 日本の現地(アメリカ)工場は, トヨタのリーン生産方式や日本的経営に関連のあるその他の人的資源管理諸慣行を一部変更した形態で導入してきてい

Chapter 8　高業績業務システムの展開と人的資源管理

　　　る（Thomas A. Kochan, Harry C. Katz, and Robert B. McKersie, *Transformation of American Industrial Relations,* ILR Press, 1994, p. xvii.）。
14）　Thomas. A. Kochan and M. Useem, "Achieving Systemic Organizational Change", in Thomas. A. Kochan and M. Useem eds., *Transforming Organizations,* Oxford University Press, 1992, p. 6 ; Appelbaum, Bailey, and Berg, *op. cit.*, p. 38.
15）　Appelbaum, Bailey, and Berg, *op. cit.*, p. 38.
16）　U. S. Department of Labor, *op. cit.*　なお，この点については，崔潤鉎「ハイ・パフォーマンス労働組織の構成」（『大阪経済法科大学経済学論集』第26巻第3号，2003年3月）が詳しい。
17）　U. S. Department of Labor, *op. cit.*
18）　*Ibid.* 島田晴雄『ヒューマンウェアの経済学』岩波書店，1988年。
19）　U. S. Department of Labor, *op. cit.*
20）　この点に関してたとえばプリウス（G. A. Preuss）は，「組織的なシステムは，それに求められている具体的な要求にこたえるために設計されなければならない。すなわち，情報処理を支援し，意思決定を行うにあたって正確で，信頼のおける十分な情報を確保するシステムが，組織的な業績を改善するであろう」と指摘している（G. A. Preuss, "High Performance Work Systems and Organizational Outcomes: The Mediating Role of Information Quality," *Industrial and Labor Relations Review,* Vol. 6, No. 4, 2003, p. 591.）。
21）　*Ibid.* なお，キャペリ（Peter Cappeli）とノイマーク（David Neumark）は，高業績諸慣行についての先行研究で試みられている仮説は，従業員参加が組織業績の改善に関係があるのかどうかという点に重きをおかれていると主張することは正当なことであると指摘している（Peter Cappeli and David Neumark, "Do 'High-Performance Work Practices Improve Establishment-Level Outcomes？'," *Industrial and Labor Relations Review,* Vol. 54, 2001, p. 742.）。
22）　Daphne G. Taras, "Voice in the North American Workplace-From Employee Representation to Employee Involvement," in Kaufman et. al., eds., *op. cit.*, p. 319.
23）　U. S. Department of Labor, *op. cit.*
24）　*Ibid.*
25）　*Ibid.*
26）　P. Osterman, Kochan, Locke, and Piore, *op. cit.*, pp. 86－89. 前掲邦訳書，85～87ページ；Eileen Appelbaum and Rosemary Batt, *The New American Workplace : Transforming Work Systems in the United States,* ILR Press, 1994, p. 141. 赤羽新太郎・田中和雄訳『ベスト・プラクティス競争戦略』八千代出版，2004年，174～176ページ。
27）　U. S. Department of Labor, *op. cit.*
28）　*Ibid.*
29）　*Ibid.*
30）　*Ibid.*

31) P. Osterman, *op. cit.*, p.101. 前掲邦訳書, 125ページ；Casey Ichiniowski et. al., "What Works at Work," *Industrial Relations* 35, no. 3, 1996, p.301. なお, 高業績業務システムにおけるチーム活動が従業員の離職率を抑えているという興味深い研究もある (Kimberly Buch, "Quality Circles and Employee Withdrawal Behaviors：A CrossOrganizational Study," *Journal of Applied Behavioral Science* 28, no. 1, 1992, pp.62−73.)。

32) Peter Cappelli, *The New Deal at Work：Managing the Market-Driven Workforce,* Harvard Business School Press, 1999, p.147. 若山由美訳『雇用の未来』日本経済新聞社, 2001年, 213〜214ページ；P. Osterman, *op. cit.*, p.101. 前掲邦訳書, 125ページ。

33) P. Cappelli, *op. cit.*, p.218. 前掲邦訳書, 310ページ；P. Osterman, *op. cit.*, p.101. 前掲邦訳書, 125ページ。

34) Jeffrey Pfeffer, *Competitive Advantage Through People：Unleashing the Power of the Work Force,* Harvard Business School Press, 1994, pp.43−44.

35) P. Osterman, *op. cit.*, p.97. 前掲邦訳書, 120ページ；C. Ichiniowski et. al., op. cit., p.302.

36) P. Osterman, *op. cit.*, p.109. 同上邦訳書, 134ページ。この点については例えば次の調査がある。Rosemary Batt and Eileen Applebaum, "Worker Participation in Diverse Settings：Does the Form Affect the Outcome, and If So, Who Benefits？" *British Journal of Industrial Relations* 33, no. 3, 1995.

37) P. Osterman, *op. cit.*, p.114. 前掲邦訳書, 139ページ。

38) C. Ichiniowski et. al., op. cit., pp.327−328.

39) P. Osterman, *op. cit.*, pp.114−115. 前掲邦訳書, 140ページ；C. Ichiniowski et. al., op. cit., p.328.

Chapter 9

サウスウエスト航空の人的資源管理
── 資源ベース・アプローチの例証として ──

「"従業員，顧客，株主のうち，誰が第1に優先されるべきであるか？"は，経営上の難問と考えられてきた。それは私にとっては問題でも何でもなかった。従業員が第1に優先されるべきに決まっている。もし従業員がハッピーで，満足し，献身的で，精力的であるならば，彼らは親身になって顧客のお世話をするであろう。顧客がハッピーならば，彼らはまた乗りに来てくれる。そしたら株主もハッピーになるというものである。」

「ライバル達はわれわれの使う機材を真似ることはできる。われわれのチケットカウンターやその他すべてのハードウェアを模倣することもできる。……しかしサウスウエスト航空の従業員と彼らの態度をコピーすることはできない。」[1]……ハーバート・ケレハー（サウスウエスト航空会長兼CEO）

企業の成長と経営の変革に対する企業文化のきわめて重要な役割という観点から，これまで多くの企業が俎上に載せられてきたが，企業文化のユニークさと強固さという点でサウスウエスト航空（Southwest Airlines，以下SWAと表記）の右に出る企業はないかもしれない。そもそもふざけること（Fun）と愛（SWAではLuvと表記される）を追求すべき価値として掲げるような企業が他にあるだろうか。

SWAの客室乗務員は，頭上の手荷物入れに隠れていて扉を開けた乗客をびっくりさせたり，ソックスにあいた穴の大きさを競うコンテストを催したり，安全上の注意を歌って説明したり，機内放送で運行の安全にかかわるきわどい冗談をいったり，等，を即興で行うことで有名である。トップのケレハー会長

からして，プレスリーの扮装や女装で社内パーティに登場し，「笑いの司祭」（High Priest of Ha Ha）と呼ばれるほどである。また，全般的にＳＷＡ従業員の接客は単なるサービスの提供にとどまっておらず，愛他主義（altruism）の域に達しているという定評がある。濃霧のため迂回して別の空港に着陸した飛行機の乗客を目的地までマイカーで送り届けた空港ランプ係，接続便に乗り遅れた老婦人を「見知らぬ町のホテルで1人で夜を過ごさせるのは忍びなかった」という理由で自宅に泊めた客室乗務員，愛犬を連れて行くことができないお客のために2週間自宅で犬の世話をしたゲート係[2]，……。そして，「ＳＷＡではこの種のことが日常的に起こっているようである」[3]。これはＳＷＡのＰＲ誌からの引用ではなく，研究者のおそらく「客観的」な見解である。ＳＷＡは3万1,011人（2004年末）[4]の従業員を擁する大企業であるが，「従業員だけでなく乗客まで家族の一員のように感じる企業文化」を維持しようとしている[5]。

　ＳＷＡの企業文化のユニークさゆえにＳＷＡをカルト教団になぞらえる論者もあるほどだが[6]，ＳＷＡが飛びぬけて高い業績と競争力を達成してこなかったならばその文化が注目されることもなかったであろう。ＳＷＡは，1973年から（操業開始は1971年）2004年までの32年間連続して黒字を達成している。航空大手が軒並み赤字額を拡大するなか（図表9－1参照），ＳＷＡは2005年も好調を維持しており，7－9月期決算では前年同期比で91％増の2億2,700万ドルの純利益を上げたことにより，58・四半期連続の黒字になった[7]。このような

図表9－1　米航空の2005年1－3月期業績（百万ドル）

（売上高のカッコ内は前年同期比伸び率，％。最終損益の▲は赤字,カッコ内は前年同期）

	売　上　高	最　終　損　益
アメリカン（ＡＭＲ）	4,750(5)	▲　162(▲　166)
デ　ル　タ	3,647(3)	▲1,071(▲　383)
ノースウエスト	2,798(8)	▲　450(▲　223)
コンチネンタル	2,505(9)	▲　184(▲　124)
サウスウエスト	1,663(12)	76(　　26)

出所）　2005年4月25日付『日本経済新聞夕刊』より。

成果が，路線参入規制などを撤廃した1978年の航空自由化以降に226の新規航空会社が生まれその内3分の2の経営が破綻するという激烈な競争[8]と，経済動向にエネルギー価格や航空需要が左右されやすい不安定な経営環境のなかで達成されてきたことを思えば，それがいかに卓越したものであるかがわかる。
不安定な経営環境という点で，近年最も重大な影響を航空産業に与えた出来事は2001年9月11日のアメリカ同時多発テロである（図表9－2参照）。ＳＷＡの卓越した競争力は，この事件以降の航空各社の経営状況を比較するならば歴然としている。大手7社のうちＳＷＡを除く6社は便数（平均2割の削減）と従業員の大幅削減を実施した（図表9－3参照）のに対して，ＳＷＡだけは従業員を1人たりとも削減せず，事件後1週間で事件前の運行水準に戻り，1か月後には事件前の旅客水準を回復させている[9]。また，ＳＷＡの業績の卓越性は株式市場における評価にも反映されている。2002年のほとんどの期間を通じてＳＷＡの時価総額は90億ドルを超えていたが，これは合衆国におけるＳＷＡ以外の全

図表9－2 2001年の米航空会社の国内線有償旅客マイル増減率（前年同月比）

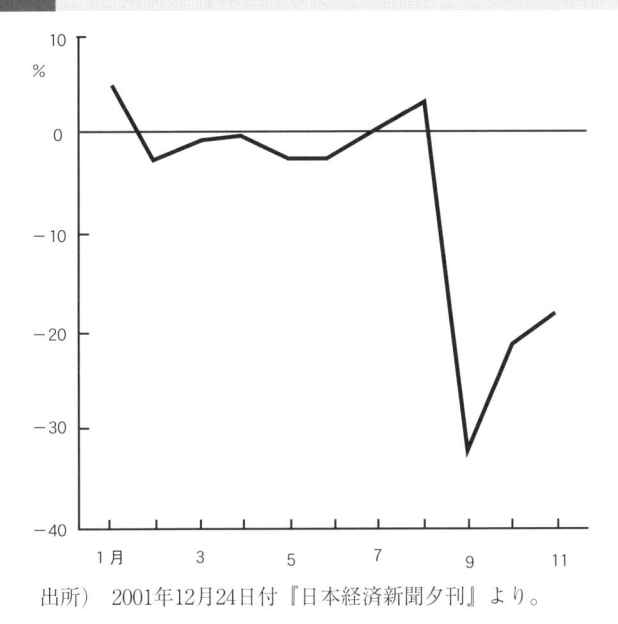

出所）2001年12月24日付『日本経済新聞夕刊』より。

図表9-3　同時多発テロ直後の米航空大手の状況

（旅客マイルの増減率は前年同月比, ▲は減）

	9月有償旅客マイル増減率	人員削減	値下げ
アメリカン	▲33.7%	2万人	国内線ファースト半額, エコノミー大幅割引
ユナイテッド	▲31.5%	2万人	
デルタ	▲32.4%	1万3千人	
ノースウエスト	▲30.7%	1万人	
コンチネンタル	▲31.0%	1万2千人	
サウスウエスト	▲21.6%	なし	一部路線のみ割引
ＵＳエア	▲33.4%	1万1千人	国内線ファースト半額, エコノミー大幅割引

出所）　2001年10月16日付『日本経済新聞』より。

図表9-4　アメリカ大手航空会社の時価総額[注]　総計に占める各社の比率

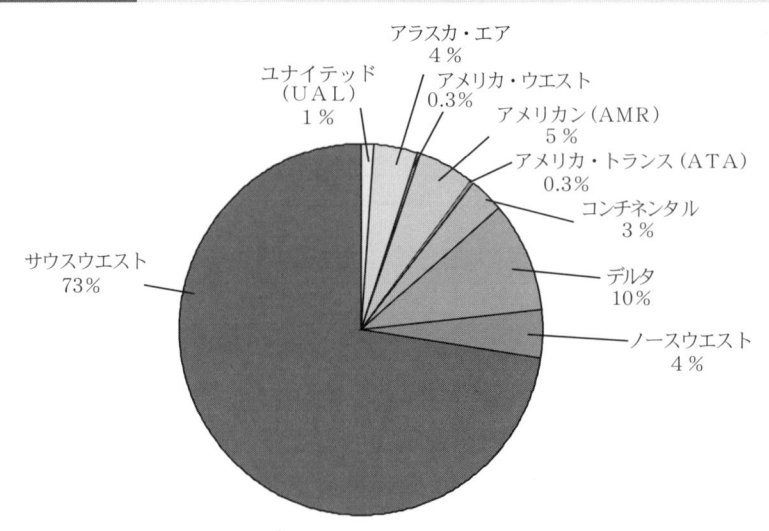

- サウスウエスト　73%
- ユナイテッド（UAL）　1%
- アラスカ・エア　4%
- アメリカ・ウエスト　0.3%
- アメリカン（AMR）　5%
- アメリカ・トランス（ATA）　0.3%
- コンチネンタル　3%
- デルタ　10%
- ノースウエスト　4%

注）　時価総額は, 2002年9月22日終値に基づいている。
出所）　Jody Hoffer Gittell, *The Southwest Airlines Way*, 2003, p.4.

航空会社の時価総額を合計した額よりも大きい[10](図表9－4参照)。

この高い業績は,直接的には消費者の支持の結果である。アメリカ運輸省(Department of Transportation)が認定する,①定時発着,②手荷物取り扱いの正確さ,③顧客の苦情の少なさという点での米航空会社の年間「三冠王」を,賞が創設された1992年以降5年連続してＳＷＡが受賞したことは,それを反映している[11]。また,業界最低レベルの労働移動率(4.59%, 2003年)に表われているように従業員満足度も高い。ＳＷＡ従業員の労働移動率は一貫して5％未満であり,2003～2004年は連続して4.59%であった。航空産業における平均的な労働移動率は,20～30%である。ニールマン(David Neeleman)をはじめとする何人かの元ＳＷＡ執行役員によって1999年に創設され,ＳＷＡに類似した経営戦略を採用し急成長してきたジェットブルー社(Jet Blue Airways)においてさえも,労働移動率は10～12%である。『フォーチュン』誌の特集「アメリカでもっとも働きやすい会社ベスト100」(第13章参照)では1997～2000年に4年連続でＳＷＡがトップ5のなかにランクされている[12]。

さて,本章の目的は,ピーターズ＆ウォーターマン(T.J.Peters & R.H. Waterman)[13]が提起した「企業文化と業績の関連性」という問題を,企業の競争優位の源泉を企業文化との関連でいかに把握するかという観点から,ＳＷＡという恰好のケースを素材にして検討することである。なお,人的資源管理のクリティカルな役割と経営戦略・業務活動・企業文化の間のアラインメント(alignment,整合)がキーワードとなることを予告しておきたい。

1　サウスウエスト航空の沿革

まず,ＳＷＡの沿革を簡単に振り返っておきたい(図表9－5参照)。ＳＷＡは,1967年3月15日に,テキサス州サンアントニオでローカル航空会社を経営していたキング(Rollin King),同社の法律顧問を務めていたケレハー(Herbert Kelleher)と地元銀行家のパーカー(John Parker)の3人によって設立され,1968年2月20日にテキサス州航空委員会(ＴＡＣ)よりテキサス州内での運行を承認

図表9－5　サウスウエスト航空の歩み

1971年	CEOラマー・ミューズ（Lamar Muse）の下で運航開始
1974年	累計旅客数が100万人を突破
1977年	累計旅客数が500万人を突破
1982年	ハーブ・ケレハーがCEOに就任 サンフランシスコ，ロサンゼルス，サンディエゴ，ラスヴェガス，フェニックスに運航開始
1985年	セントルイス空港，シカゴ・ミッドウェー空港に運航開始
1986年	事前購入割引運賃「ファン・フェア」導入
1989年	オークランド，インディアナポリスに運航開始
1990年	売上げが10億ドルを突破し，米運輸省の規定による メガ・キャリアの仲間入り フェニックス・スカイ・ハーバー空港に拠点確立
1993年	ボルチモア・ワシントン国際空港へ運航開始
1994年	チケットレス・システムを4都市で導入。 モーリス・エアを合併
1995年	システム全体にチケットレス・システムを導入
1996年	フロリダに路線開設。運輸省認定の年間三冠王の5回目の受賞。
1999年	ニューヨーク州イスリップ（Islip）空港へ運航開始
2000年	ニューヨーク州オルバニー国際空港へ運航開始
2001年	運行開始後30周年を記念して，全機をキャニオンブルーに塗装するとともに，座席を革張りにする
2002年	従来の反復使用するプラスティック製の搭乗券を漸次廃止、250空港でセルフ・サービス・チェックインを提供するためにIBMと協力
2003年	航続距離，燃費，エンジン維持費，離陸時の騒音という点で性能を向上させる新型の主翼先端部小翼（Blended Winglets）をボーイング737－700に装着
2004年	southwest.com を通じてのオンライン搭乗券を提供開始。59都市の60空港で1日当たり2,800便を運行。

出所）　Southwest Airlines Home Page（http://southwest.com/アクセス日：2006年1月13日），About SWA, Historyより，抜粋。

された。しかしその翌日，TACのSWAに対する飛行許可証の発行を禁じる一時的差止命令を先発の州内3社（Braniff, Trans Texas, Continental）が地方裁判所に申請してこの承認を妨害したので，運行を実際に開始するためにSWAは法廷闘争に3年半を費やさねばならなかった。ミリマン（J. Milliman）らやフェファー（J. Pheffer）によれば，このような試練こそが独自の企業文化が形成さ

Chapter 9 サウスウエスト航空の人的資源管理

れるうえでの端緒であったという。1971年6月18日，ダラスのラブフィールド空港に本社を構えたＳＷＡは，発展著しいテキサス州の3都市，ヒューストン，ダラス，サンアントニオを結ぶ地域航空会社として4機のボーイング737で運行を開始した。その後，次節で述べるような企業戦略と業務活動に基づく「成功方程式」により，主要航空会社が軒並み赤字を経験した湾岸戦争直後の1990年代前半も黒字を続け（図表9－6），現在は441機のボーイング737を32州62都市間で1日に3,000便以上運行させ，1年間に総営業収益65億ドル，純利益3億1,300万ドル，旅客総数7,090万人（米国内線旅客実績で2001年以来連続して首位）の実績を挙げるメガ・キャリアに成長している[14]。

図表9－6　6大航空会社の純損益推移

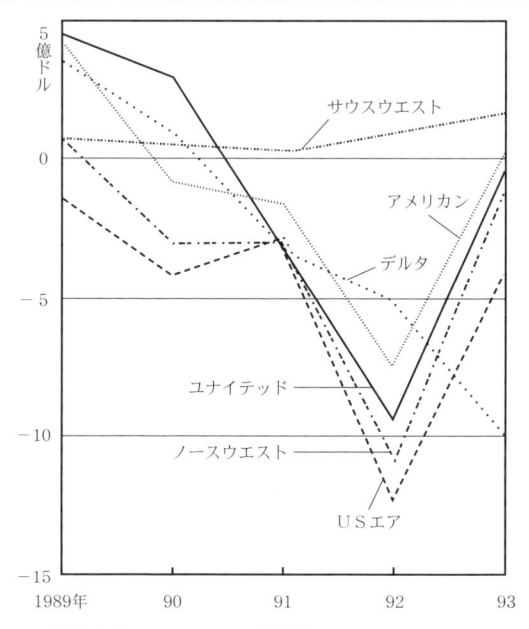

注）デルタは6月期決算。ほかは12月期決算。
出所）『日経ビジネス』1994年11月7日号，26ページ。

2　サウスウエスト航空の企業戦略と業務活動

　SWAの成功にその企業文化が重大なかかわりがあることは多くの論者の指摘するところであるが，それならば他社はそれを参考にして新たな企業文化を創造したり既存の文化を変革することにより，高業績を実現できるであろうか。問題はそれほど単純ではないようである[15]。資源ベース・アプローチあるいはリソース・ベースト・ビュー（RBV）の教えるところによれば，特定の企業文化が競争優位の源泉たり得ている理由は，それが一体何であり，どのような因果関係によって形成されたかを内部者でさえも容易に認識できないこと（causal ambiguity），それゆえに模倣困難であること（inimitability）に求められると考えられるからである[16]。したがって，SWAの企業文化から何らかの教訓を得るためには，その企業文化それ自体の前に，客観的に認識することの相対的に容易な企業戦略や業務活動がまず検討されなければならないであろう。

(1)　サウスウエスト航空の企業戦略

　SWAの基本戦略は，short-haul（短距離），high-frequency（多頻度運航），point-to-point（短距離直行便で地方都市間を結ぶ方式），low-fare service（低料金）の4語[17]で表現されるニッチ市場を開拓し，そこにおいて一貫してシェアにはこだわらず利益を追求し，これに適合しない長距離や国際線といった市場セグメントには見向きもしなかったことである。これまで大手航空会社が追求してきたハブ・アンド・スポーク方式（hub-and-spoke system）という企業戦略，つまり旅客を周辺都市から飛行機で大都市のターミナル空港（ハブ空港）に集め，そこを経由してさらにさまざまの目的地へと便を設定する方式は，飛行機を満席にしやすいという点で航空会社にとっては都合のよいシステムであったが，利用客には費用と時間（飛行時間の長さと発着の遅れ）という点で負担を強いるものであった[18]。これに対してSWAは，飛行時間にして片道60－90分程度の距離の，大都市近郊の中小都市間に直行便を設定する。大都市近郊が選択されるの

Chapter 9 サウスウエスト航空の人的資源管理

は，一定の航空需要を期待できる（ＳＷＡは１日往復８便を見込めない限り新規路線を開設しない）からであり，中小都市の空港が選択されるのは混雑していないので定時発着が確保できるからである。そして，ここに思い切った低料金を設定して「チェックイン時間や価格を考えて自動車旅行をしている層」を新たに顧客として取り込み，さらに多頻度運行を行って顧客に利便性を提供するとともに稼働率を向上させる。なお，ＳＷＡのこのような企業戦略が市場と同業他社に与える影響を，合衆国運輸省は1993年の報告書の中で「サウスウエスト効果」（Southwest Effect）と呼んでいる。ＳＷＡが新しいルートでの運行を開始するとき，同じルートで運行している他の航空会社も直ちに料金を値下げするとともに増便する結果，平均で65％の料金値下げと30％の旅客数増大が見られるという。一例を挙げてＳＷＡの便数と料金を他の大手航空会社と比較してみると，2006年１月16日時点でのスケジュールによれば，ＳＷＡがダラス・ラブフィールド空港－ヒューストン・ホビー空港間（約350ｋｍ）を229.6ドル（払戻可能往復料金，手数料税込み）で一日に往復58便運航（ウィークデイはほぼ30分以下の間隔）しているのに対して，コンチネンタル航空はダラス・ラブフィールド空港－ヒューストン国際空港間を233.6ドル（払戻可能往復料金，手数料税込み）で一日に往復14便運航している。1992年時点のデータではあるが，ＳＷＡの飛行機は１日平均11時間（業界平均は８時間）飛行しており，１ゲート当たりの便数は１日平均10.5（業界平均は4.5）である[19]。

(2) サウスウエスト航空の業務活動

しかしながら，このように市場における企業のポジションを明確にすることで企業戦略の使命が終わるとしたら，マイケル・Ｅ・ポーターのいうように，「戦略などというものは，競争の中で押しつぶされてしまうマーケティングのスローガン」[20]にすぎなくなってしまう。したがって，基本戦略において明確にされた目的を実現する，しかもライバルが容易には模倣できないような業務活動を選択し組み合わせることが，戦略の次の課題にならねばならない。しかも，ＳＷＡの基本戦略における「短距離」と「低料金」は両立困難な目標であ

る。一般的に，飛行距離と座席マイル当たりコストは負の相関を示しているからである[21]。ＳＷＡは短距離飛行がもたらす本来的なコスト上の不利性にもかかわらず低料金でサービスを提供し，かつ利益も実現するように，業務活動を選択し組み合わせる必要がある。ＳＷＡが独自に編み出した業務活動には以下のものがある。

1） 機材の標準化

ＳＷＡが保有している441機はすべて燃料効率に優れるボーイング737である。機材を統一することにより，パイロット，客室乗務員，整備士，食料補給係，等，運行に直接かかわるあらゆる職務の従業員の訓練を標準化することができる。これは次に述べる15分ターンを実現する前提ともなる。1機材に絞ることにより，保守部品の種類が少なくなり，保守にかかわる管理費用や在庫費用を抑えることもできる。また一括発注することにより有利に商談を進めることができ，これは固定費節減につながる。さらにＳＷＡは，大口発注者の立場を利用して，地上での業務をスピードアップできるような設計変更をもボーイング社に要請している[22]。

2） 15分ターン（Fifteen-Minute Turnaround）

定時発着を保ちながら多頻度運行を行うためには，空港に到着してから，乗客を降ろし，手荷物の積み降ろし・清掃・スナック類の積み込み・燃料補給・要員の交替を完了させ，次の乗客を搭乗させて再出発するまでの折り返し時間（turnaround time）をできる限り切り詰める必要がある。ＳＷＡでは，便全体の70％において，これらを15分で終了させている（コンチネンタル航空やユナイテッド航空では，平均35分）。そのためにパイロットが清掃や積み降ろしを手伝うことも珍しくない。つまり，15分ターンを実現するためには，従業員のハッスル（ハードワークをいとわない意欲と態度）と結びつけられた「職務を超えた協力」（cross-functional coordination）が必要なのである。また，15分ターンのおかげで9機分の仕事を7機で済ますことが可能になっており，資本支出を13億ドル

Chapter 9 サウスウエスト航空の人的資源管理

節約させ，これも低料金に貢献している[23]。

　短距離飛行が本来的にコスト上不利であることと，その不利性を克服するためには15分ターンが必要であることの理由を，ジッテル（Jody Hoffer Gittell）は製造業における段取り費用（setup cost）の論理を用いて以下のように説明している。段取り換え1回当たりの費用と必要時間（段取り時間）を一定と仮定すれば，段取り回数の多い小ロット生産は，段取り換えによって生産が中断されることの少ない大ロット生産よりも，稼働時間が短く，従ってより多い段取り総費用をより少ない製品個数に振り分けるために，製品1個当たり費用は多くなる。空中で過ごす時間（稼働時間）よりも地上で過ごす折り返し時間（すなわち段取り時間）が相対的に長くなる短距離飛行は，小ロット生産にたとえることができ，より多い段取り総費用をより少ない製品個数（飛行距離）に振り分けるがゆえに，製品1個（1座席マイル）当たり費用は大きくなる。小ロット生産において製品1個当たりの費用を削減する1つの方法は，段取り換え1回当たりの必要時間（段取り時間）を短縮することによって，相対的に稼働時間を増大させることである。したがって，短距離飛行においてコストを削減するためには折り返し時間をできる限り切り詰めることが必要になるのである。つまりジッテルは，ＳＷＡが15分ターンを行わなければならない理由と多品種少量生産を行うトヨタ自動車がシングル段取りを行わなければならない理由には，相通ずるものがあると考えている[24]。

3）ノー・フリル・サービス（no-frills service）

　ＳＷＡでは，運賃をできるだけ低く抑えるために，short-haul, point-to-point という観点からみて余分なサービス（frills service）は徹底的に省略されている。つまり，機内食，座席指定，チケット発行，他社便への接続，荷物の乗り換え便への転送といったサービスが省略されている（ただし，スナックと飲み物のサービスは行われている）。平均60分の飛行に食事はなくてもよいし，ポイント・ツー・ポイントで旅行するお客（ＳＷＡの利用客の約80％は目的地まで乗り継ぎなしの旅行をしている）には接続便や荷物の転送も重要ではない。そしてこ

れらの省略が，飛行準備時間を短くし，15分ターンの実現に繋がってもいるのである[25]。

4） ユーモア溢れるサービス

ノー・フリル・サービスであるにもかかわらずＳＷＡに対する顧客満足度がきわめて高い理由としては，その高い安全性（まだＳＷＡの安全性に対する利用客の信頼は揺らいでいないが，2005年12月に１人が亡くなる初の死亡事故を起こしたことにより，開業以来続いていた年間死亡事故ゼロの連続記録は34年でストップした）・信頼性（定時発着）・利便性（多頻度運航）への評価が基底にあるにしても，それ以外に冒頭で紹介したようなユーモア溢れる機内サービスがあることを忘れてはならない。ユーモアには乗客だけでなくて従業員自身をもストレスから開放する効果がある。このようなサービスはマニュアルに従って行われるものではもちろんない。従業員の採用において20万人を超える応募者があるので，「仕事を楽しめる素質（態度）をもった人」を確実に選考することができるゆえに，可能になっているのである。また，1992年以来，客室乗務員はカジュアルウェア（ポロシャツ，コットンパンツ，テニスシューズ）で接客している。その方が職場が楽しくなるとともに，短時間の飛行のなかで飲み物やスナックをすばやくサービスできるからである[26]。

(3) 基本戦略と業務活動の間のアラインメントとその実現困難性

以上みてきたように，ＳＷＡにおいては，基本戦略で示されたいくつかの目的を実現するうえで，１つの業務活動が１つの目的に奉仕するだけでその使命を終わるのではなく，業務活動全体が関連し合い，その過程で連鎖的に価値を付加して行く。ポーターの言葉を借りるならば，「一つの活動のコストは，他の活動の仕方次第で下がる。同様に，一つの活動が顧客に対して持つ価値は，その会社の他の活動によって高められる。」[27] たとえば，多頻度運行を行うためのコストは15分ターンによって下がり，15分ターンのコストは機種の標準化やノーフリル・サービスやユーモア溢れるサービスの価値によって下がるとい

う具合に。あるいは，ユーモア溢れるサービスの価値は安全性・信頼性・利便性を高める活動によってさらに高められるという具合に。このような関係を，ポーターはフィット(fit)と呼び，フェファー，ミリマン，ハロウェル(R.Hallowell)らはアラインメントと呼んでいる[28]。

アラインメントの直接的な効果が低コストであって，これがSWAのもっとも顕著な競争優位の源泉となっている。単位有償旅客マイル（Available Seat Mile, ASM）当たりコスト（1座席を1マイル運ぶために必要なコスト）は，SWAの場合1992年から1998年の間7.03～7.50セントであったのに対して，ライバル企業の場合SWAよりも常に15～40％高かった。低コストにより，SWAにおける1機当たりの搭乗率でみた採算分岐点はライバルよりもかなり低くなっており（1998年において，十大航空会社の平均が65％であるのに対して，SWAは54％。しかもSWAにおける実際の平均搭乗率はもっと高い。2004年は69.5％），したがってライバルには採算の取れない路線へもSWAなら参入できるのである[29]。

それならば企業は，基本的な企業戦略と業務活動の最適のアラインメントを設計しさえすれば，成功が約束されるのであろうか。実は，アラインメントを実現することは，見かけほど容易ではないのである。その何よりの証拠は，新興（ピープル・エキスプレス航空，バリュージェット，等）と大手（短距離専用路線としての，コンチネンタル航空のCAライト，ユナイテッド航空のユナイテッド・シャトル，等）の別を問わず多くの航空会社が，SWAの戦略と業務活動を部分的にあるいは全面的に模倣してきたにもかかわらず，ほとんど成功例がないことである[30]。

ここで注意しなければならないことは，さらに仔細に見れば，SWAにおける低コストは人件費総額の低さによってではなくて，高い労働生産性と稼働率によって実現している点である。SWAの客室乗務員の給与水準は業界で2番目に高いグループに属しており，またSWAにおける労働組合組織率（2005年時点で約81％）は業界でもっとも高く（ただし，1980年の整備士による6日間のストライキを例外として，一度も労使紛争は発生していない），人件費総額は決して低コストの要因たりえない。労働生産性の高さを示すデータをいくつかあげてみよ

図表9－7　大手航空会社の生産性比較

	従業員1人当たり乗客数（人）		座席マイル当たり売上高（セント）		座席マイル当たりコスト（セント）A		座席マイル当たり利益 A－B（セント）	
	2001年第1・四半期	2002年第1・四半期	2001年第1・四半期	2002年第1・四半期	2001年第1・四半期	2002年第1・四半期	2001年第1・四半期	2002年第1・四半期
サウスウエスト	604.6	509.8	8.95	7.57	7.65	7.29	1.30	0.28
ジェットブルー	542.3	495.6	8.54	8.22	7.41	6.82	1.13	1.40
アメリカンウエスト	369.8	353.2	8.00	7.25	8.59	9.51	−0.59	−2.26
ＵＳエア	309.9	318.8	11.02	9.88	14.08	14.77	−3.06	−4.89
アラスカエア	309.4	303.8	9.50	9.23	10.22	10.17	−0.72	−0.94
デルタ	295.1	287.3	9.64	8.70	10.34	10.54	−0.70	−1.84
ノースウエスト	240.6	251.2	10.04	9.47	10.96	10.35	−0.92	−0.88
コンチネンタル	235.1	247.4	10.04	9.12	10.39	10.73	−0.35	−1.61
アメリカン	194.9	241.8	10.62	9.08	11.22	11.33	−0.60	−2.25
ユナイテッド	184.6	182.2	9.51	8.48	11.51	11.41	−2.00	−2.93

出所：James L. Heskett, "Southwest Airlines 2002：An Industry Under Siege", *Harvard Business School Cases*, Product＃803133, January 23, 2003, p. 22, より作成。なお、ＵＳエアは2002年8月に、ユナイテッドは2002年12月に、ノースウエストとデルタは2005年9月に、経営が破綻した。

う（図表9－7参照）。1998年において，1機当たりの平均従業員数がSWAでは94人であるのに対して，業界平均は130人である。従業員1人当たりの乗客数（1年間）は，SWAが2,500人であるのに対して業界平均は1,000人である。SWAのパイロットの月間平均飛行時間が70時間であるのに対して，ユナイテッド航空・アメリカン航空・デルタ航空のパイロットのそれは50時間でしかない。つまり，SWAにおけるアラインメントに基づく低コストとは，複数の職務を担当し仕事上の要請に柔軟に対応しようとする意欲や態度（一言でいえば仕事へのコミットメント）をもった従業員のハードワークが，稼働率を高め，単位原価を低下させたことの結果である。その意味で，SWAの競争優位の重要な源泉は従業員である。そして，SWAを模倣した企業がすべて失敗した理由は，従業員に基づく競争優位はその達成と維持が困難であるがゆえに，模倣することもまた困難であることを認識するに至らなかったことにある[31]。それでは，いかにしてSWAは仕事へのコミットメントを従業員から獲得しているのだろうか。

3 サウスウエスト航空の企業文化

　これまでの諸研究が明らかにするところによれば，コミットメントの獲得は，企業が従業員の経済的ならびに非経済的な欲求を満足させる度合いにかかっている。そして，非経済的欲求の満足を提供するものこそが，企業文化なのである[32]。なお，ここでは，企業文化という言葉をディール＆ケネディに従って「組織によって信奉される支配的な価値」，あるいはE.H.シャインに従って「組織のメンバーによって共有され，無意識のうちに機能し，しかも組織が自分自身とその環境をどうみるかを，基本的で『当然のこととみなされた』方法で定義するような『基本的仮定』や『信念』」という意味で使用している[33]。

(1) サウスウエストの企業文化を構成する価値

　冒頭でSWAの企業文化を特徴づける価値としてのFunとLuvに言及した

が，フェファーらとハロウェルは，労働倫理を重要な価値として付け加えている[34]。米航空会社「三冠王」を5年連続受賞したことは，労働倫理という価値が浸透していることの証であろう。

ミリマンらは，内容的にはフェファーらの指摘と重複するが，次の5項目をSWAで信奉される価値として指摘している[35]。①コミュニティ：チームワーク，他人への奉仕，家族の一員としての従業員を強調する信念。「客室乗務員がふざけすぎる」という苦情の投書に対する「乗って頂かなくて結構」というケレハー会長の返事は，ニッチ戦略とともにこの信念を反映している。②大義（cause）あるいは自分自身よりも何か大きなものを担っているという感情：低料金で楽しい空の旅を提供することは，SWAでは改革運動（crusade）として受け止められている。③エンパワーメント：柔軟な発想と行動をするために，官僚主義を廃し経営者の立場で考えることが奨励されている。④仕事における感情とユーモアの要素の重視：SWAにおける業務活動の3原則「顧客サービスは生真面目である必要はない，規則に縛られなくてよい，顧客がいつも正しいとは限らない」は，①③④を反映している。⑤労働倫理。

フライバーグ＆フライバーグ（K.Freiberg & J.Freiberg）は，SWAの企業文化を規定する価値をさらに分類して，以下のような13項目を特定している[36]。①利益率，②従業員持ち株制度，③低コスト，④伝説的なサービス，⑤家族，⑥平等主義，⑦楽しさ（Fun），⑧常識あるいは適切な判断，⑨愛，⑩簡略化，⑪勤勉，⑫愛他主義（altruism），⑬個性の尊重。

(2) 企業文化と業務活動のアラインメント

多くの企業がSWAに劣らず高邁な信念や価値を標榜してきたが，それらは必ずしも従業員による毎日の実践のなかに統合されてこなかった。いかに高邁な信念といえども，経営戦略や業務活動のなかに織り込まれひいては業績に結びつかないならば，つまり従業員に向かって単に表明されるだけならば，リップサービスでしかない。換言すれば，信念や価値は，従業員一人ひとりに積極的に受け入れられ，コミットメントを形成し，業務の日常的な実践として具体

化されないならば無意味なものとなる。伝説的ともいえる数々の「おふざけ」(Fun)を自ら実践してきたケレハー会長はカリスマ的経営者として有名であるが，カリスマは上記のような統合を実現する1つの契機にすぎない。なぜなら，企業規模の拡大とともに，従業員がカリスマ的経営者から直接的に影響を受ける機会は減少していかざるをえないからである。ケレハーのような経営者の優れた点は，フェファーらによれば，リーダーというよりはむしろ，企業文化，業務，諸制度，従業員の実践，間のアラインメントをデザインするアーキテクト（設計者）としての役割を果たしている点にあるという。SWAでは，企業文化と経営戦略に整合する人的資源管理が，企業文化を日常業務として具体化させる役割を担っている。逆にいえば，企業文化とは，あらゆる手を尽して「しつこい」ほどに従業員に働きかけない限り，維持されえないものなのである[37]。

〔ジッテルは，SWAの企業文化について次のように述べている。「SWAの企業文化は，ある特定の時代と場所に特有の文化から，非常に包括的で多様な文化へと時間をかけて進化してきている。しかしながら，時を超えて変わらないSWAの企業文化の根底にあるものは，relationships（共有された目的，共有された知識，相互の尊敬に基づく従業員間の関係構築）の重視である。」SWAでは，この「根底にあるもの」の「創造」「変革」ではなく「維持」に努力が集中されているように思える。しかし，この「維持」も創業者が第一線を退いたことによって今後は従来よりも困難になるかもしれない。例えば，SWAの客室乗務員を組織する輸送労働者組合第556支部（the Transit Workers Union Local 556）は，賃上げや超過勤務手当等を要求する交渉を2年以上続け2004年7月に暫定的な協約に達したが，この過程で同組合は「新経営陣は，SWA創業者ハーブ・ケレハーが丹精込めて育てた文化とは一致しない戦術に従事している」と強く非難した[38]。〕

4　サウスウエスト航空における人的資源管理

　ＳＷＡにおいて人的資源管理の責任を主として担っている組織が，ピープル・デパートメント（People Department）である。ここはもともと人事部（Personnel Department）と呼ばれていたが，それでは昔の企業における「企業内警察」という役割を連想させるという理由で，1989年に名称変更された[39]。企業文化との関連での上記のような人的資源管理の課題に対する取り組みという観点から，ピープル・デパートメントのとくに5つの活動を見てみよう。

(1) 募集と選考

　企業文化の維持という点でＳＷＡが最重要視している人的資源管理のプロセスが，募集と選考である。なぜなら，入社前に「すでに」ＳＷＡの中核的価値にフィットしている人を雇うことができるならば，企業文化はより確実に維持されるはずだからである。ＳＷＡの中核的価値に「すでに」フィットしているか否かを見極めるために，選考においては応募者の「技能」よりもユーモアや顧客サービスといったＳＷＡの中核的価値にかかわる「態度」が重視される。ケレハー会長が強調するように，技能レベルは訓練によって変えられるが，もって生まれた資質は変えられないし，態度を教えることもできないからである。実際，1978年にケレハーが会長に就任したときに人事部に新たに課した責任は「ユーモア・センスのある人を採用すること」であった。応募者が適切な態度の持ち主であるか否かをチェックすることは，ＳＷＡにおける選考過程の2つの特徴によって可能になる。1つは，応募者の数が膨大なことである。1998年には，20万人の応募者があり，そのうち3万5,000人が面接を受け，4,000人しか採用されなかった。2001年には，19万4,821人が応募し，6,406人しか採用されなかった。2004年には，22万5,895人が応募し，1,706人しか採用されなかった。選考方法さえ適切であるならば，20万人のなかに望ましい態度の持ち主を見つけることはできるはずである。もう1つの特徴は，この選考方

法が綿密をきわめていることである。SWAの採用プロセスは，応募，電話による審査，グループ面接，三段階からなる面接（このうち2段階においてはSWAのライン従業員が参加。客室乗務員の面接には，顧客も参加する），コンセンサス・アセスメント，そして投票からなる。面接ではチームワークに対する態度が決定的に重視され，したがって"私"（I）を連発する人は採用されない。不適格者が紛れ込んだとしても，試用期間中に除外される。以上の特徴ゆえに，確かに「SWAで職を得ることは，ハーヴァード大学に入学するよりも難しい」のである[40]。

(2) 教育訓練

新入社員はすべて，パイロットから整備士に至るまで，ダラス本社に置かれた企業内教育センターの従業員大学（University for People）において，職種別の技能教育のほかに，YSS（You, Southwest, and Success）と呼ばれるプログラムを1か月間必ず受講しなければならない。YSSにおいては，毎回朝9時過ぎにまずSWA精神を賞賛する歌が合唱され，それに続いてSWAの歴史，非の打ち所のないサービス，企業文化についての特訓コースが提供されるが，SWAへの好意的な世評ゆえに新人が油断して自己満足に陥ることがないようにすることに力点がおかれている。ハロウェルが指摘するように，SWAの経営陣は，「企業の成長の度合いが，その文化にフィットする新人を採用し訓練することができるスピードにかかっている」ことを認識しているのである[41]。

(3) 報酬管理

SWAにおける報酬管理の特徴としては，相対的に個別的報酬よりは集団的報酬（利益分配制度）が重視されていること，個別的報酬においては業績連動型給与が採用されていること，そして成績トップの従業員を動機づけているものはmoneyではなくてhappiness（いわば非金銭的報酬）であること，を指摘できる[42]。

SWAは1973年に航空業界で初めて利益分配制度を導入したが，これはコ

ミュニティやエンパワーメント（経営者の立場で考え行動する）といった価値を受容させることに役立っている。勤続1年以上の従業員はこの制度に参加する資格があり，会社が利益をあげた場合，課税前の営業利益の15％が従業員に配分される。さらに，従業員は従業員持ち株制度（従業員は，市場価格の90％で，しかも手数料は会社負担で，ＳＷＡ株を購入できる）を通じて分配利益の約70％をＳＷＡ株に投資している。2004年時点で，従業員は発行株式の10％を所有している[43]。

パイロットや客室乗務員の個別的報酬（乗務手当）は，他社では時間当たりで支払われているのに対して，ＳＷＡではワン・トリップ（234マイル）当たりで支払われている。これは，低コストや勤勉あるいは労働倫理といった価値に合致した支払い方式だといえる[44]。

非金銭的報酬という点で特筆すべきは，ＳＷＡが創業以来レイオフを行ったことがなく（1970年代初頭に3人をレイオフしたことがあるが，まもなく復帰させている），近年になって正式にノーレイオフ政策を採用したことである。雇用の安定という非金銭的報酬は，何よりもコミュニティという価値に合致するものである。また，ＳＷＡは，祝典や社内のあらゆるメディア（たとえば社内報 LUV Lines）を通じて，冒頭で紹介したような従業員の並外れてすばらしい顧客サービスや「縁の下の力持ち」的行為を，即座に賞賛しあるいは公式的に表彰する点で，他社に抜きん出た存在である（とくに，後述の文化委員会の活動を参照されたい）。承認や賞賛や表彰は，ＳＷＡのあらゆる価値を強化する報酬といえる[45]。

(4) エンパワーメントの促進

エンパワーメント（経営者の立場で考え行動する）という点で，ＳＷＡは利益分配制度の効果を過大評価していない。ピープル・デパートメント部長サータン（Libby Sartain）は，自社株だけを購入せずに分散投資することを従業員に奨励するほどである。実際，発行済株式に占める従業員持ち株比率は，ＳＷＡの場合10％で，ユナイテッド航空（1994年に従業員持株会社になったが，2002年12月9日に経営が破綻した）の55％，ＴＷＡの30％に比べると高いとはいえない。この点

では，顧客の要求にこたえるためにあるいは同僚を助けるために必要な行動であるならば，会社の規則を破ってでも実行することが奨励されている（SWAの公式的な方針）ことのほうが重要であろう。したがって，従業員の成績評価においても，判断上のミスはマイナス材料とはならず，むしろ次回の行為を改善するためにフィードバックされるべきものとみなされ，個人的成長の契機として祝福されさえする。また，経営者の立場で考えるために必要な情報を，できるだけ個々の従業員あるいは労働組合に提供する方針も，従業員の意思決定への参加や労使間の信頼の形成を促進している[46]。

(5) 文化委員会

1990年に，当時副社長だったコリーン・バレット（Colleen Barrett）の提案に基づき，さまざまな地域と部門から選ばれた66名の代表によって設立された文化委員会（Culture Committee）は，SWAに設置された数少ない常設委員会の1つで，SWAの企業文化の永続化だけを活動目的とする機関である。ケレハー会長は，その役割を「SWA精神の火が消えないようにする火の見張り番（fire watcher）」と表現している。運営の調整は，ピープル・デパートメントの庶務補佐役（executive assistant）が担当している。現在メンバーは100名を超え，地域と部門ごとに支部委員会も組織されている。文化委員会が主催する最大の行事は，永年勤続者表彰晩餐会と毎年2月14日のバレンタインデーに本社で行われる「心の英雄」賞（Heroes of the Heart）表彰式である。後者は，顧客の目にめったに触れない日の当たらぬ場所ですばらしい貢献をしている「世に知られていない英雄たち」（unsung heroes）を表彰するものである。受賞グループの名称は，SWAの旅客機の胴体にペイントされる。この他に，これまで実施されてきた文化委員会の提案には，以下のようなものがある。①「私の靴で1マイル歩いて」計画（Walk a Mile in My Shoes）：休日に最低6時間よその部署の仕事を自発的に担当する，②「現場1日体験」計画（A Day in the Field）：担当職務以外の仕事を1日単位で体験する，③「助け合い」計画（Helping Hands）：全社から募集されたボランティアが週末返上で他社と激戦を展開している地区へ

応援に行く，④「仕事上の食い違いに注意しよう」計画(Mind the Gap)：さまざまな職能がネットワークを形成していることを認識させるために，職務横断的なグループを形成する，⑤「文化交換」計画(Cultural Exchanges)：1,000～2,000人の従業員が飛行機の格納庫に集まり，小集団に分かれ，企業文化の変革をテーマにブレイン・ストーミングを行う[47]。

　最初に提起した「企業文化と業績の関連性」という問題に立ち返るならば，SWAという事例がわれわれに与える教訓は何であろうか。まずいえることは，その問題が「良き企業文化が高業績を生み出す」というような単純な問題ではないということである。もっと厳密にいえば，その命題は必ずしも間違っていないにしても，企業文化と業績の間に解明されなければならないいくつかの連環があるということであろう。そのような連環として，本章においては企業戦略，業務活動，人的資源としての従業員，コミットメント，人的資源管理に言及してきた。フェファーらは，「SWAの成功の理由あるいは競争相手の失敗の理由は，企業戦略や業務活動にはない」と断言する[48]。企業戦略や業務活動は，いかに両者の間に巧みにアラインメントが確保されていようとも表面的には模倣可能であり，模倣可能なものは競争優位の源泉とはなりえず，仮になりえたとしても仕事へのコミットメントを有する従業員が確保されない限り所期の目的の達成は困難であるからだろう。SWAという事例が雄弁に物語ることは，企業戦略における人的資源の決定的な重要性である。「私たちは優れた顧客サービスを行う航空会社ではありません。たまたま航空業界に身を置いている，優れた顧客サービス組織なのです」[49]というSWAのモットーは，この点についてのSWAの鋭い自覚を表わしている。一方，ライバル会社たちは「業務における従業員の役割を，追求されるべき強みというよりは避けられるべき弱みとみなす傾向があった」[50]と，ハロウェルは指摘する。そして，この自覚を出発点として，SWAにおいては，コミットメントの源泉としての企業文化と，企業文化と業務活動を整合させる（つまり，目に見えない企業文化をいわば現実化させる）人的資源管理の経営におけるクリティカルな意義が強調されている

Chapter 9 サウスウエスト航空の人的資源管理

のである。したがって,「企業文化と業績との関連性」という点でSWAから最終的に引き出される教訓は, 他社に抜きん出た業績を達成するためには, 企業文化, 企業戦略, 業務活動, 人的資源, そして人的資源管理の間の「フル・アラインメント」が達成されなければならないということであろう[51]。

(注)
1) Kristin Dunlap Godsey, "Slow climb to new heights", Success, Vol.43, No.8, Oct 1996, pp.26. ケレハーは2001年にＣＥＯを辞任し, 後任には, 同年6月19日にパーカー (Jim Parker) が就任した (Katrina Brooker, "The chairman of the board looks back", Fortune, May 28, 2001, p.76)。2004年7月15日にはパーカーが辞任し, ケリー (Gary C. Kelly) ＣＥＯに就任した (『日本経済新聞』夕刊, 2004年7月16日)。ケレハーは会長職には現在も留まっている。
2) Cf., Charles A. O'Reilly Ⅲ & Jeffrey Pfeffer, Hidden Value : How Great Companies Achieve Extraordinary Results with Ordinary People, Harvard Business School Press, 2000, p.34, 廣田里子, 有賀裕子訳『隠れた人材価値』翔泳社, 2002年, 67ページ。Molly Ivins, "From Texas, with Love and Peanuts", New York Times, March 14, 1999. Terrence Deal & M. K. Key, Corporate Celebration : Play, Purpose, and Profit at Work, Berrett-Koehler Publishers, 1998, p.200. Herb Kelleher, "Customer service : it starts at home", Journal of Lending & Credit Risk Management, Vol. 80, Feb. 1998, p.76. Brenda Paik Sunoo, "How fun flies at Southwest Airlines", Personnel Journal, Vol.74, June 1995, p.73. Kevin Freiberg & Jackie Freiberg, Nuts ! Southwest Airlines' Crazy Recipe for Business and Personal Success, Broadway Books, 1996, pp.191, 209-212, 小幡照雄訳『破天荒!—サウスウエスト航空 驚愕の経営』日経BP社, 1997年, 234～235, 252～257ページ。伊集院憲弘『社員第一, 顧客第二主義—サウスウエスト航空の奇跡』(毎日新聞社, 1998年), 26ページを参照。
3) John Milliman, Jeffery Ferguson, David Trickett and Bruce Condemi, "Spirit and community at Southwest Airlines : An investigation of a spiritual values-based model", Journal of Organizational Change Management, Vol.12, No.3, 1999, p.226.
4) Southwest Airlines Co. Annual Report 2004, January 19, 2005, p.14.
5) Freiberg & Freiberg, op. cit., p.78, 前掲邦訳書, 104ページ。
6) Cf., O'Reilly, Ⅲ & Pfeffer, op. cit., p.21, 前掲邦訳書, 49ページ。
7) Cf., Southwest Airlines Co. Annual Report 2004, p.2.『日本経済新聞 夕刊』2005年7月15日, 10月21日。
8) 『日経産業新聞』1999年9月17日。
9) 『日本経済新聞』2001年9月18日夕刊, 10月16日, 参照。
10) Jody Hoffer Gittell, The Southwest Airlines Way, Using the Power of Relation-

ships to Achieve High Performance, McGraw-Hill, 2003, p. 3．

11) O'Reilly, Ⅲ & Pfeffer, op. cit., p.32, 前掲邦訳書, 65ページ。
12) Cf., Sandra Jeanquart Miles, W. Glynn Mangold, "Positioning Southwest Airlines Through Employee Branding", Business Horizons, Vol. 48, November 15, 2005. Gittell, op. cit., pp. 222－228. Southwest Airlines Home Page(http://www.southwest.com/, アクセス日：2006年1月13日), About SWA, History, Fact Sheet.
13) T. Peters and R. Waterman, In Search of Excellence, Harper and Row, 1982. 大前研一訳『エクセレント・カンパニー』講談社, 1983年。
14) Cf., Lamar Muse, Southwest Passage, The Inside Story of Southwest Airlines' Formative Years, Eakin Press, 2002, pp. 1－5, 67－89. Southwest Airlines Home Page, About SWA, History, Fact Sheet. Freiberg & Freiberg, op. cit., pp. 14－27. 前掲邦訳書, 28－45ページ。『日本経済新聞』2001年8月22日, 参照。
15) 坂下昭宣「組織文化はマネジメント可能か」『国民経済雑誌』第186巻第6号, 2002年12月, 参照。
16) Jay B. Barney, Gaining and Sustaining Competitive Advantage, Second Edition, Prentice Hall, 2002, pp. 149－192, 岡田正大訳『企業戦略論【上】基本編』ダイヤモンド社, 2003年, 231～298ページ。David J. Collis & Cynthia A. Montgomery, Corporate Strategy：A Resource-Based Approach, McGraw-Hill, 1998, pp. 32－35, 根来龍之・蛭田啓・久保亮一訳『資源ベースの経営戦略論』東洋経済新報社, 2004年, 54～56ページ。
17) Southwest Airlines Home Page, About SWA, Investor Relations, Company Profile.
18) Cf., Roger Hallowell, "Southwest Airlines：A Case Study Linking Employee Needs Satisfaction and Organizational Capabilities to Competitive Advantage", Human Resource Management, Vol. 35, No. 4, Winter 1996, pp. 514－515, 517－519, 528. Peter Cappelli(ed.), Airline Labor Relations in the Global Era：The New Frontier, ILR Press, 1995, p. 36. O'Reilly Ⅲ & Pfeffer, op. cit., pp. 25－28, 前掲邦訳書, 53～61ページ。Milliman et al., op. cit., pp. 227. Freiberg & Freiberg, op. cit., pp. 49－60. 前掲邦訳書, 71～81ページ。
19) Cf., Gittell, op. cit., p. 7. O'Reilly Ⅲ & Pfeffer, op. cit., p. 26, 前掲邦訳書, 56～57ページ。Yahoo! Fare Chase Home Page (http://farechase.yahoo.com/, アクセス日：2006年1月16日). Southwest Airlines Home Page, Reservation.『日経産業新聞』1992年9月21日。
20) Michael E. Porter, "What is strategy？", Harvard Business Review, Vol. 74, No. 6, Nov-Dec 1996, p. 64, 中辻萬治訳「戦略の本質」『ＤＩＡＭＯＮＤハーバード・ビジネス』1997年3月号, 11ページ。
21) Gittell, op. cit., p. 20.
22) Cf., Milliman et al., op. cit., pp. 227. Hallowell, op. cit., p. 520. O'Reilly Ⅲ & Pfeffer, op. cit., p. 31, 前掲邦訳書, 62ページ。Freiberg & Freiberg, op. cit., pp. 55－56. 前掲邦訳書, 78, 106ページ。『日経産業新聞』1992年9月21日。

Chapter 9 サウスウエスト航空の人的資源管理

23) Cf., Hallowell, op. cit., p. 515, 519, 520. O'Reilly Ⅲ & Pfeffer, op. cit., p. 26, 30, 32, 前掲邦訳書, 56～57, 61, 65～66ページ。Freiberg & Freiberg, op. cit., pp. 57-60. 前掲邦訳書, 80～83ページ。
24) Gittell, op. cit., pp. 18-20.
25) Cf., Milliman et al., op. cit., pp. 227. Hallowell, op. cit., p. 518. O'Reilly Ⅲ & Pfeffer, op. cit., p. 26, 前掲邦訳書, 56～57ページ。Freiberg & Freiberg, op. cit., pp. 57, 81-82, 136-137. 前掲邦訳書, 79, 108, 173ページ。
26) Cf.,『ニューズウィーク日本版』第21巻第6号, 2006年2月8日, 25ページ。Ivins, op. cit., p. 11. Milliman et al., op. cit., p. 226. Hallowell, op. cit., pp. 517-519. O'Reilly Ⅲ & Pfeffer, op. cit., p. 34, 前掲邦訳書, 67～68ページ。Southwest Airlines Home Page, About SWA, History, Fact Sheet. Freiberg & Freiberg, op. cit., pp. 202-215. 前掲邦訳書, 246～261ページ, 伊集院, 前掲書, 26ページ,『日本経済新聞』1998年1月12日,『日経産業新聞』1999年7月9日。
27) Porter, op. cit., p. 70. 前掲邦訳論文, 19～20ページ。
28) Cf., Milliman et al., op. cit., pp. 224, 231. Hallowell, op. cit., pp. 514, 528. O'Reilly Ⅲ & Pfeffer, op. cit., pp. 46-48, 前掲邦訳書, 86ページ。Porter, op. cit., pp. 70-75. 前掲邦訳論文, 19～26ページ。
29) Southwest Airlines Co. Annual Report 2004, p. 14. O'Reilly Ⅲ & Pfeffer, op. cit., pp. 28-29.『日本経済新聞』1998年1月12日。
30) Cf., Jeffrey Pfeffer, The Human Equation: Building Profits By Putting People First, Harvard Business School Press, 1998, p. 99. 佐藤洋一監訳『人材を生かす企業』トッパン, 1998年, 101ページ。Cappelli, op. cit., p. 36. Hallowell, op. cit., p. 515. O'Reilly Ⅲ & Pfeffer, op. cit., p. 22, 前掲邦訳書, 50～51ページ。ジッテルは, 成功した唯一の例外としてジェットブルー社を挙げている (Cf., Gittell, op. cit., pp. 208-229)。
31) Cf., Jody Hoffer Gittell, "Investing in Relationships, roundtable with Southwest Airlines executives", Harvard Business Review, Vol. 79, No. 6, June 2001, p. 30. Michael H. Cimini & Charles J. Muhl, "Southwest Airlines Agreement", Monthly Labor Review, Vol. 118, No. 3, March 1995, p. 64. Hallowell, op. cit., p. 529. O'Reilly Ⅲ & Pfeffer, op. cit., p. 41. 前掲邦訳書, 76ページ。Cappelli, op. cit., p. 36. Southwest Airlines Home Page, About SWA, History, Fact Sheet.「アメリカーサウスウエスト航空10年協約締結, 5年間賃金据置」,『海外労働時報』第225号, 1995年2月, 35～36ページ。
32) Hallowell, op. cit., p. 520.
33) Terrence E. Deal and Allan A. Kennedy, Corporate Cultures, Penguin, 1988, p. 27. 城山三郎訳『シンボリック・マネジャー』新潮社, 1983年, 35ページ。E. H. Schein, Organizational Culture and Leadership, Jossey Bass., 1985, p. 6, 清水紀彦・浜田幸雄訳『組織文化とリーダーシップ』ダイヤモンド社, 1989年, 9～10ページ。
34) Cf., Hallowell, op. cit., pp. 520-525. O'Reilly Ⅲ & Pfeffer, op. cit., pp. 32-35, 前

掲邦訳書，65～69ページ。
35) Cf., Milliman et al., op. cit., pp. 224-227. Freiberg & Freiberg, *op. cit.*, pp. 10-11, 74-95, 270, 313. 前掲邦訳書, 23, 24, 99～143, 328, 383ページ。『日経ベンチャー』1998年5月号, 38ページ。
36) Cf., Freiberg & Freiberg, *op. cit.*, pp. 144-155. 同上邦訳書, 182～195ページ。
37) Cf., Milliman et al., op. cit., pp. 224, 230-231. O'Reilly Ⅲ & Pfeffer, *op. cit.*, pp. 35, 45-46, 前掲邦訳書, 68～69, 83～85ページ。Freiberg & Freiberg, *op. cit.*, pp. 106-107. 同上邦訳書, 138ページ。
38) Frances Fiorino, "Culture Shock ?", *Aviation Week & Space Technology*, Vol. 160, No. 14, April 5, 2004, p. 50. Gittell, *op. cit.*, p. 14.
39) Cf., Sunoo, op. cit., p. 64. O'Reilly Ⅲ & Pfeffer, *op. cit.*, p. 36, 前掲邦訳書, 70ページ。
40) Sunny Stone, "Caring for People At Southwest we show that we care", *Executive Excellence,* Vol. 18, No. 5, 2001, p. 13. Shari Caudron, "Hire for attitude : it's who they are that counts personality based assessment", *Workforce,* Vol. 76, August 1997, pp. 22-23. Kristin Ellis, "Libby Sartain vice president of people, Southwest Airlines. views of the VP of the HR department at Southwest Airlines", *Training,* Vol. 38, No. 1, January 2001, p. 48. Gittell, *op. cit.*, p. 28. O'Reilly Ⅲ & Pfeffer, *op. cit.*, p. 34, 37, 前掲邦訳書, 67, 72ページ。Kelleher, op. cit., p. 77. Southwest Airlines Home Page, About SWA, History, Fact Sheet.
41) Cf., Chad Kaydo, "Riding high : how does Southwest Airlines get its employees to give great customer service ? It starts with training", *Sales and Marketing Management,* Vol. 150, No. 7, July 1998, pp. 64-67. Hallowell, op. cit., p. 515. Ellis, op. cit., p. 48. Sunoo, op. cit., pp. 71-72. O'Reilly Ⅲ & Pfeffer, *op. cit.*, pp. 39-40, 前掲邦訳書, 75～77ページ。
42) Cf., Kenneth Hein, "Rewarding relationships", *Incentive,* Vol. 173, No. 1, January 1999, p. 114. O'Reilly Ⅲ & Pfeffer, *op. cit.*, pp. 42-44, 前掲邦訳書, 79～82ページ。
43) Milliman et al., op. cit., p. 228. Freiberg & Freiberg, *op. cit.*, pp. 99-100. 前掲邦訳書, 129～130ページ。『日経ビジネス』2001年9月24日号, 39ページ。
44) 伊集院, 前掲書, 85ページ。
45) Milliman et al., op. cit., p. 228-229, Deal & Key, *op. cit.*, pp. 49, 55-56. Freiberg & Freiberg, *op. cit.*, p. 7, 前掲邦訳書, 20ページ。
46) Cf., Ivins, op. cit., Milliman, op. cit., pp. 225-226. Sunoo, op. cit., p. 62. O'Reilly Ⅲ & Pfeffer, *op. cit.*, p. 44-45, 前掲邦訳書, 82～84ページ。『日経産業新聞』1994年6月12日, 8月11日。『日本経済新聞』2004年12月10日。
47) Cf., James L. Heskett, "Southwest Airlines-2002 : An Industry Under Siege", *Harvard Business School Cases,* Product # : 803133, Harvard Business School Publishing, January 23, 2003, pp. 7-8. Parbudyal Singh, "Strategic Reward Systems at Southwest Airlines", *Compensation & Benefits Review,* Vol. 34, No. 2, 2002,

pp. 31−32. "Idea-sharing at Southwest Airlines", *Knowledge Management Review,* Vol. 3, No. 1, p. 3, March/April 2000, p. 3. Lynn Densford, "Want to be EC？", *Corporate University Review,* Vol. 7, Issue 3, p. 4, May/June 1999, p. 4. Ellis, op. cit., p. 48. Sunoo, op. cit., p. 73. Kelleher, op. cit., p. 78. Freiberg & Freiberg, *op. cit.,* pp. 164−169, 194−196. 前掲邦訳書，207−212，237ページ。

48) O'Reilly Ⅲ & Pfeffer, *op. cit.,* p. 45, 前掲邦訳書，84ページ。
49) Freiberg & Freiberg, *op. cit.,* p. 343. 前掲邦訳書，282ページ。
50) Hallowell, op. cit., p. 515.
51) O'Reilly Ⅲ & Pfeffer, *op. cit.,* p. 47, 前掲邦訳書，86ページ。

Chapter 10

フォード社の人的資源管理
── 従業員参加を中心に ──

1 従業員参加とは何か

　本章のキーワードとなる「従業員参加」(Employee Involvement) とは，権限，情報，訓練機会の付与などを通じ，従業員をなんらかの形で意思決定に関与させる活動内容の総称である。具体的にはクオリティ・サークル，チーム制度，労働生活の質改善 (Quality of Working Life；以下ＱＷＬ) プログラム，職務再設計，労使共同委員会 (労使協議制などの代表者参加制度)，従業員持株制度，利潤分配制度などの手法からなっている。

　本章では，フォード自動車会社 (Ford Motor Company，以下フォード社) で実践されている従業員参加を切り口に，同社の人的資源政策について検討していくのだが，その前に注意を促しておかねばならないことがある。それは，フォード社で実践されたプログラムの名称もまさに「従業員参加」(Employee Involvement) なのであるが，われわれが従業員参加という言葉を用いる場合は，通常，上記の幅広い概念を意味するのである。一口に従業員参加を実践しているといっても各企業によって，用いる手法，意思決定に関与させる程度 (つまり権限委譲の程度) は千差万別なのである。したがって，本章で取り扱うケースもたまたま名称は同じだが従業員参加の一事例に過ぎないことを確認しておきたい。そこで，以下，誤解を避けるためにフォード社の従業員参加プログラムを指す場合，頭文字をとってＥＩと表記することにしよう。従業員参加と表記する場合は，上記のより広範な管理手法全般を指すこととする。

従業員参加という管理手法は1980年代～90年代初頭に人的資源管理論あるいは労使関係論などを中心とした学問分野や実業界において大いに注目されたものの，近年この言葉を耳にすることは少なくなった。これは，従業員参加の導入・実践が低調になったり，その意義が疑問視されるようになったからではない。

　むしろ，製造業・非製造業を問わず，高業績を誇るアメリカ企業のほとんどが従業員参加を採用しているといっても過言ではないのである。それでは，何故，従業員参加という言葉を耳にすることが減ったのだろうか。それは人的資源管理論，労使関係論，ミクロ経済学分野のインセンティブ契約理論などの研究が進み，高業績を達成している企業では①雇用，②作業慣行，③報酬，④教育・訓練，⑤労使関係など人的資源管理の基幹的領域においてそれぞれ「革新的」とされる諸慣行を体系的に導入していることが明らかになってきたからである。具体的には，従業員参加（これは②の「革新的」な作業慣行と位置づけられる）を含め，①選抜的雇用／長期雇用／内部昇進，③変動給（contingent pay）／奨励給（incentive compensation），④充実した教育・訓練機会の付与，⑤労使での情報共有／地位格差是正／態度調査／苦情や問題の処理手続といった諸慣行をシステマティックに実践し，これら慣行間の補完性やシナジーを活かして，うまく従業員の技能・能力水準の向上とコミットメント増大を導出していることが高業績の鍵であるとの見解が広く支持されるに至った。こうした諸慣行は通常「高業績業務システム」（High Performance Work System：以下ＨＰＷＳ）と呼ばれるのだが，最近では従業員参加もＨＰＷＳの一部として語られることが多くなった。つまり，一見一時ほどの注目は集めていないのだが，他の「革新的」ないしは「洗練された」人的資源管理慣行と組み合わせることで従業員側にやり甲斐を，経営側には高業績をもたらしうるとして，従業員参加は変わらず高い評価を受けているのである[1]。

Chapter 10　フォード社の人的資源管理

2　ＥＩ導入の背景とその理念および構造

(1)　ＥＩ導入の背景

　フォード社でＥＩ導入が正式に決定されたのは1979年全米自動車労組(United Automobile Workers, 以下ＵＡＷ)とフォード社との全国労働協約改定交渉においてであった。そもそも1970年代に入ってアメリカ自動車産業は２つの大きな問題に直面していた。１つは，行き過ぎたテイラー主義による労働の陳腐化・非人間化である。若年者を中心に労働者の勤労意欲は漸減し，しばしばアブセンティズム，労働移動，さらにはストライキという手段でそうした労働に対する不満を訴えたのである。この問題は経営側にさまざまなコストを強いると同時に労働生産性に負の影響をもたらす。加えてこの問題に対する社会的関心も高まり，経営側としては放置できなくなっていた。もう１つの問題とは，日本企業を中心とした海外企業との競争で当時のビッグ・スリーが劣勢に立たされていたことである。

　以上の問題への対処策の１つとしていわゆるＱＷＬプログラムが注目されるようになった。すなわち，機械にペースを規定された単調かつ孤独な作業や険悪な労使関係を改め，職場環境を改善しようとする試みが見受けられるようになったのである。そして，1979年を境にしてＱＷＬプログラムに質的な変容が見られるようになった。上記の問題のうち，後者の企業競争力にウエイトをおいたプログラムが実践されるようになったのである。つまり，ＱＷＬプログラムを通じて，従業員が有する知識を活用し，あるいはまた良好な労使関係を構築することで直接・間接的にコストを削減し競争力を強化することが意識され始めたのである。もっとも，コスト削減や生産性向上を直接の目的としては明示していない点がＱＷＬプログラムの特徴でもある。あくまで労働者の「参加」を前面に出したい経営者と労働組合の意向が反映されているからである。けれども1979年頃を境にしてＱＷＬプログラムは理念的なものからより実践的な管

197

理施策へと脱皮したということがいえるだろう[2]。そしてフォード社における実践的QWLプログラムがEIに他ならない。

　QWLの取り組みに関しGMに遅れをとっていたフォード社が，従業員を日本企業の工場見学に派遣するなど入念な下準備をしたうえで，満を持して導入に踏み切ったのがEIなのである。1979年の協約改定交渉の過程でEIについて話し合いがなされ，その結果，会社と組合の双方がそれに取り組むことを確約する合意書にサインがなされた[3]。その際，①EIが団体交渉から切り離されていなければならず，苦情処理手続あるいは他の契約条項の代替物であってはならないこと，②EIへの参加は厳密な意味で自主的なものでなければならないこと，③EIプロジェクトは工場現場の環境や必要に基づいたものでなければならないこと，などが労使の代表者によって取り決められた。これらのことはEIの性格を理解するうえで重要である。

　EIは続く1982年協約締結を契機に発展することになった。この協約が結ばれた1980年代初頭は，自動車産業における競争が激しさを増し，フォード社の業績は悪化の一途をたどっていた。たとえば，1981年の業績は世界ベースで10億6千万ドルの赤字，北米のみでは12億ドルの赤字を出すという散々な結果だった[4]。こうした事情から，フォード社は徹底したコスト削減を実践する必要があったのである。そこで，1982年協約では賃上げゼロ，有給休暇の削減，新規採用労働者の賃金切り下げなどが取り決められ，人件費の削減が進められることになった。従来，自動車産業の従業員は4半期，および1年ごとに必ず賃金が引き上げられることになっていた。賃金の引き上げなしというのはかつてない従業員側の譲歩だったのである。1980年代の協約更改交渉では，フォード社に限らず，多くの産業で従業員側がこうした譲歩を迫られた。そこでこれらの交渉は「譲歩交渉」（consession bargaining）とも総称される。フォード社の従業員は以上のような譲歩を余儀なくされた一方で，「終身雇用工場」の実験的設定，部品の外部調達による工場閉鎖の停止，失業中の従業員への継続的所得保障，あるいは利潤分配制の導入などの見返りも得た。さらに，あくまで団体交渉に従属するという位置づけのもと，相互発展フォーラム（Mutual Growth

Forum）が設置され，従業員が事業展開に関する意思決定への参加機会を有することとなった。また，労使共同での従業員能力開発・教育訓練プログラム（UAW−Ford Employee Development and Training Program）が導入され，失業中の従業員も含め，あらゆるフォード社の関係者に能力開発や教育訓練の機会が付与された。このようにさまざまな制度が創設され，労使協力体制が拡充されたことと歩調を合わせてＥＩの拡大・本格化が進んだ。そもそもこの1982年協約という画期的な協約の締結は，ＥＩによって信頼関係が築かれたからこそ実現したのであり，まさにＥＩの賜物だとする指摘もある[5]。けれどもこうしたＵＡＷとフォード社の1982年交渉を含めた，いわゆる譲歩交渉に関する評価は意見が分かれている[6]。

(2) ＥＩの理念と構造

ここではフォード社社内でのＥＩの定義そしてＥＩの構造を概観しておこう。フォード社の従業員向けパンフレットでは，ＥＩの基本的考え方（philosophy）が次のように説明されている。すなわち「ＥＩは労働や作業現場に影響を及ぼす重要な意思決定への参加機会をフォード社従業員に与えるプロセスである。そのプロセスは作業グループ，チーム，フォーラムなど多様なやり方で実践される。従業員が『製品品質』，『生産能力』，『作業環境』改善の支援に関与することが重要な特徴」であり「……もっとも重要な資源であるヒト（people）を活用する最善の方法である。」[7] あくまでも従業員の「経営参加」を最優先しながら品質・生産性改善に貢献する活動であることを謳っているのである。

続いてＥＩの構造についてみよう[8]。まず，ＥＩを全社的に統括するのがＥＩ全国共同委員会（National Joint Committee on Employee Involvement）である。ＥＩ全国共同委員会は同数の組合側代表者と会社側代表者から構成され，ＵＡＷ副会長フォード社部門代表およびフォード社の副社長が共同で議長を務める。既存のＥＩ活動の評価，新たな活動の展開，現場からＥＩに不満が出た場合の調査，活動結果に関するＵＡＷへの報告などＥＩ全国共同委員会の責任は大きい。次に，ＥＩ全国共同委員会が示した基本方針の枠内で，実際に個々のＥＩ

活動を運営するのは現場レベルで設置される現場共同運営委員会（Local Joint Steering Committee）である。この現場共同運営委員会が，新規プランの開発および既存プランの監督・支援，問題解決などEIに関する責任の主体となるのである。現場共同運営委員会は一般的に工場長と支部組合の委員長が議長を務め，若干名の経営側代表者と組合側代表者から構成される。そして現場共同運営委員会の指示と基本方針のもとEI活動を調整するのが従業員リソース・コーディネーター（Employee Resource Coordinator，以下ERC）である。ERCは，EI活動を支援するとともに，現場共同運営委員会やEI全国共同委員会との意思疎通を図るなど中心的な役割を果たす。2003年度労働協約において，ERCの機能が再定義され，彼らERCはすべての作業グループに対する助言者としての役割と安全，品質，配送，コスト，モラール，および環境関連事項といった諸問題の解決者という役割を新たに担うことになった。

　他方，フォード社とUAWはEIのためにさまざまな支援活動を行っている[9]。いくつか例をあげれば以下のとおりである。まず，EI参加者それぞれのポジション（具体的には，工場管理者，支部組合代表者，ERC，グループ・リーダー，一般従業員）に応じたワークショップや訓練プログラムを実施して各々に技能修得の機会を与えている。また，企業外での各種講習会およびセミナー等への出席を奨励するための金銭援助も制度化されている。さらに，外部コンサルタントの活用が奨励されるとともに，会社の専門スタッフによる協力も保障されている。全社あげてのEI支援体制が整備されていることがわかる。

　次に，節を改め，EIの具体的な活動内容とその経営上の位置づけについて概観しよう。

3　EIの活動内容および経営上の位置づけ

(1)　EIの活動内容

　EI活動の中核をなすのは問題解決集団・チーム（problem-solving groups

and teams)である。これはクオリティ・サークル（日本でいうＱＣサークル）のようなものと考えてよい。通常週１回ミーティングを開き，職場の問題について話し合うのである。ミーティングへ出席している時間に対しては賃金が支払われる。また，先述のとおり，こうした活動に参加するかどうかは従業員の意志に委ねられる。議論，検討される内容は，照明の改善，不具合のある機械や部品の修繕，ワークステーションの再配置など実に多様である。納入された部品の品質が良くないことから，部品製造業者を訪ね指導したというケースもあった[10]。

　問題解決集団・チーム以外の活動も次第に増えていった[11]。たとえば次のような諸手法が実践されたのである。①職場の作業集団間の垣根を越えて活動するインターフェイス集団(interface groups)。②新技術導入やラインの再編成，製品や設備の変更など作業関連の変革を行う際，必要に応じて特別に結成される特別チーム（ad hoc teams）／オポチュニティ・チーム（opportunity teams）。③特定のイベント，たとえば工場設備の一般公開，自動車ショー，ＥＩ全国共同委員会の訪問などが行われる場合に結成され，任務遂行後解散する特別プロジェクト・チーム（special project teams）。④製品開発やプロセス開発の最終段階に参加するために結成される立ち上げ支援チーム（launch teams）。

　これら以外にもＥＩには多様な形態が存在しさまざまな活動が実践されているが，ＥＩの活動内容は概ね「品質改善」，「新製品の立ち上げ支援」，「保全」，「業務効率」に整理されるという[12]。いずれにしても，先に触れたように，活動内容の違いを問わず団体交渉で扱うべき契約事項(contractual issue)に該当する内容は避けられねばならない。すなわち，賃金，労働時間，安全・衛生など労働条件に関することをＥＩ活動で話し合うことは原則としてタブーなのである。こうした制約のもつ意味については後に触れる。

(2) ＥＩの経営上の位置づけ

　次に，ＥＩが経営上どのように位置づけられているのかを見てみよう。フォード社のトップ・マネジメントは1980年代初頭の苦境期にあって，同社の

抱える問題の一部を3つの観点から明確にした。すなわち，会社の硬直的構造，幅の狭い職務専門化，そして敵対的な労使関係である。そのうえで，ＥＩを推進しこれらの問題を解消するとともに品質改善を実現することが苦境を乗り切る鍵であると判断した[13]。このことは1984年に当時の社長ドナルド・ピーターセン（Donald Petersen）によって発表された「会社の使命と指針（Company Mission and Guiding Principles）」からも理解できる。会社の使命としては，製品やサービスを絶え間なく改善し顧客満足を満たし，利潤をあげ，株主に報いることが掲げられている。そして，この使命を達成するための指針（Guiding Principles）のなかで「ＥＩはわれわれの生活様式（way of life）である」（われわれはチームである。われわれはお互いに信頼し敬意をもって接しなければならない）ことが訴えられている。従業員を意思決定に参加させることが，顧客満足・利潤・株主満足の獲得という最終的な経営目標を達成するために不可欠だと認識されているのである。フォード社において意思決定に参加する経路はこのＥＩだけではない。

図表10－1　ＰＭ－ＥＩモデル

従業員の視点		管理者の視点
従業員参加 （Employee Involvement） 指標： ・私は意思決定プロセスに参加している。 ・私は問題解決集団に参加している。 ・私の意見を聞き出すために十分な努力がなされている。	重要な管理プロセス 計 画 化 ・ 目標設定 ・ 問題解決 ・ 意思決定	参加的経営 （Participative Management） 指標： ・私は従業員を意思決定プロセスに参加させている。 ・私は従業員の意見を聞き出すために努力している。 ・私は従業員を問題解決集団に参加させている。

出所）　Paul A. Banas, "Employee Involvement : A Sustained Labor／Management Initiative at the Ford Motor Company," John P. Campbell, Richard J. Campbell, and associates eds., *Productivity in Organizations : New Perspectives from Industrial and Organizational Psychology,* Jossey－Bass Publishers, 1988, 406ページ より作成。

ＥＩ活動はブルーカラー従業員のみを対象にしているのだが，管理者・監督者といったホワイトカラーを対象にした活動も別途制度化されている。それが参加的経営（Participative Management，以下ＰＭ）である。図表10―1に示されるように，フォード社ではこのＰＭとＥＩを通じて全従業員が計画化・目標設定・問題解決・意思決定といった重要な管理プロセスに「参加」することが期待されている。つまり，フォード社では全従業員による「経営参加」が制度化されているのである。とはいえ，これはあくまでも制度上の話であってフォード社の従業員，とりわけブルーカラー従業員が実際どのようなレベルの事項に関してその意思決定に参加しているのかは詳細な調査が待たれるところだが[14]，ＥＩが経営管理上きわめて重要視されていることは間違いない。

4 ＥＩを巡る諸見解

(1) ＥＩを評価する見解

　フォード社におけるＥＩはどのように評価されているのだろうか。まず，その成果を強調する見解から見ていこう。

　経営危機を脱するためフォード社は1980年代中に品質重視の経営へ大胆に転換したのだが[15]，現場でその一翼を担ったのがＥＩ活動であった。すなわち，従来は検査工にあった品質責任を現場従業員の職務にも組み込む一方，ＥＩを通じてライン外でも品質問題に取り組ませたのである。その結果品質改善が実現したという。具体的に，自動車は50％以上，トラックについては47％以上品質が改善したと指摘されている[16]。このようなＥＩ活動の取り組みなどもあって，一連の横転事故問題で揺らぎつつあるとはいえ，ビッグ・スリーのなかで品質がもっともよいのはフォード社であるとする評価が長らく一般的であった。さらに，オイル・ショックによる経営危機を乗り越えて以降1990年代を通じて，フォード社はビッグ・スリーのなかでもっとも安定した経営を展開することができたのである[17]。

他方で，ＥＩは職場の労使関係の改善にも貢献したとされる。すなわち，ＥＩ活動を通して従業員と監督者の間のフェイス・トゥー・フェイスなコミュニケーションが改善されたのである。組合役員と工場経営者との関係も変化した。経営側がレイオフや新規機械の導入などに関する情報を組合側に提供する一方で，そうした変革を実践する方法について組合側にアドバイスを請うという光景も見られるようになった[18]。このように従来は敵対的であった関係が改められていったのである。ＥＩを契機としたこのような労使協力体制はフォード社においてその後も堅持されていくのである。

　ＥＩが品質や労使関係を改善したという上述の評価は，同活動の主役である現場従業員のコメントからも裏づけられる。たとえば，フォード社のミシガン・トラック工場（Michigan Truck Plant）で行われた聞き取り調査においても，複数の従業員たちがＥＩ活動による改善効果を証言している。要約すればＥＩによって職場の労使関係，従業員自身の意欲・態度，そして品質が改善したというのである[19]。職場の労使関係についていえば，かつて従業員を見下していた管理・監督者が態度を改め，敬意をもって彼らに接し，彼らが述べることに真摯に耳を傾けるようになった。従業員自身の意欲や態度もＥＩを通じて変わったという。自分たちの職務以外については一切無関心であった従業員たちが，会社利益を増大するため様々な問題について議論しその解決に努めるようになったのである。品質の改善については，ある従業員がメーカー保証による修理件数が減ったことや自分たちが10～15年前の半数の労働力でよりよい品質を達成していることを誇らしく語っている。

　ＥＩが団体交渉を浸食しないように組合側コーディネーターや一般従業員が配慮している様子も同一の調査における彼らの発言から窺える[20]。ＥＩ活動での話し合いが安全・衛生，作業標準，処遇など契約事項に立ち入らないよう常に注意し，もし契約事項に該当する事柄に言及する者がいれば，組合苦情申立人（committeeman）と相談するよう指導するのだという。組合－経営者間の契約事項以外に，職務削減につながる合理化もＥＩ活動のテーマとしてはタブー視されている。この２点さえ守られるのであればＥＩ活動は労使双方にとって

歓迎すべきものであるというのが平均的従業員の認識のようである。

　以上，ＥＩが品質や労使関係の改善をもたらしており，団体交渉との棲み分けもうまくいっているとする評価を見た。こうした積極的な評価はフォード社従業員の多数派の見解とみて間違いない。なぜなら，フォード社の従業員が概ねＥＩに満足していることがいくつかの調査によって証明されているからである。たとえば，1982年にフォード社が実施した調査ではＥＩプログラム参加者の82％が職務に満足していると答えているし[21]，1986年の従業員コミュニケーション調査によれば調査対象従業員の80％以上が従業員の参加は自分たちと会社にとってよいものであると信じていた[22]。しかしながら，ＥＩに対し懐疑的もしくは批判的な従業員がいることも見落としてはならない事実である。次項でそうした従業員たちの述べるところを見てみよう。

(2)　ＥＩを否定的に捉える見解

　前項で取り上げたミシガン・トラック工場での聞き取り調査では，ＥＩを否定する意見も見受けられる。ある従業員は，ＥＩを含む労使協調路線そのものに対し批判的な見解を示している。この従業員は，かつての敵対的な労使関係を懐かしみ，経営に協力的な現行組合の姿勢を批判するのである。その一方で，ＥＩについても会社を儲けさせる心理学の手法に過ぎないのでありそうした活動に参加することはばかげていると述べている[23]。

　次に，ＥＩ活動の真の目的は合理化であり，結局は自分たちの職務数を削減することになるとして同活動を批判する従業員もいる[24]。事実ある従業員はＥＩ活動による改善がラインのスピード・アップをもたらしたことを指摘し，その分だけ会社のためのただ働きが増えたことに憤慨している。さらに，ＥＩが合理化手段であるという見方をすれば，それに積極的に参加する従業員にも不信感を抱くようになるのは当然といえる。ＥＩ活動参加者たちは，同活動のために２～３時間通常作業を離れて自らは楽をしながら，ミーティングで他人の職務の作業負荷を高めるような提案を行っている。このように不快感を隠さない従業員もいるのである。

以上，ＥＩを肯定する見解と否定的にとらえる見解の双方を見た。否定的な見解を述べる従業員は，ＥＩに限ることなく，根本的に経営側を信用しておらず，あくまで対決的な姿勢を貫くことがあるべき従業員側の態度と考えているようである。ＥＩを通じて経営側に協力する者を批判する否定派の声は上で見たが，肯定派は肯定派で否定派を牽制している。すなわち，否定派はＵＡＷの立場を重視するあまり自分たちが社員であることを忘れている。今日の企業間競争を勝ち抜くためには社員が品質を改善し利益に貢献することが肝要である。概ね以上のようにＥＩ肯定派は訴えている[25]。組合員である前に社員であることを重視しているとも理解できる発言が印象的である。

　このように，両者の考え方の間には深い溝があるといわねばならない。しかし，肯定派の従業員にもＥＩに対する一抹の不安があることに留意せねばならない。たとえば，ＥＩ活動を積極的に捉えている従業員も，活用の仕方しだいではＥＩが職務削減につながりうることを否定してはいないのである[26]。おそらくすべての従業員が共有しているであろうこうした不安・警戒心は，ＥＩやそれを巡る労使協力体制のあり方に強く影響せざるを得ない。次にこの点について検討しよう。

(3)　ＥＩを巡る労使協力体制の実際

　1980年代初頭の15万人にもおよぶ大量解雇を実施して以降，フォード社は極力解雇を回避してきた。さまざまな事情で従来の職務を失った従業員に対しては新たな仕事を与えることでレイオフを控えてきたのである。こうした会社側の姿勢を見てＥＩが職務の削減につながるという疑念は薄らいできているという[27]。けれども，これをもってＥＩさらには経営側への全面的な信頼が構築されたとみるのは早計である。実験的導入[28]を例外として，フォード社では職務分類（job classification）の削減を伴うチーム制度の導入が進んでいないことがその証左といえる。つまり，経営側による裁量権の濫用，あるいは職務の削減を警戒して，フォード社の従業員は職務分類，さらにいえば職務規制（job control）の放棄をためらっているのである[29]。労使協力体制はビッグ・スリーのなかで

もっとも進んでおり，相応の成果をあげてはいるものの，経営側への全面的信頼を構築するまでには至っていない。これがＥＩを巡る労使協力体制の実状といえよう。

5　ＥＩの特徴とフォード社人的資源政策へのインパクト

ここではまず前節までの内容を踏まえてフォード社におけるＥＩの特徴を長短双方について整理しよう。引き続き，ＥＩが同社の人的資源政策にどのようなインパクトを及ぼしたのかを検討し本章を結びたい。

(1)　ＥＩの特徴

フォード社のＥＩは会社側・組合側双方のイニシアチブのもと運営されており，ＥＩ活動への金銭的・人的支援や教育訓練機会の付与も制度的に保障されていた。まさに全社あげての取り組みであることをＥＩの特徴として指摘できる。次に，ＥＩ活動に参加するかどうかを従業員の判断に任せること，団体交渉で扱う契約事項を回避することが同活動の基本方針となっていた。このように従業員や組合への配慮がなされている点もＥＩの大きな特徴といえよう。

ＥＩ活動の具体的成果として，多くの従業員が，やり甲斐のある活動や人間らしい扱いを通じ誇りを取り戻せたことに満足していた。経営側は協調的な労使関係の構築と品質の改善を成果として報告していた。このように，ＥＩは労使双方に一定の成果をもたらしたのであり，その意味では１つの理想的な従業員参加の形態として評価してもよいであろう。

しかしながら，ＥＩ活動にいくつかの限界や問題点があることもまた事実である。まず，団体交渉で扱うべき契約事項をＥＩで扱ってはならないとする取り決めを制約要因としてあげねばならない。上述のように，これは組合への配慮なのだが，厳格にこの取り決めに従えば職場環境など労働条件の目に見える改善をＥＩに期待することはできなくなる[30]。次に，ＥＩへの参加を従業員の自主性に委ねるというルールにも同様の問題がある。経営側は人的資源活用上

の制約を受けることになるし，やり甲斐のある活動を経験する機会を失いうるという意味で従業員にとっても損失となるからである。積極的に取り組む従業員と消極的な従業員の間の見解の相違を顕在化させることもこのルールの弊害の1つといえるだろう[31]）。さらに，一部の実験的ケースを除き，ＥＩは職務分類の削減をもたらすチーム制度へと発展できていないことを先に確認した。このためフォード社従業員の職務内容は依然細部まで厳格に定められており人的資源の柔軟な活用が難しくなるのである。

　それではこうした点をただちに改めればよいのかというと，ことはそう容易ではない。先に見た制約要因が従業員と組合にとってはＥＩ協力の前提条件でありまた権利になるからである。従業員に認められている権利（とりわけ労働組合活動）と従業員参加をどう両立させるのかはフォード社に限らず，組織化されたアメリカ企業共通の課題となっていることに留意せねばならない。

　以上をまとめれば，労使共同でＥＩの運営に当たり労使双方に一定の成果をもたらしていること，けれども経営側の視点に立てば組合への配慮からより有効と思われる従業員参加形態に移行できていないことが現行ＥＩの特徴といえよう。

(2) フォード社人的資源政策に対するＥＩのインパクト

　1980年代末以降，チーム制度の導入やそれに伴う賃金体系の改定などドラスティックな改革を進めたＧＭやクライスラーとは対照的に，フォード社は一貫して労使協力体制の形成・維持を優先してきた。したがって，この労使協力体制の形成・維持が1990年代を通じた同社人的資源管理の特色であったといってもよい。こうした人的資源管理施策（もちろんＥＩも含まれる）を通じて品質改善を成し遂げ，同社がビッグ・スリーのなかで1990年代中もっとも安定した経営を展開しえたことは先に触れたところである。そしてフォード社が従来の敵対的労使関係から労使協力体制に路線変更する大きな契機となったのがＥＩであった。実際ＵＡＷも，79年交渉時のＥＩに関する合意書が1980～2000年期中になされた労使関係改革の基盤となったのであり，そしてまたＥＩこそ従業員

Chapter 10 フォード社の人的資源管理

−会社間パートナーシップの礎であったと明言している。ＥＩ導入を決めた1979年労働協約では，併せて，安全・衛生，品質，職務と所得保障，教育・訓練，外注化，家族と地域社会支援といった事項についても，従業員側に有利な条件がもたらされたのである[32]。

ところで通説では，協力的な労使関係，教育訓練による人材育成，および高賃金・高付加給付や安定雇用の付与を通じて従業員の労働意欲を高めることが現代的な人的資源管理の特徴であるとされている[33]。この共通理解を所与とすれば，1979年のＥＩ導入並びにそれとセットで実践された諸変革がフォード社における現代的人的資源管理の嚆矢であったとみなせるだろう。以降，同社では従業員をパートナーとみなしより積極的に意思決定に関与させていく，あるいは貴重な資源として大切に扱うといった人的資源政策が極力維持されてきた。

前者の一例を挙げよう。21世紀を迎え，シェア20％を割り込むなどフォード社の経営は一変し再び危機的状況に立たされた。そこで，同社はかつてない規模での組織変革に取り組んだ。顧客にもっとも近い現場従業員へのいっそうの権限委譲とそれに伴う中間管理者の役割の変化が変革のキーワードとなった。現場従業員への権限委譲に関して今少し具体的に言及しよう。ルージュ(Rouge)工場では，顧客たちがフォード社製品のどこを気に入り，どこに不満を感じているのかといった顧客ニーズに関する情報を現場従業員に提供している。そして，従業員たちがイニシアチブをとって，こうした顧客情報を活かしつつ顧客が本当に望んでいる製品づくりを進めていくという試みが実行されているのである[34]。このような取り組みは，ＥＩの発展形態といい得るであろうし，それはＥＩ活動の体験があればこそ実現できたといっても過言ではない。

後者の例としては，1999年全国労働協約改定交渉で決定した「家族サービス・学習センター」(Family Service and Learning Center：以下ＦＳＬＣ) プログラムの実施を挙げることができるだろう[35]。このＦＳＬＣプログラムは，①「家族教育・サービス」(ウォーキング，スポーツ，チェスなど退職者向けの各種運動・文化クラブ，技術，読み書き能力向上，芸術，争いごとの解決など家族向けの講習会，社会奉仕活動，サマーキャンプなど10代以下の家族向けサービスなどから構成される)，②

「幼児教育・サービス」(罹病した子どものケア,職場近くに設置した幼稚園での保育,保育施設に対する人的・物的・金銭的支援,地域にある学校への金銭的支援,休暇中の小中学生を対象とした各種教育プログラムなどから構成される),③「地域社会サービス・支援」(ボランティア活動への各種支援)を主たる活動内容としている。原則としてサービス対象者はフォード社,関連企業であるビステオン (Visteon) 社,ＺＦバタビア (Batavia) 社の従業員と退職者,そして彼らの配偶者と扶養家族となるが,③「地域社会サービス・支援」については従業員以外の地域住民もその対象者に加えられている。周知の通り,アメリカでは1980年代頃からファミリー・フレンドリー施策が,90年代中頃からはワーク・ライフ・バランス施策が企業において活発に取り組まれるようになった。フォード社のＦＳＬＣもこれら施策の先進的な一形態とみなすことができよう。

　以上,ＥＩ導入を契機として,フォード社では労使協力体制をベースに,従業員への意思決定機会付与,従業員の生活支援など現代的な人的資源管理が実践されてきたことを確認した。しかしながら,労使協力体制を重視する結果として,現代的な要素を多々包含しているものの,同社の人的資源管理は本章冒頭で言及した高業績をもたらすとされるＨＰＷＳの全面的展開という段階には至っていない。たとえば,上述のようにチーム制度の全社的導入は未だ実現していないし,変動給／奨励給といった報酬制度改革の実践は更なる困難が予想される。こうした制約にもかかわらずフォード社が従来通り,労働組合の許容範囲内に収まる人的資源政策を維持していくのか,それを越えるような施策を新たに実践するのか今後の動向が注目されるところである。これに関し,近年フォード社が相次いで大規模な従業員削減や工場閉鎖を実施し,また更なる追加策を発表していることは,間違いなく労使協力体制に負の影響を与えるであろう。他方で,フォード社に限らずアメリカ自動車産業では労働組合の影響力のもと,過度に高水準の労働条件やその他諸権利が従業員に付与されており,それがフォード社やＧＭが苦境に陥いる大きな要因となっているとＵＡＷを非難する論調も目立つようになってきた。つまり,従業員を大切にし過ぎているためにフォード社やＧＭは経営がうまくいっていないというのである。このよ

うな現状について，3点ばかり注意を促し本章を結ぼう。第1に，近年のフォード社におけるリストラクチャリングを見て，同社の人的資源政策が180度転換してしまったと判断するべきではない。どのような「エクセレント・カンパニー」であっても，市場の影響を免れることはできないのである。フォード社についてもレイオフを免れた従業員や存続している工場を対象にどのような管理がなされているのか，あるいは苦境期を脱した際にどんな行動を取るのかを冷静に見極めたうえで同社の人的資源政策を議論する必要がある。第2に，とはいえ，人的資源管理施策が企業業績に大きく左右される宿命を有していることは否定できない。だからこそ，時として企業を規制しうる何らかの「拮抗力」が不可欠であることをわれわれは自覚せねばならない[36]。最後に，フォード社の経営不振は，主として魅力的な商品を投入できなかったという経営戦略レベルの失敗に帰せられるべきであり，これをもって同社における従来の人的資源管理施策や労使関係を全面否定することは控えねばならないのである。

（注）
1) 橋場俊展「高業績作業システム（HPWS）の概念規定に関する一試論」『北見大学論集』第28巻第1号，2005年。
2) H.C.Katz, *Shifting Gears,* The MIT Press, 1985, pp.73-79；島田晴雄『フリーランチはもう食えない』日本評論社，1984年，59～76ページ。
3) *Letters of Understanding between UAW and Ford Motor Company* (Covering Agreements Dated October 4, 1979).
4) 吉田信美『フォードの逆襲』NESCO，1988年，84～85ページ；Donald F. Ephlin, "SMR Forum：The UAW-Ford Agreement-Joint Problems Solving," *Sloan Management Review,* Winter 1983, p.61.
5) P. A. Banas, "Employee Involvement," J. P. Campbell, R. J. Campbell, and associates eds., *Productivity in Organizations,* Jossey-Bass Publishers, 1988, p.401.
6) 譲歩交渉については，以下も参照のこと。仁田道夫「労働組合に対する経営の挑戦」『日本労働協会雑誌』第325号，1986年；萩原進「1987年自動車産業の協約更改交渉」『日本労働協会雑誌』第343号，1988年；秋元樹『アメリカ労働運動の新潮流』日本経済評論社，1992年，15～26ページ，116～132ページ；島田晴雄，前掲書，45～46ページ，129～148ページ；T. A. Kochan, ed., *Challenges and Choices Facing American Labor,* MIT Press, 1985, Chapter 10, 11；Katz, *op. cit.,* Chapter 3.
7) UAW Ford National Program Center, *Employee Involvement：Handbook,*

Willens, 1998, p. 3.
8) *Ibid.*, pp. 5 − 8 ; *1999 Agreements between UAW and the Ford Motor Company,* Appendix E-Memorandum of Understanding Employee Involvement Process, pp. 149 − 154 ; http://www.uaw.org/contracts/03/ford/ford13.cfm
9) *1999 Agreements,* pp. 154 − 155 ; Banas, op. cit., pp. 398 − 401 ; 島田, 前掲書, 42 ～43ページ。
10) Katz, *op. cit.*, pp. 80 − 81 ; R. Feldman and M. Betzold, *End of the Line,* University of Illinois Press, 1990, p. 20, 43.
11) Banas, op. cit., pp. 397 − 398, 412 − 413 ; 島田, 前掲書, 43～45ページ ; Katz, *op. cit.*, pp. 80 − 81 ; E J. Savoie, " 'We Are a Team' Programs," *Work in America,* vol. 14, number 4, 1989, p. 1.
12) 下記サイトを参照。http://www.uawford.com/ei_frameset.html
13) J. P. MacDuffie, "International Trends in Work Organization in the Auto Industry," K. S. Wever and L Turner eds., *The Comparative Political Economy of Industrial Relations,* IRRA Series, 1995, p. 83.
14) コーハン (T. A. Kochan) らによれば、労使関係は経営戦略に関わる意思決定を行う戦略レベル、人事・労務管理に関わる機能レベル、そして職場の諸事項に関わる職場レベルの三層に区分されるという (T. A. Kochan, H. C. Katz, and R. B. McKersie, *The Transformation of American Industrial Relations,* ILR Press, 1994, pp. 15 − 20)。
15) エドワード・デミング (Edward Deming) の招聘が品質重視の経営に転換する大きな契機となったのである。
16) Banas, op. cit., p. 413.
17) 公文溥「自動車産業－ビッグ・スリーの回復－」萩原進・公文溥編『アメリカ経済の再工業化』法政大学出版局、1999年、69ページ ; MacDuffie, op. cit., p. 81, 83.
18) Katz, *op. cit.*, p. 81 ; ヘドリックス・スミス著/櫻井元雄訳『アメリカ自己変革への挑戦』角川書店、1996年、302～303ページ。
19) Feldman & Betzold, *op. cit.*, pp. 19 − 21, p. 32.
20) *Ibid.*, p. 20, 38.
21) Banas, op. cit., p. 403, Table 14. 1.
22) D. K. Denton, "The Power of EI at Ford," *Journal of Managerical Psychology,* vol. 6, number 3, 1991, p. 24.
23) Feldman & Betzold, *op. cit.*, p. 195.
24) *Ibid.*, pp. 241 − 242, p. 265.
25) *Ibid.*, p. 19, 33.
26) *Ibid.*, p. 20.
27) スミス、前掲邦訳書、307～308ページ。
28) たとえば、シャロンビル (Sharonville) のトランスミッション工場やディアボーン (Dearborn) のエンジン工場でチーム制度が実験的に導入され大きな成果をあげたとされる (以下の文献を参照のこと。J. V. Hickey and J. Casner-Lotto, "How to Get

Chapter 10　フォード社の人的資源管理

True Employee Participation,"*Training & Development,* February 1998, p. 59；B. Bluestone and I. Bluestone, *Negotiating the Future,* BasicBooks, 1992, pp. 175－177. 岡本豊訳『対決に未来はない』新潮社，1997年，202～203ページ；スミス，前掲邦訳書，295～296ページ；UAW-Ford, *Sharing Our Pride,* 1997 Winter, p. 6.）。

29) スミス，前掲邦訳書，307～310ページ；Katz, *op. cit.,* pp. 83－84；MacDuffie, op. cit., 83－84；下川浩一『日米自動車産業攻防の行方』時事通信社，1997年，140ページ。

30) Katz, *op. cit.,* p. 83.

31) A. E. Eaton and P. B. Voos, "Unions and Contemporary Innovations in Work Organization, Compensation, and Employee Participation," Lawrence Mishel and Paula B. Voos eds., *Unions and Economic Competitiveness,* M. E. Sharpe, 1992, p. 197；吉田，前掲書，79ページ；秋元樹，ロバート・E・コール「アメリカ自動車工場におけるQCサークル」『日本労働協会雑誌』第293号，1983年，30ページ。

32) UAW-Ford, *op. cit.,* p. 5；UAW-Ford National Programs Center, *UAW-Ford : Sixty Years Progress 1941－2001,* 2001, p. 68.

33) 萩原進「アメリカ労使関係の転換」萩原・公文，前掲編著書，293～296ページ。

34) NHKスペシャル「変革の世紀＜第2回＞情報革命が組織を変える～崩れゆくピラミッド組織」（2002年5月12日放送）。

35) B. Corey and R. D. Freeman, "Bridging the Gap Between Workplace Demands and Family Obligations : Lessons from the United Auto Workers/Ford Partnership"（下記サイトより取得。http://web.mit.edu/workplacecenter/docs/wpc0008.pdf）；*UAW-Ford Family Service and Learning Center Program Fact Sheet*（下記サイトより取得。http://www.familycenteronline.org/pdf/fslcfactsheet.pdf）。

36) P. Osterman, *Securing Prosperity : The American Labor Market : How It Has Changed and What to Do about It,* Princeton University Press, 1999, Chapter 7（伊藤健市・田中和雄・佐藤健司・橋場俊展訳『アメリカ・新たなる繁栄へのシナリオ』ミネルヴァ書房，2003年，第7章）。

（付記）　本章は，伊藤健市・田中和雄・中川誠士編著『アメリカ企業のヒューマン・リソース・マネジメント』税務経理協会，2002年に所収された拙稿「フォード社の従業員参加」および拙稿「フォード自動車会社における従業員参加の検討」『北見大学論集』第25巻第2号，2003年に加筆・修正を行ったものである。

Chapter 11

人材ビジネスの新展開と人的資源管理
― ＰＥＯｓを中心に ―

　バブル期以降のわが国経済は，とくに雇用情勢における失業率５％突破が特徴的に物語るように，長期にわたって深刻な状態にあった。これに対し，アメリカ経済は，21世紀に入ってその程度に若干かげりが見えるものの実質経済成長率，低失業率，低インフレ率など構造的な強さを示している。その背後には，本書各章で指摘されているように，企業のリストラ・ダウンサイジングによる競争力の強化，ベビーブーマーとジェネレーションＸの旺盛な消費，安価な労働力による生産といった要因がある。それを支えているのは，労働者派遣事業，職業紹介事業，エグゼクティブ・サーチ事業，アウトプレースメント事業など各種の人材ビジネスのもとでの労働力の流動化と，新たな雇用を創出するベンチャー企業を中心とした中小企業である。ここでは，労働力の流動化のなかで1983年頃にフロリダ・テキサス両州で興り，10数年後には全米50州に拡がった「共同雇用」（Co-employment）を謳う新たな人材ビジネスであるＰＥＯｓ（Professional Employer Organizations）を取り上げる。

　このＰＥＯｓは，わが国では「日本版ＰＥＯ」として，企業に在籍するアルバイトを本人の合意を得たうえで派遣会社の登録スタッフとして転籍し，その後派遣社員として以前の企業で働くシステムとして活用され始めている。現状では，共同雇用という雇用形態が法的に認められていないため，本章で取り上げるＰＥＯｓが全面的に展開するとは考えにくい。しかし，1990年代半ば以降の非正規雇用の急激な増加からも察せられるように，「日本版ＰＥＯ」が普及する下地はあると考えられる。そこで本章では，約20年の歴史をもつアメリカの現状とその問題点を明らかにしたいと思う。なお，ＰＥＯｓを強いて訳せば

「専門雇用主組織」となり，その業態は「雇用代行業」ということになろうが，ともに現時点であまり日本語として馴染みのない言葉であることから，本章ではPEOsとして使う。

1 アメリカ会計検査院報告

2000年7月，民主党上院議員エドワード・M・ケネディ（Edward M. Kennedy, JFKの末弟）と民主党下院議員ロバート・E・アンドリュース（Robert E. Andrews）によって，従業員給付資格公正法（Employee Benefits Eligibility Fairness Act of 2000－S. 2946/H. R. 4962）という法案が1974年の従業員退職所得保障法（Employee Retirement Income Security Act, エリサ法）の修正を求めて上院・下院にそれぞれ提出された。

この法案は，パーマテンピング（permatemping）と呼ばれる雇用形態がもたらす問題の改善を図ろうとするものであった。パーマテンピングとは，直訳すると「永遠に続く臨時労働」となるが，この言葉自体がすでに矛盾しているだけでなく，それは多くの問題を孕んでいる。ケネディ上院議員らが提出した法案は，パーマテンピングを「正規従業員に『臨時』労働者あるいは『契約』労働者という誤ったレッテルを貼ることで，彼らに医療保険，年金，有給休暇，そして他の給付を利用する権利を否定」しているとする。同法案は，従業員給付プランに対する資格を，「臨時」労働者あるいは「契約」労働者といったレッテルではなく，実際の雇用期間や雇用条件に基づく資格基準に適うものにすることを意図したものであった[1]。

ケネディ上院議員らは，アメリカ会計検査院（U. S. General Accounting Office, GAO）がパーマテンピングの長期かつ差別的な雇用慣行の弊害を明らかにした報告書に基づいてこの法案を提出していた。この節では，このGAO報告書を取り上げ，そこで何が問題にされていたのかをまず明らかにする[2]。

GAOは，1995年以降，非典型労働者（Contingent Workers）がわずかずつ減少しているものの，1982年から見れば577％増加していることが示すように，

長期的には成長しているとする（非典型労働者の定義とその実態については第3章第3節を参照のこと）。GAOのいう非典型労働者とは，派遣会社の派遣社員（Agency Temps），直接雇用の派遣社員（Direct-Hire Temps），オンコール・ワーカー（On-call Worker），日雇い労働者（Day Laborers），業務請負企業労働者（Contract Company Workers），独立契約者（Independent Contractors），自営業者（Self-Employed Workers），標準的パートタイム労働者（Standard Part-Time Workers），リースされた労働者（Leased Workers）である（ただし，リースされた労働者に関するデータは，最近のアメリカ労働省労働統計局によって調査されていないことから，GAOのいう非典型労働者は図表11−1に示されたものとなる）。

まず，非典型労働者の収入であるが，伝統的就業形態であるフルタイム労働者よりもかなり低く，派遣会社の派遣社員の場合，年収1万5,000ドル以下の従業員は29.8％（フルタイム労働者は7.7％）を占めていた。また，直接雇用の派遣社員では21.3％であった（図表11−2）。

図表11−1　アメリカ会計検査院のいう非典型労働者

(単位：千人，％，1995〜99年)

非典型労働者	1995 労働者数	1995 総労働者数に占める割合	1997 労働者数	1997 総労働者数に占める割合	1999 労働者数	1999 総労働者数に占める割合
派遣会社の派遣社員	1,181	1.0	1,300	1.0	1,188	0.9
直接雇用の派遣社員	3,933	2.8	3,263	2.6	3,227	2.5
オンコール・ワーカー	2,014	1.6	1,977	1.6	2,180	1.7
業務請負企業労働者	652	0.5	809	0.6	769	0.6
独立契約者	8,309	6.7	8,456	6.7	8,247	6.3
自営業者	7,256	5.9	6,510	5.1	6,280	4.8
標準的パートタイム労働者	16,813	13.6	17,290	13.6	17,380	13.2
小計	39,678	32.2	39,605	31.2	39,271	29.9
標準的フルタイム労働者	83,589	68.7	87,135	68.8	92,222	70.1
総計	123,207	100	126,740	100	131,493	100

出所）GAO, *Contingent Workers,* June 2000, p.15.
http://www.gao.gov/new.items/he00076.pdf（2006年1月28日）

図表11-2 家族年収1万5,000ドル以下の労働者数（1999年）

非典型労働者	労働者数	％
派遣会社の派遣社員	338,503	29.8
直接雇用の派遣社員	642,602	21.3
オンコール・ワーカー	373,045	18.5
業務請負企業労働者	61,097	8.5
独立契約者	663,212	8.8
自営業者	415,674	7.5
標準的パートタイム労働者	2,799,753	17.5
小　　　計	5,293,886	14.8
標準的フルタイム労働者	6,477,268	7.7
総　　　計	11,771,154	9.8

出所）図表11-1と同じ。19ページ。

　次に医療保険である。図表11－3が示すように，フルタイム労働者は雇用主提供により73％，自己責任も含めると88％がそれぞれカバーされていたのに対し，派遣社員の状況は最悪で，それぞれ9％と43％にすぎなかった。その最大の要因は，「臨時的な仕事という仕事の性格，多くの労働者が長期にわたってその職位に就いていなかったことが，派遣社員が雇用主提供の医療保険給付を受けるのを難しくしていた」ことにあった。実際，派遣社員の平均勤務期間は10週間以下で，ある派遣会社の上級管理職が30％が1週間以下，50％が1か月未満，70％が2か月未満と報告し，保険会社が適用資格として1か月間を要求し，多くの保険会社は2か月に移行していると指摘していた。医療保険の適用は，年収1万5,000ドル以下ではさらにひどくなる。派遣社員の場合，雇用主提供は3％，自己責任は30％にすぎなかった（図表11-4）。

　年金はどうであろうか。図表11－5が示すように，フルタイム労働者の64％が雇用主の年金プランのもとにあり，雇用主が年金を提供するのは76％であったのに対し，派遣社員の場合ははるかに低くそれぞれ7％と21％であった。年収1万5,000ドル以下ではさらにひどく，1％と18％であった（図表11-4）。

　最後に，非典型労働者の年間総労働時間が少ないことや，伝統的な雇用主＝

Chapter 11　人材ビジネスの新展開

図表11-3　医療保険でカバーされている労働者の割合（1999年）

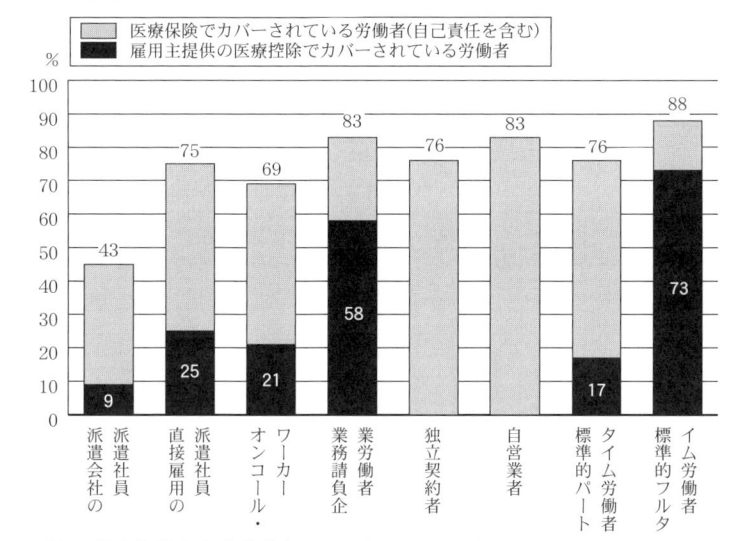

凡例：
- 医療保険でカバーされている労働者（自己責任を含む）
- 雇用主提供の医療控除でカバーされている労働者

区分	医療保険全体	うち雇用主提供
派遣会社の派遣社員	43	9
直接雇用の派遣社員	75	25
オンコール・ワーカー	69	21
業務請負企業労働者	83	58
独立契約者	76	—
自営業者	83	—
標準的パートタイム労働者	76	17
標準的フルタイム労働者	88	73

注）　独立契約者と自営業者にはほとんど雇用主がいない。
出所）　図表11-1と同じ。21ページ。

図表11-4　家族年収1万5,000ドルで医療保険・年金にカバーされている労働者数（1999年）

非典型労働者	医療保険 雇用主提供の医療保険	医療保険 自己責任	年金 雇用主が年金を提供	年金 雇用主提供の年金プラン
派遣会社の派遣社員	3％	30％	18％	1％
直接雇用の派遣社員	17	55	51	5
オンコール・ワーカー	15	40	34	10
業務請負企業労働者	(1)	(1)	(1)	(1)
独立契約者	(2)	39	(2)	(2)
自営業者	(2)	57	(2)	(2)
標準的パートタイム労働者	14	52	43	10
標準的フルタイム労働者	43	56	45	24

注1）　該当の労働者数が少なすぎて記載されていない。
注2）　雇用主がいない。
出所）　図表11-1と同じ。23, 26ページ。

図表11-5　年金でカバーされている労働者の割合（1999年）

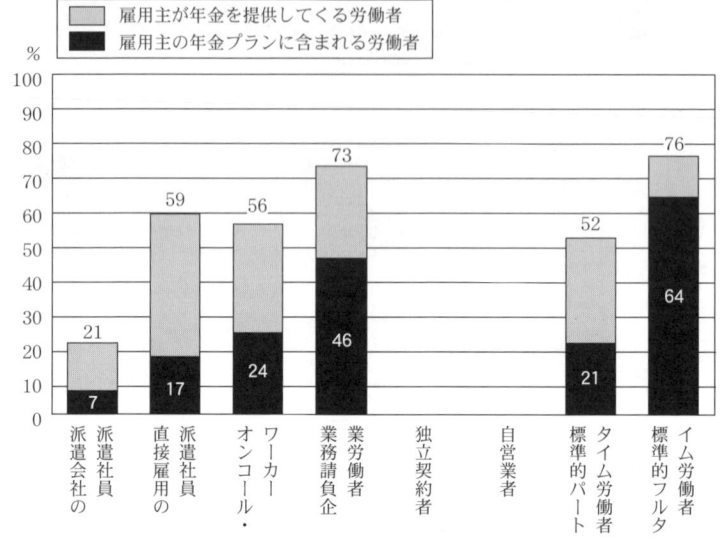

凡例：
- 雇用主が年金を提供してくる労働者
- 雇用主の年金プランに含まれる労働者

区分	含まれる	合計
派遣会社の派遣社員	7	21
直接雇用の派遣社員	17	59
ワーカー・オンコール	24	56
業務請負企業労働者	46	73
独立契約者	—	—
自営業者	—	—
標準的パートタイム労働者	21	52
標準的フルタイム労働者	64	76

注）独立契約者と自営業者に関しては，図表11-3と同じ。
出所）図表11-1と同じ。25ページ。

従業員関係のもとでの「従業員」と見なされないことから，いくつかの法律の適用外にあることが指摘されている。そういった法律の代表としてGAOは，家族医療介護法（Family and Medical Leave Act），エリサ法，公正労働基準法（Fair Labor Standards Act），全国労働関係法（National Labor Relations Act），失業保障法（Unemployment Compensation），労災保障法（Workers' Compensation），労働安全衛生法（Occupational Safety and Health Act），公民権法の第7条（Title Ⅶ of the Civil Right Act），障害をもつアメリカ人法（Americans With Disability Act），雇用上の年齢差別禁止法（Age Discrimination in Employment Act），COBRA（Consolidated Omnibus Budget Reconstraction Act）｛従業員が退職する場合，一定の要件下で団体医療保険の継続適用を義務づけるもの－注，伊藤｝，医療保険移転・責任法（Health Insurance Portability and Accountability Act）などを挙げている。たとえば，家族医療介護法とエリサ法は，12か月間でそれぞれ1,250労働時間

Chapter 11　人材ビジネスの新展開

と1,000労働時間を資格要件にしており，臨時労働者，オンコール・ワーカー，パートタイム労働者などは適用除外となる可能性が高い。また，非典型労働者は最低所得水準を満たしていないことで，各州の失業保険の適用を受けるのが難しい。そして，全国労働関係法のもとでの交渉団体に加入したり，新たな交渉団体を組織することは，非典型労働者とくに業務請負企業労働者には難しく，派遣社員にとっても「利害の十分な共通性（sufficient community of interest, 共通の監督，労働条件，賃金・労働時間・雇用条件といったこと）」を示さない限り，既存の団体交渉単位に加入することが難しい。

　ＧＡＯは，こういった非典型労働者の実態を通して，雇用主が労働者を故意に誤って分類すること（misclassified）で，労働者災害補償や失業保険の負担を軽減し，本来支払うべき社会保障税や所得税を納めていないと結論づけている。また，ケネディ上院議員は，「雇用主は，その労働者を臨時労働者あるいは契約労働者と誤って類別すること（miscategorizing）で，コストを削減するという経済的な動機をもっている。しばしば，非典型的な就業形態は，労働者を従業員給付プログラムから排除する目的と，労働者に対する責任を免れる目的で雇用主によって準備されている。何百万人という従業員がその雇用主によって誤って類別されており，その結果彼らは受ける権利を有する諸給付や保護を拒否」[3]されていると主張されていた。

　以上のＧＡＯの報告書に対し，アメリカ人材協会（American Staffing Association）は，人材会社（staffing firms）の従業員は平均で約10週間臨時労働者として働くだけで，そのうちの圧倒的多数は永続的な仕事（permanent jobs）を見つけている点を報告書は無視している，と反論している[4]。そこでは，テンプ・トゥ・ハイヤー（temp-to-hire, 臨時的雇用から正規雇用へ）への道が準備されているし，数多くの臨時労働者が永続的な仕事を見つけており，派遣されていた顧客企業でそうした仕事を見つけていたとも指摘している。そして，医療保険，年金，各種法律の適用除外に関しても言及しているが，決定的な反論とはなっていないように思える。だが，人材ビジネスは，次節で考察するように，こういった事態を打開する方法をすでに用意していたのである。

2　人材ビジネスの新展開―ＰＥＯｓ―

　前節で見た非典型労働者を取り巻く否定的な状況を克服しようとするのがここで取り上げるＰＥＯｓである[5]。

(1)　ＰＥＯｓとは

　ＰＥＯｓは，その業界団体であるＮＡＰＥＯ（National Association of Professional Employer Organizations, 1984年設立，会員数約700社）によって，「契約により雇用主としての権利，責任，リスクを大幅に引き受け，そして顧客企業に雇用された労働者とその雇用主との雇用関係を構築・維持することを通して，顧客企業の人的資源と顧客企業の雇用主としてのリスクを管理・運営することに対し，総合的かつ効率的な方法を提供する組織」と定義されている。この定義だけではその実態は把握しがたい。ＮＡＰＥＯが挙げている次の６つの具体的な活動でそれを補っておこう。ＰＥＯｓは顧客企業との契約により，

①　顧客企業で働く従業員を雇用し，その労働者の特定の事項に対し，雇用主としての責任を引き受ける
②　顧客企業が製品あるいはサービスに対してもつ責任と矛盾しない範囲で，従業員の命令権と統制権を留保し，顧客企業と責任を共有する
③　自らの責任で，従業員の賃金と雇用に伴う諸税を支払う
④　州政府と連邦政府に対し，雇用に伴う諸税を申告し，徴収し，納付する
⑤　短期ではなく長期的な従業員との雇用関係を構築・維持する
⑥　従業員を採用，配置転換，解雇する権利を保有する

　こういったＰＥＯｓが登場した背景を，ＮＡＰＥＯは３点にわたって指摘している。まず１点目は，雇用にかかわる問題が複雑化，煩雑化してきたことである。ＮＡＰＥＯは，「ここ20年の間にアメリカでは雇用に関連した連邦・州・地域の法律と規制が非常に増大している」と述べている。ＮＡＰＥＯがそのホームページに掲げている図によると，1980年までにそういった法律や規制

は35件であったのが、2000年までにさらに26件上積みされている。ちなみに、1900年までは2件、1900～1940年に8件増え、1940～80年には25件増えていた。アメリカ中小企業庁も、1980～2000年の間に雇用政策や雇用慣行に関する労働法や規制の数が約60％増加したとしている。2点目は、小規模事業から中規模事業を管理するのに必要な専門的知識が、そういった事業を始めようとする多くの起業家の経験と教育訓練の必要性を大きくしたことである。ＰＥＯｓを活用することで、大企業並の会計士、人的資源管理の専門家、弁護士、リスク管理者、給付管理者、情報サービス管理者をもてることとなる。3点目として、ＰＥＯｓは、医療保険、退職貯蓄プラン、障害保険、生命保険、扶養者介護払戻勘定、視力ケア、歯科保険、従業員扶助プラン、職業カウンセリング、教育訓練手当といったことに「規模の経済」を活用できるのである。ＮＡＰＥＯにいわせれば、「フォーチュン500」程度のものを提供しているとのことである。また、企業規模の制約から雇用法の適用除外のもとに置かれていた中小企業の従業員もその適用下に入れることで、大企業の従業員と同様の保護が受けられるようになる。

　以上をまとめて、「人事管理、医療保険給付、労働者災害補償の支払い請求、賃金支払い、支払給与税（従業員に支払われた賃金・給与総額をベースとして、雇用主に課される社会保障のための目的税―注，伊藤）の遵守、そして失業保険の支払請求といった次第に複雑さを増しつつある従業員に関連した諸問題の管理」を引き受けてもらうことで、顧客企業自身は収益活動に専念できるとＮＡＰＥＯは主張している。アメリカ中小企業庁によると、中小企業主はその時間の25％以上を雇用にかかわる事務作業に費やしていた。ＮＡＰＥＯが、business of employment（雇用のための仕事）の負担を免れることで、business of their business（ビジネスのための仕事）に専念できるとする所以である。

(2) ＰＥＯｓのメリット

　ＰＥＯｓは、上記のようなサービスを請け負っているのであるが、それは顧客企業、従業員（政府は省略）にとって次のようなメリットをもつとされている。

<顧客企業にとってのメリット>
- コストをコントロールできる
- 時間を節約し，事務手続きの煩わしい作業から解放される
- コンプライアンス（たとえば，賃金支払い，内国歳入法，雇用機会均等委員会）に関する専門的なアドバイスを提供してもらえる
- 離職率を引き下げ，優秀な従業員を惹きつけることができる
- 支払い請求の管理（たとえば，労働者災害補償や失業保険）
- 最良の給付パッケージを提供できる
- 人的資源管理に関する専門的なサービス（たとえば，社員ハンドブック，各種書式，方針，手続き）を提供してもらえる
- 会計コストを引き下げられる

<従業員にとってのメリット>
- これまで利用できなかった広範囲な給付を活用できる
- これまで以上に雇用主と従業員の間のコミュニケーションが図れる
- 雇用に伴う問題に関する専門的な支援を受けられる
- 専門的なオリエンテーションや従業員ハンドブックが得られる
- 従業員数に応じて定められた法律の適用範囲を拡大できることで保護の可能性が高まる
- 労働規制，労働者の諸権利，職場の安全に関する最新情報を入手できる
- 効率的かつ迅速な支払い請求の処理
- 給付のポータブル化（従業員は，給付資格を失うことなくPEOsのもとにある顧客企業から別の顧客企業に移ることができる）

(3) PEOs，顧客企業，およびその顧客企業従業員の関係

では，PEOs，顧客企業，その顧客企業の従業員の関係はどうなっているのであろうか。それを図示したのが図表11-6である。この図から分かるように，PEOsと顧客企業は，従業員を共同雇用（co-employment）しているのである。①の部分は，ビジネス契約を示し，顧客企業はPEOsに支払う。②と

Chapter 11 人材ビジネスの新展開

図表11-6　ＰＥＯｓのもとでの共同雇用の概念図

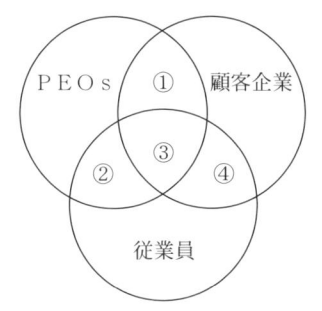

（ベン図：ＰＥＯｓ、顧客企業、従業員の3つの円が重なり、①②③④の領域を示す）

出所）http://www.napeo.org/peoindustry/coemployers.cfm（2006年1月28日）

④の部分は，ＰＥＯｓと顧客企業が従業員に対してそれぞれ雇用上の義務を負うのであるが，両者とも単独で義務を履行せず，一定の雇用上の義務についてはそれぞれが責任をもち，その他の義務については責任を共有しているのである。ＰＥＯｓと顧客企業は，顧客企業の従業員と慣習法上の雇用関係にあり，それぞれは独自に従業員を採用，監督，規律遵守，解雇する決定権を有している。つまり，顧客企業の従業員は顧客企業とＰＥＯｓの従業員となるのであるが，顧客企業の従業員全員がＰＥＯｓの従業員となるとは限らず，共同雇用している従業員に対してのみ両者はパートナーとなるのである。ＰＥＯｓは，人的資源管理や雇用法の遵守に関する問題で従業員を指揮・統制する。顧客企業は，製品とサービスの製造と流通に関して従業員を指揮・統制する。ＰＥＯｓは，その従業員に安全で生産性に寄与する作業場を提供し，雇用法や雇用上の規制に従って作業することを保障する。さらに，労働者災害保険，失業保険，広範な従業員給付プログラムを提供するのである（NAPEOはこの点を"general" employerと呼んでいる）。顧客企業は，その従業員に道具，器械，作業場を提供する（NAPEOはこの点を"special" employerと呼んでいる）。③の部分は，三者の共同責任を示している。雇用に関する差別禁止といった基本原則を三者は共同で責任をもつのである。

　以上の点をより明確にするため，ＰＥＯｓを従業員リース業および人材派遣

業と対比しておこう。ＰＥＯｓと従業員リース業はよく混同されるが，ＮＡＰＥＯはまったく異なったものだとしている。従業員リース業は，ある種の責任を顧客企業から従業員リース会社に移転し，ＰＥＯｓでは起こり得ない「解雇，採用，リース・バック」といった概念を生む。労働者は顧客企業に解雇されて，ＰＥＯｓで再雇用されるわけではない。従業員リースは補完的で臨時的な雇用形態で，一定期間，その多くはプロジェクト完了まで派遣されるだけなのに対し，ＰＥＯｓのもとでの就業形態は長期で，プロジェクトとは関係のない雇用関係である。ＰＥＯｓは，雇用主の雇用税，給付プラン，その他のＨＲＭにかかわる目標を引き受けるのであって，その結果顧客企業はその従業員に長期にわたる投資が可能である。ＰＥＯｓは，人材派遣の場合と違って，長期的な関係を構築しており，90％の顧客企業と従業員は１年以上の関係を結んでいる。

(4)　ＰＥＯｓの利用者

　ＮＡＰＥＯによると，顧客企業の平均従業員数は17名だが，大企業のなかにもその価値を認める企業が出始めている，とのことである。そして，200〜300万人のアメリカ人がＰＥＯｓに雇用されていると推計されており，過去６年間では毎年20〜30％の割合で成長している（従業員500人以下の企業での利用が２％程度であるため，成長の余地はまだまだ十分にあるとのことである[6]）。図表11—7は，少し資料は古いが代表的なＰＥＯｓであるテキサス州に本社のあるアドミニスタッフ社（Administaff），フロリダ州に本社のあるスタッフ・リーシング社（Staff Leasing），オハイオ州に本社のあるチーム・アメリカ社（TEAM America）の1996〜98年の業績を示している。それぞれ大きく成長していたことが理解できる。17の州でＰＥＯｓは内国歳入法でいう雇用主と認められているし，それ以上の州で労働者災害補償や州の失業保険税の対象となる雇用主と認められている。

図表11-7　代表的PEOsの業績（単位：人，千ドル）

	1996	1997	1998
アドミニスタッフ社			
総　収　入	899,596	1,213,620	1,683,063
純　　　益	2,603	7,439	9,123
従 業 員 数	22,234	26,907	34,819
スタッフ・リーシング社			
総　収　入	1,432,131	1,851,248	2,375,522
純　　　益	3,865	30,783	23,395
従 業 員 数	86,000	107,885	127,470
チーム・アメリカ社			
総　収　入	95,468	155,864	339,958
純　　　益	624	930	682
従 業 員 数	3,646	10,500	14,170

出所）"Rapid Growth at Publicly Held PEOs" *HRMagazine,* Feb. 2000.

3　ＰＥＯｓの問題点

　企業規模による制約で，これまで十分な保険・給付を受けられなかった従業員も「規模の経済」のもとでそういった諸点が改善されるといった側面が強調されている。事実，ＧＡＯが指摘していた家族医療介護法など一連の法律の適用を受けられる。だが，ＰＥＯｓに問題はないのであろうか。

　職務中の災害，人種差別，セクハラといった問題に対し，ＰＥＯｓと顧客企業のどちらが責任と義務を負うのであろうか。この点に関しては，人種差別や性的差別を申し立てる労働者が，ＰＥＯｓか顧客企業，あるいは両者を相手取って訴訟を起こすことになるが，詳しいことはＰＥＯｓと顧客企業との間の契約で明確に規定されているため[7]，それほど大きな問題とはならない。

　その最大の問題点は労使関係にあると思われる。ＰＥＯｓでは労使関係はどのように扱われるのであろうか。この点をＮＡＰＥＯの報告書（The PEO Blue Book）で見ておこう[8]。それによると，ＰＥＯｓは組合のある職場でも組合の

ない職場でも機能しているとのことである。全国労働関係委員会（National Labor Relations Board）は，共同雇用関係のもとにある従業員を顧客企業の団体交渉単位に含むことを認めており，団体交渉協約のあるところではＰＥＯｓは協約条件を遵守するが，団体交渉協約の当事者とはならない。また，ＰＥＯｓは，全国労働関係委員会の基準に従って，従業員の組織する権利あるいは組織しない権利を支持している。

　顧客企業とＰＥＯｓは従業員を共同雇用しているのであるが，いったいどちらが団体交渉の当事者となるのであろうか。賃金や税金を支払っている主体が雇用主とする内国歳入法に従えばＰＥＯｓとなるが，ＮＡＰＥＯが明確に規定しているように団体交渉当事者とはならないのである。だが，労働者との雇用関係を構築・維持し，採用・配置転換・解雇する権利を有しているのであるから，労働者の苦情には対処しなければならない。それは顧客企業の雇用主責任を減ずるものではないはずである。ＰＥＯｓは，賃金や他の労働条件の交渉主体である顧客企業の締結した協約をそのまま遵守することになっているが，賃金決定の基礎となる職務分析や人事評価は人的資源管理に関する専門的知識をもつＰＥＯｓが行うはずである。いったいどちらが主体となるのであろうか。

　先の報告書によると，ＰＥＯｓは質の高い給付を提供したり，専門的な人的資源管理の知識を有することで「組合つぶし」のインセンティブはもっていないとしている。だが，顧客企業の従業員が全員共同雇用されるわけではなく，共同雇用に組み入れるかどうかの決定権はＰＥＯｓがもっていたはずである。直接的な「組合つぶし」はなくとも，雇用から排除することで間接的に組合をつぶすのは可能であろう。

　21世紀の成長産業であるとＮＡＰＥＯが評価するＰＥＯｓの今後の展開を注意深く見守る必要がある。

（注）
1) http://www.cfcw.org/permatemp.html（2006年1月28日）
2) GAO, *Contingent Workers,* June 2000. http://www.gao.gov/
3) http://www.senate.gov/~kennedy/statements/00/07/2000725859.html

Chapter 11　人材ビジネスの新展開

4）　"GAO Report on Contingent Work Misleading," July 28, 2000. http://www.americanstaffing.net/memberDocuments/swarchive/sw07312000.htm（2006年1月28日）
5）　以下，断りのない限り，この節の内容はNAPEOのホームページからの情報による。そのURLは，http://www.napeo.org/である。
6）　"All Abroad！will a PEO be the next stop for your Career？" *HRMagazine*, Sep. 1997.
7）　"Who is the Employer？" *HRMagazine*, Sep. 1997.
8）　(財)日経連国際協力センター『米国に於ける新規事業による雇用創出に関する調査研究』，2000年3月。

229

Chapter 12

リンカーン・エレクトリック社の人的資源管理
―インセンティブ・マネジメントを中心に―

「ここが気に入っているのは，自分のやるべき仕事がはっきりしているとともに，自分が自分のボスでいられるからかな。仕事は忙しいよ。休憩は昼食時の30分間だけだ。だから，がっぽり稼いでいる。2軒家をもっているし，一軒は貸家にしている。車は4台もっている。支払いは全部終わっているよ。」[1]
……John "Tiny" Carrillo（勤続24年のリンカーン・エレクトリック社の労働者）

　2005年に創立110周年を迎えたリンカーン・エレクトリック社（Lincoln Electric Company，以下リンカーン社）は，世界最大のアーク溶接機器・溶接材料メーカーである[2]が，その卓越した業績とユニークな経営ゆえに注目を集めてきた企業でもある。
　まず特筆すべきことは，衰退著しい重厚長大産業とその関連企業が集中するいわゆるラストベルト（鉄さび地帯）の中心ともいえるオハイオ州クリーヴランドを本拠地としながら，リンカーン社がそこで生き残っているだけでなく，逆に業績を伸ばしてきたことである。同社は，1992年を例外として，創業以来赤字を出したことがない。従業員の報酬はずば抜けて高い。2000年における同社の生産労働者の平均年収は6万254ドルで，合衆国製造業労働者の平均額より約78％も高い。同社の経営上の特徴としてもっとも有名であるのは，おそらくノーレイオフ・ポリシーであろう。「同社は，景気が悪いときには，操業時間を短縮し，労働者を配置転換し，最後の手段として新規採用を見合わせる。そして，景気が良くなると，労働者を急には増員せずに残業時間をふやして生産量の増大に対応する。」その結果，同社ホームページによれば，アメリカ内に

おいては1948年以来1人もレイオフしたことがない。また，同社の労働者はこれまで労働組合に組織されたことはなく，ストライキは一度も発生していない3）。

他方で，リンカーン社は「余分なことにはカネを使わない会社」（no-frills company）としても有名である。「歯科治療保険なし，有給休日なし，有給疾病休暇なし（ただし，有給休暇はある）。メイン工場は，ツートーンの緑色の外壁で，窓がなく，エアコンもない，あたかも1950年代から抜け出してきたような外観である。」同社への訪問者は工場で使用されている機械や設備が古いことも報告している。したがって，「粉飾された苦汗工場」（dressed-up sweatshop）と批判する少数の人もいるが，同社をほとんどカルト教団のように信奉している多くの人がいることも確かである4）。

それでは，同社の圧倒的な業績の理由はどこにあるのだろうか。門外不出の秘伝のようなものがあるのだろうか。実はその理由が，インセンティブ・マネジメント（Incentive Management）と呼ばれる1914年以来ほとんど変わらない独自の管理制度にあり，同社ホームページに明記されているように，結局その中心的内容がF・W・テイラーによる1世紀前の提案に起源をもつ出来高給制とボーナス制度からなる「古めかしいペイ・フォー・パフォーマンス」であることは周知の事実である。それは秘密でも何でもなく，1946年からハーヴァード・ビジネススクールで中心的トピックの1つとして取り上げられてきたし，リンカーン社自身が1983年以来クリーヴランド工場においてセミナーを毎月開き部外者にその内容を積極的に伝授しているほどである。それならば，多くの企業がリンカーン社のやり方を模倣して好業績を上げてもよさそうなものであるが，模倣に成功したという例は寡聞にして知らない。なぜだろうか。本章では，このような疑問の観点から，リンカーン社のインセンティブ・マネジメントの内容と機能について検討したい。なお，結論を先取りしていえば，補完性（complementarity）という概念が疑問を解く手がかりとなろう。ミルグロムとロバーツ（Milgrom&Roberts）の定義によれば，補完性とは，一群の活動における「どの活動であれ1つの活動の水準を高めることが，他の活動の水準を高め

ることの利益を増大させる」ような関係である[5]。

1 リンカーン社の沿革

　そもそもリンカーン社の今日に至る発展は，1つの「補完性」を礎として開始されている。創業者兄弟のJ・C・リンカーン（John Cromwell Lincoln）とJ・F・リンカーン（James Finney Lincoln）の間の補完性である。1895年12月5日に200ドルの資金で電気モーターと発電機を製造するリンカーン社を設立した兄J・C・リンカーンは，電気という当時の新技術の可能性を追求し生涯に55件の特許を取得したテクニカル・ジーニアスであった。リンカーン社のその後の発展は，技術的には，彼がフォード社やビュイック社の成功をみて電気自動車の将来に見切りをつけ，製造していた電気自動車用充電器の技術を溶接機に転用したことに大きく負っている。17歳年下のJ・F・リンカーンは，兄同様にオハイオ州立大学で電気工学を学んだ一方で大学フットボール・チームのキャプテンとして活躍した後，1907年にセールスマンとして兄の事業に参加したが，彼の「並外れたマネジメントの才能」がなければリンカーン社の経営的成功はあり得なかったであろう。競争とチームワークの意義を強調するインセンティブ・マネジメントの哲学には彼のスポーツマンとしての経験が反映しているが，制度としてそれが形成された端緒は，当時の社会における労使の対立的状況に対する鋭敏な観察から，労働者を動機づけるためにはまず従業員のいうことに耳を傾けることが必要であると考え，現在に至るまで存続する労使協議機関である諮問委員会（Advisory Board）を1914年に設置したことにある。今日ではインセンティブ・マネジメントの代名詞ともなっている出来高給制やボーナス制はそこでの協議の結果初めて導入されたのである。その後，リンカーン社は他の追随を許さない高い生産性と価格競争力によってトップメーカーに成長し，1930年以降アメリカ市場を支配してきた。たとえば，1921～44年に，200アンペア溶接機を生産するために必要な労働量は約113時間から約16時間まで減少し，販売価格は1,500ドルから200ドルにまで下落した。したがっ

て，同分野に参入した巨大企業のウェスティングハウス社とGEも，1980年代までに完全撤退を余儀なくされた。リンカーン社は，2004年末現在，アメリカを含めた18カ国の29工場において従業員総数6,835名で事業を展開しており，総売上高は13億3,400万ドル，純利益は8,100万ドルである[6]。

2 経営哲学と企業戦略

　リンカーン社においては，経営哲学と企業戦略と人的資源管理は不可分であり，それら全体がいわば広義のインセンティブ・マネジメントであると理解されており，そのような理解は少なくとも過去半世紀以上の間不変であったといってよい。J・F・リンカーンは，競争こそがあらゆる人間の潜在能力を極限まで発揮させる動因であり，社会進歩の不可欠の条件であると考えていた。人間を競争に駆り立てるためには，適切なインセンティブが提供されねばならない。企業経営の枠内でこの条件を考えるならば，顧客には「よりよい品質とより低い価格」が，経営者にはより高い報酬が，株主にはより高い配当が，そして労働者には「生産高に比例した金銭，達成に対する報酬としての地位，貢献と技能に対する名声」がインセンティブとして提示される必要がある。ただし，不在株主は「実際は労働者や経営者に与えられるべき収入を得ており，能率に対して何の貢献もしておらず，今日株を購入し明日それを売るだけ」の存在であるので，優先順位は顧客，従業員，株主という順番になる。

　このような経営哲学から導き出される企業戦略は，次のようなきわめて単純なものである。「顧客に対してよりよい製品をより安い価格で提供すること」あるいは「ライヴァル企業よりも高い品質の製品をより低いコストで生産すること。」事実，リンカーン社の単位コストは業界最低であり，アメリカ生産性センターは，リンカーン社の労働者が同業他社の労働者よりも2.5～3倍生産性が高いことにその理由があると推定している。そして，このような戦略を，人的資源管理の面で追求する制度が狭義のインセンティブ・マネジメントであり，販売促進の面で追求する制度がGCR（Guaranteed Cost Reduction Program）

である。後者は，リンカーン社製品購入の前提として販売員が顧客に約束したコスト削減が実現しなかった場合には，実際の節約額と約束された節約額との差額を返金する制度である[7]。

3 インセンティブ・マネジメント・システム

インセンティブ・マネジメントを論ずるとき，出来高給制やボーナス制だけに目を奪われがちであるが，これまでわずかに検討してきたことからも想像されるように，それは単に金銭的刺激によってより多くの労働の支出を図ろうとするものではなくて，もっと多様なインセンティブを提供することによって多様な貢献を引き出そうとするものである。リンカーン社では「3つのR」つまり Recognition（承認），Responsibility（責任），Reward（報酬）がインセンティブの柱であると理解されており，下記の相互に「補完的」と思われる諸制度がその提供にかかわっている[8]。

(1) 出来高給制

すべての生産労働者は，生産個数×出来高単価の算式による単純出来高給制（straight piecework plan）に基づいて支払われる。この原則は1914年以来今日に至るまで不変である。この支払方法は，固定給が全く約束されていないだけでなく，生産個数にかかわらず賃率が不変である点で，F・W・テイラーの異率出来高給制よりも古いタイプといえる。かつては，たとえばタイピストがキーストローク数によって支払われたこともあったが，現在は生産労働者以外は時間給で支払われている。出来高単価は，時間研究部門（Time Study Department）によって設定されるが，生産方法の変更あるいは新工程の導入がない限り変更されない。労働者の考案した作業方法の改善によって飛躍的に生産個数が増大した場合にも，単価は切り下げられない。したがって，労働者が稼ぐことのできる金額に上限は設定されていない。上記の理由で単価の変更が行われた場合，労働者は異議を唱えることもできる。ただし，これまでのところ，労働者が異

議を唱えた比率は0.2％以下である。

　出来高給には，生産個数を追求する余り品質を等閑にしてしまうインセンティブを労働者に与える危険性があるが，労働者が不良品を製作した場合には勤務時間外にそれを修繕するまで単価が支払われない措置によって，その危険性は防止されている。さらに，不良品が出荷前に品質管理部門によって捕捉された場合には，不良品の製作者は人事考課（後述）において5点（ボーナス1,000ドル分に相当）を，不良品が顧客に届いた後に返品された場合には，同様に10点（ボーナス2,000ドル分に相当）を差し引かれる。製品には製作者の氏名が刻印されているので，責任の所在を特定することができるのである[9]。

(2)　年末ボーナス（Year-End Bonus）

　これはプロフィット・シェアリングの一種であり，企業の業績と従業員の能力・成績に応じて毎年支払われる報酬である。制度が開始された1934年から今日に至るまで，途切れることなく支払われ続けており（赤字を出した1992年にはボーナス資金を借り入れて支払われた），1934〜89年の期間でみると，従業員の平均年間報酬のほぼ50％が年末ボーナスによって支払われている。

　ボーナス原資（bonus pool）は，利益総額から次年度以降必要な元金，納税と配当に必要な資金等を控除した額の範囲内で取締役会が決定する。ボーナス原資の個人への配分は，ボーナス・ファクター（ボーナス原資を支払い給与総額で除した値）×年間個人給与額×人事考課点÷100の算式に基づく。非生産労働者のボーナスも同じ手続きで決定される。人事考課（merit rating）は，半年毎に部門長が，信頼性（dependability），品質（quality），生産高（output），創意と協調性（ideas and cooperation）という4評価要素の観点から従業員を評価する制度である。各部門は25点×4（評価要素の数）×人数の算式で得られる点数（a pool of points）を与えられ，この点数を各部門長は相対評価に基づいて個人間に配分し，これが各個人の人事考課点となる。たとえば，無断欠勤はoutputの評価要素に関わる減点対象で，1回の無断欠勤につき0.4点が減点され，これはほぼボーナス80ドル分に相当する。全体の約75％の人が90〜110点の間に入る。ク

リーヴランド工場で働く3,000名のうち，数百名が110点以上であり，140点以上は1％未満である。110点以上を獲得した人については，ボーナス原資とは別枠からボーナスが支払われる[10]。

(3) ノーレイオフ・ポリシー

レイオフを行わないこと（いいかえれば，終身雇用）は，リンカーン社においては，単なる慣行や努力目標ではなくて，継続的雇用保障制度（Guaranteed Continuous Employment Plan）という公式的制度に基づくものである。この制度は，1951年に試験的に開始され，1958年に正式に導入されたが，すでに述べたように同社はそれ以前の1948年以来実質的にはノーレイオフを実現してきた。レイオフを行わないことは，1つはJ・F・リンカーンの次のようなプラグマティックな見解に由来する。「不景気のときに労働者をレイオフすることは，能率の死を意味する。会社から放り出される労働者は訓練を受けた労働者である。景気が上向いたときに彼の代わりを採用することは，レイオフ期間中の賃金の節約分よりも多くの新たな費用を発生させる。」同時にノーレイオフには，生産性を向上させれば労働力が過剰となって失職につながるのではないかという不安からさらなる生産性向上に従業員が協力しなくなるという，出来高給制に内在する危険性を防止することによって，出来高給制を「補完する」という狙いもある。

この制度のもとでは，勤続3年以上の従業員に対して標準的な40時間労働週の少なくとも75％まで，つまり30時間まで雇用が保障されることと引き換えに，従業員には不景気時の配置転換と繁忙期の超過勤務を受け入れる義務がある。たとえば，56歳のあるベテラン従業員は，1997～2002年に，質的に全く異なるしたがって賃率も異なる13職務をこなしてきた。配置転換は生産部門内だけで行われるわけではない。1982年の不況時には，54名の生産労働者が応急訓練の後，販売部門に配置転換させられた。なお，同社に定年制度はない[11]。

(4) 採用,訓練,「内部からの昇進」

新規採用に関しては,販売員,技術者等の専門職への採用と,未経験者(entry level)あるいは熟練工としての工場職務への採用と,2つの経路がある。リンカーン社は従業員が「会社に骨を埋める」ことを期待するので,採用は念入りに行われる。選考方法は集中的な一連の面接が中心であるが,サウスウエスト航空(第9章参照)と同様に,学業成績や技能よりも自主性,向上心,成功志向といった態度が重視される。とくに工場職務への応募者には,「スピードの速い仕事環境で働く意欲」が要求される。毎月約1,000人の求職者が押しかけているが,試用期間内(最初の2か月)における労働移動率は約20%と高い。しかし,試用期間後の労働移動率は死亡や引退も含めて3%未満で,ほとんどの従業員は30年以上勤続する。

同社ホームページによれば,販売員は7か月,技術者は24か月の訓練を受ける必要があり,両者ともに訓練のなかにはリンカーン社溶接学校(1917年創設)での研修と製造現場での実習が含まれている。以上のような新入社員教育の他に,経営と工場のあらゆる局面をカヴァーする94種類のプログラムが現在行われている。

昇進については最下層を除く全ての地位について,「内部からの昇進の方針」(promotion-from-within policy)が厳格に守られてきた。ポストの空席が生じると,通知が各職場の掲示板に貼り出され,従業員は誰でも応募することができる。したがって,昇進は実力だけに基づき,先任権制度は存在しない。この方針が破られる唯一の例外は,社内では得られない専門的技能が必要とされる場合である。1986~92年に急激に進展した海外進出の失敗が4,580万ドルにのぼる同社の歴史上最初の赤字を出した時,国際事業の再構築のために2人の専門家が上級執行役員としては初めて社外から迎えられたのがその例である[12]。

(5) 労 使 関 係

出来高給制とボーナス制は,従業員の自己利益追求を保障する代わりに個人

Chapter 12 リンカーン・エレクトリック社の人的資源管理

責任を厳しく問う制度であり，したがってリンカーン社では各従業員が self-manager であることが要求される。と同時に，このような制度はチームワークと全社的協調を阻害する恐れもあるのであって，信頼と協力の雰囲気を作り出す活動（双方向的なコミュニケーション）によって「補完」される必要がある。アメリカの製造業においては一般的に労働組合がこのような問題に強い影響力を及ぼしてきたが，リンカーン社は非組合企業である。1997年秋には全米自動車労組（UAW）が組織化キャンペーンを行ったが，組合承認選挙の実施を全国労働関係委員会（NLRB）に申請するためにまず必要な従業員の30％以上の署名を集めることさえできなかった（獲得署名数は約200で従業員の約7.5％）。

労働組合に代わって重要な役割を果たしているのが，先に述べた諮問委員会である。ここでは，各部門の非管理従業員から選出された約30名の委員が，2週間ごとに，労働条件，経営方針，作業上の改善提案，等について経営陣と協議する。従業員委員の任期は1年で再任はなく，会議への出席には手当がつく。従業員は遠慮なく発言し，会議は「ロック・コンサート会場みたいな雰囲気」であるという。会議の議事録は毎回，各部門の掲示板に貼り出される。

上記の「補完」については，1940年代に開始された従業員株式購入制度（Employee Stock-Purchase Plan, ESPP）と1989年に設置された従業員持株制度（Employee Stock-Ownership Plan, ESOP）も役立っている。ESPPは帳簿価額での株式購入を認める，ESOPは株式配当の形で毎年利益配分する制度であり，ともに勤続1年以上の従業員を対象としている。両者は，これらがない場合に比べて，「レイオフを行わない」「出来高単価を勝手に変更しない」という約束をより信頼できるものにしている。リンカーン社は1995年に株式公開会社となりナスダック市場で取引されるようになったけれども，発行済み株式の60％以上は依然としてリンカーン・ファミリー（創業者一族，取締役会メンバー，現在と過去の従業員）によって所有されている。

また，経営者と従業員との間の平等性を強調するJ・F・リンカーンの経営理念に由来する企業文化も，「補完」に寄与している。たとえば，駐車場や食堂といった施設の利用に関して重役を優遇する特権はない。個人用オフィスを

利用できるのは社長とＣＥＯだけであり，それらは会議室も兼ねている。ＣＥＯと一般従業員との平均年間給与の比率が，日本において20対１，アメリカにおいて100対１であった1991年において，当時のＣＥＯドナルド・ヘイスティングスの給与と同社工場労働者の平均給与との比率は約14対１でしかなかった[13]。

　リンカーン社の歴代の管理者達は，インセンティブ・マネジメントが「単純」（つまり理解可能）であることを強調する一方で，「実行することが非常に難しい」「困難な骨の折れる経営方法」であることを打ち明ける。単純であるにもかかわらず困難であることのなかに，他社が模倣に成功しない謎に接近する手がかりがあるように思える。インセンティブ・マネジメントの構成要素の一つひとつは単純であるが，それぞれに長所と短所をもつ。長所だけを取り出して使用することは不可能である。しかし，リンカーン社の場合，「ある制度の弱点が別の制度の長所によって多少とも埋め合わされ」「いずれか一方を採用することが他方を採用することをますます魅力的に」し，その過程でたとえば「生産性と品質」や「競争と協力」のようなトレードオフの関係にあって両立しがたい価値が同時に達成される「補完的」関係が網の目のように形成されている。

　紙幅の関係でその「網の目」のすべてをここで描き尽くすことはできないが，その一部を抜き出してみれば次のような連鎖を指摘できる。出来高給制には生産性を増大させるという長所があるが，単価のいかなる変更も紛争の潜在的な要因となるという危険性がある。しかし，リンカーン社においてこれまで延べ約７万の単価が設定されてきたにもかかわらず紛争が生じなかったのは，円滑なコミュニケーションが維持されている労使関係とノーレイオフ・ポリシーによってその危険性の発現が防止されてきたからである。他方で，ノーレイオフ・ポリシーには，不景気時に人を減らせない，あるいは逆に景気回復時に簡単に人を増やせないので需要急増に敏速に対応できないという欠点があるが，これは同一の労働者が複数の職務を担当することを可能にする「柔軟なワークルー

Chapter 12 リンカーン・エレクトリック社の人的資源管理

ル」が非組合であるがゆえに成立していることによって,ある程度は埋め合わされている。

模倣が困難である第1の理由は,このような補完的関係の「部分」だけではなくて「全体」を形成あるいは模倣することの困難性である。理由の第2は,このような「補完的」関係の網の目の全体が,長期にわたる試行錯誤と学習の末に初めて獲得されているがゆえに,短時間でこれを形成あるいは模倣することが困難であるということにある。そして,これら2つの理由は,皮肉にも,リンカーン社自身の最近の経験によって例証されたのであった。1992年に同社が初めて赤字を出した原因が,グリーンフィールドへの新規投資よりはむしろ既存企業の買収によって急激に拡大した,したがって労使関係も企業文化も全く異なる海外事業に,本社工場で行われているものと同様の出来高給制とボーナス制を適用し,性急に成果を出そうとしたことにあったからである。インセンティブ・マネジメントを模倣することの困難性の理由についてより理論的に理解しようとするならば,資源ベース・アプローチあるいはリソース・ベースト・ビュー(RBV)の観点から検討することが有益であろう。その場合,J.B.バーニーが指摘する,他企業による経営資源の模倣を困難にする理由としての「独自の歴史的条件」「因果関係不明性」「社会的複雑性」,あるいは企業の保有する経営資源やケイパビリティが競争優位の源泉となるために組み合わせられなければならない「補完的な経営資源およびケイパビリティ」といった問題が関係してこよう。この点については,第2・9・13章も参照されたい[14]。

(注)
1) Norman Berg & Norman Fast, "The Lincoln Electric Company", *Harvard Business School Cases*, ♯9-376-028, July 29, 1983, p.7.
2) リンカーン社ホームページ(http://www.lincolnelectric.com/:アクセス日2006年2月7日)。
3) Jerry Jasinowski & Robert Hamrin, *Making it in America: Proven Paths to Success From 50 Top Companies*, Diane Pub., 1995, p.106, 寒河龍太郎訳『アメリカ製造業の復活:トップ50社の成功の軌跡』東急エージェンシー出版部,1996年,127ページ。Barry Gerhart & Sara L. Rynes, *Compensation: Theory, Evidence,*

and Strategic Implications, Sage Publications, 2003, pp. 76, 247. Anita Lienert, "A dinosaur of a different color", *Management Review,* Vol. 84, No. 2, Feb 1995, pp. 24−25. 中川誠士「雇用制度のグローバル・スタンダードという幻想」『労働の科学』第54巻第8号, 1999年8月, 24ページ.

4) Daniel Eisenberg, "Where people are never let go", *Time,* Vol. 157, No. 24, June 18, 2001, p. 40. H. Lorne Carmichael, W. Bentley MacLeod, "Worker cooperation and the ratchet effect", *Journal of Labor Economics,* Vol. 18, No. 1, Jan 2000. Bruce G. Posner, "Right From The Start", *INC.,* Vol. 10, No. 8, Aug 1988, p. 95. 米国労働省の1993年の資料によれば, 有給休日を設けている企業は全体の91％, 有給病気休暇制度が適用されている労働者は65％である (岡崎淳一『アメリカの労働』日本労働研究機構, 1996年, 322, 365ページ).

5) Paul Milgrom & John Roberts, "Complementarities and Fit: Strategy, Structure, and Organizational Change in Manufacturing", *Journal of Accounting & Economics,* Vol. 19, No. 2−3, April 1995, pp. 181, 200.

6) Raymond Moley, *The American Century and John C. Lincoln,* Duell, Sloan and Pearce, 1962. Virginia P. Dawson, *Lincoln Electric: A History,* Lincoln Electric Co., 1999. Daniel Hager, "James F. Lincoln : Industrial Peacemaker", *The Freeman,* Vol. 49, No. 4, Apr. 1999, p. 45. Christopher A. Bartlett, Jamie O'Connell, "Lincoln Electric : Venturing Abroad", *Harvard Business School Cases,* ＃9−398−095, Jan. 14, 1998, p. 4. Gene Epstein, "Highly motivated", *Barron's,* Vol. 76, No. 48, Nov 25, 1996, p. 24. Donald F. Hastings, *The Lincoln Electric Company: The Actual is Limited…, The Possible is Immense,* Newcomen Society of the United States, 1995, p. 8. Kenneth W. Chilton, "Lincoln Electric's Incentive System: Can It Be Transferred Overseas？", *Compensation and Benefits Review,* Vol. 25, No. 6, November 1993, p. 21. Bill L. Hopkins, Thomas C. Mawhinney, eds., *Pay for performance: History, Cntroversy, and Evidence,* Haworth Press, 1992, pp. 152−153. Berg & Fast, op. cit., pp. 1−2. *2004 Annual Report* (リンカーン社ホームページ).

7) Richard M. Hodgetts, "A Conversation with Donald F. Hastings of The Lincoln Electric Company", *Organizational Dynamics,* Vol. 25, No. 3, 1997, p. 73. James F. Lincoln, *Incentive management,* Lincoln Electric Company, 1951, p. 33. Berg & Fast, op. cit., p. 2. Bartlett & O'Connell, op. cit., p. 4. Epstein, op. cit., p. 24. Lienert, op. cit., p. 25.

8) Hastings, *op. cit.,* p. 10.

9) Frederick E. Schuster, *Employee-Centered Management : A Strategy for High Commitment and Involvement,* Quorum Books, 1998, p. 111. Carolyn Wiley, "Incentive plan pushes production", *Personnel Journal,* Vol. 72, No. 8, Aug 1993, pp. 87−89. Dean M. Schroeder & Alan G. Robinson, "America's Most Successful Export to Japan", *Sloan Management Review,* Vol. 32, No. 3, Spring 1991, p. 70. Bartlett & O'Connell, op. cit., p. 2. Berg & Fast, op. cit., p. 5. Chilton, op. cit., pp.

22−24. Lienert, op. cit., pp. 25−28. Milgrom & Roberts, op. cit., p. 200.
10) Bartlett & O'Connell, op. cit., pp. 2−3. Berg & Fast, op. cit., pp. 5−6. Chilton, op. cit., pp. 22−23. Wiley, op. cit., pp. 89−91. Posner, op. cit., p. 96.
11) Raymond A. Noe et al., *Human Resource Management, Gaining a Competitive Advantage, Fifth Edition,* McGraw-Hill Irwin, 2005, p. 192. James F. Lincoln, *A New Approach to Industrial Economics,* Devin-Adair Company, 1961, p. 80. Hodgetts, op. cit., pp. 72−73. Chilton, op. cit., p. 25. Wiley, op. cit., p. 91. Berg & Fast, op. cit., p. 6.
12) Bartlett & O'Connell, op. cit., p. 7. Hodgetts, op. cit., p. 71. Wiley, op. cit., p. 87. Posner, op. cit., p. 96. Hopkins & Mawhinney, *op. cit.,* pp. 157−158. Berg & Fast, op. cit., pp. 11−12.
13) Joseph A. Maciariello, *Lasting Value: Lessons from a Century of Agility at Lincoln Electric,* John Wiley & Sons, Inc., 2000, p. 3. David Prizinsky, "Union Drive Droops at Lincoln Electric", *Crain's Cleveland Bu-siness,* Vol. 19, No. 9, February 3, 1998, p. 21. James F. Lincoln, *Lincoln's Incentive System,* McGraw-Hill Book Company, Inc., 1946, p. 95. Chilton, op. cit., pp. 25−26. Schroeder & Robinson, op. cit., p. 70. Berg & Fast, op. cit., pp. 8.
14) Robert L. Heneman, *Strategic Reward Management : Design, Implementation, and Evaluation,* Information Age Publishing, 2002, p. 99. Gerhart & Rynes, *op. cit.,* pp. 221, 248−250. Eisenberg, op. cit., p. 2. Bartlett & O'Connell, op. cit., p. 4. Lienert, op. cit., p. 28. Milgrom & Roberts, op. cit., p. 180. Hopkins & Mawhinney, *op. cit.,* p. 155. Berg & Fast, op. cit., p. 13. Jay B. Barney, *Gaining and Sustaining Competitive Advantage,* Second Edition, Prentice Hall, 2002, pp. 165−172, 岡田正大訳『企業戦略論【上】基本編』ダイヤモンド社, 2003年, 259〜271ページ。

Chapter 13

SASインスティチュート社の人的資源管理
── 資源ベース・アプローチの例証として ──

　この章では，まず最初にフォーチュン誌（Fortune）に掲載されている企業評価を紹介する。それは，「アメリカでもっとも働きやすい会社ベスト100（The 100 Best Companies to Work for in America）」（以下，「フォーチュン100」）である。この企業評価で「もっとも働きやすい会社」として評価されるのは何かを明確にした上で，「フォーチュン100」の常連（2005年に他の21社と「殿堂」入りした）でもあるSASインスティチュート社（SAS Insutitute Inc., 以下SAS）を具体例に，評価される人的資源管理の内実を明らかにしたい。

1 「フォーチュン100」

　フォーチュン誌が優良企業（Great Employers）を追跡し，それをフォーチュン500といった形で公表していることは周知の事実である。そうした企業評価の一環として，1998年以降毎年1月号にその前年の「フォーチュン100」が発表されている。第1回目の「フォーチュン100」は，1997年に同誌の経験のなかで蓄積した1,000社以上のデータベースから238社をもっとも可能性のある候補とし，そのうち参加意志を表明した161社（最低10年の社歴と500人以上の従業員を擁する企業であることが条件）から選考された。この161社は，それぞれが無作為に選んだ225人（その後250人，現在400人）の従業員に，サンフランシスコに本拠を置く「働きがいのある職場研究所（Great Place to Work Institute）」が考案した信頼度指標（Great Place to Work Trust Index）を配布するよう求められた。この信頼度指標に基づいて，経営者に対する信頼，仕事に対する誇り，会

図表13-1 1998年と2006年の「フォーチュン100」

	1998年	2006年
1	Southwest Airline	Genentech
2	Kington Technology	Wagmans Food Markets
3	SAS Institute	Valero Energy
4	FEL-PRO	Griffin Hospital
5	TDIndustries	W. L. Gore & Associates
6	MBNA	Container Store
7	W. L. Gore	Vision Service Plan
8	Microsoft	J. M. Smucker
9	Merck	Recreational Equip.
10	Hewlett-Packard	S. C. Jonson
11	Synovus Financial	Boston Consulting Group
12	Goldman Sachs	Plante & Moran
13	MOOG	Quicken Loans
14	Deloitte & Touche	HomeBanc Mortgage
15	Corning	Whole Foods Market
16	Wegmans Food Markets	Edward Jones
17	Harley-Davidson	Republic Bancorp
18	Federal Express	Baptist Health Care
19	Procter & Gamble	Alston & Bird
20	PeopleSoft	Kimley-Horn & Assoc.
21	First Tennessee Bank	QuickTrip
22	J. M. Smucker	American Century Invest.
23	Granite Rock	Qualcomm
24	Patagonia	David Weekley Homes
25	Cisco Systems	Cisco Systems
26	Erie Insurance	Goldman Sachs
27	Marriott International	Network Appliance
28	Foru Seasons Hotels	Four Seasons
29	Rosenbluth Intl.	Starbucks
30	American Mgmt. System	SAS Institute
31	S.C. Johnson Wax	Robert W. Baird
32	Intel	Alcon Laboratories
33	UNUM	Nugget Markets
34	Whole Foods Market	CDW
35	Minn. Mining & Mfg.	American Fidelity Assur.
36	L.L. Bean	TDIndustries
37	REI	American Express
38	Acxiom	Milliken
39	USAA	Amgen
40	CMP Media	J. M. Family Enterprises
41	Eddie Bauer	Timberland
42	Life Technologies	Microsoft
43	Lands' End	Intuit
44	J. P. Morgan	Pella
45	Publix Super Markets	SRA International
46	Gillette	Nordstrom
47	Medtronic	AFLAC
48	Worthington Industries	Perkins Coie
49	BE&K	Nixon Peabody
50	Baldor Elecrtic	Northwest Community Hospital

出所) *Fortune*, Vol. 137, No. 1 (Jan., 1998), pp. 26-35. Vol. 153, No. 1 (Jan., 2006),

Chapter 13 SASインスティチュート社の人的資源管理

1998年	2006年
51 Herman Miller	Genzyme
52 Morrison & Foerster	Eli Lilly
53 Grant Plains Software	Hot Topic
54 Timberland	Arnold & Porter
55 Compaq Computer	Station Casinos
56 Adobe Systems	Publix Super Markets
57 A.G. Edwards	Synovus
58 Los Angeles Dodgers	Stew Leonard's
59 Xerox	Baptist Health South Florida
60 Lucas Digital	Vanguard Group
61 Hallmark Cards	Sherwin−Williams
62 Interface	Memorial Health
63 Ohio National Financial	Russell Investemnt Group
64 Mattel	FedEx
65 Bureau of Natl. Affairs	PCL Construction
66 St. Paul Cos.	MITRE
67 Valassis Communications	Ernst & Young
68 Quad／Graphics	Bronson Healthcare Grp.
69 Sun Microsystems	Valassis
70 Analog Devices	A.G. Edwards
71 Nordstrom	PricewaterhouseCoopers
72 Steelcase	Booz Allen Hamilton
73 Security Benefit	Yahoo
74 Amgen	Standard Pacific
75 Johnson & Johnson	Quad/Graphics
76 Fannie Mae	Children's Healthcare of Atlanta
77 Texas Instruments	National Instruments
78 General Mills	Methodist Hospital System
79 Bright Horizons	East Penn Mfg.
80 Lowe's Cos.	CH2M Hill
81 Starbucks	Autodesk
82 Mary Kay Cosmetics	Bingham McCutchen
83 H.B. Fuller	Texas Instruments
84 Deere	Worthington Industries
85 Odetics	First Horizon National
86 McCormick	Plincipal Financial Group.
87 Honda of America Mfg.	Washington Mutual
88 Motorola	Morrison & Foerster
89 Baptist Health Systems	Mayo Clinic
90 Wm. Beaumont Hospital	John Wiley & Sons
91 Donnelly	Granite Construction
92 W.W. Grainger	Men's Wearhouse
93 Alagasco	CarMax
94 Apogee	Bright Horizons
95 Shell Oil	Wm. Wringley Jr.
96 Alliedsignal	IKEA(U.S.)
97 Tennant	Intel
98 Herrill Lynch	General Mills
99 Acipco	Marriott International
100 Glaxo Wellcome	Nike

pp.61−70.

社に対する誇り，従業員同志の仲間意識・連帯感などを各社の従業員が評価するのである。また，候補企業各社には，ヒューイット・アソシエーツ社（Hewitt Associates）が開発した Hewitt People Practices Inventory という30ページ近くある質問票に回答すること（第3回調査で終了）や，従業員向けに配布されたベネフィット・パンフレット，社内報，広報用ビデオの提出が求められた。こうした資料に基づき，各社は175点満点で採点される。その内訳は，従業員調査が100点，ヒューイット社調査や既述の資料が55点，そして従業員の意見が20点である。その中心は，①各企業の方針と社風の評価，そして②従業員の意見であったが，現在は，①信頼性（従業員とのコミュニケーション），②従業員の尊重（機会と福利厚生），③公正さ（報酬，多様性），④誇りと仲間意識・連帯感（社会貢献，祝福）の4分野で採点されている。

　図表13-1は，第1回目と最新の「フォーチュン100」を示している。第1回目の「フォーチュン100」の平均像は次のような内容であった。設立は1931年，従業員数14,671人（パートタイマー率10.6％），年間売上高62億ドル，過去2年間に11,692人の新規採用（増加率23％）を行い，年間で63,922人の求職者があり，過去1年間の平均離職率は7％であった。従業員の人種構成では，白人が78％，アフリカ系アメリカ人が9％，ヒスパニックが7％，アジア系が5％であった。また，従業員の30％は2年未満の勤続しかなく，勤続20年以上の従業員は9％であった。管理職や専門職への登用を兼ねた社内教育研修に年間40時間を充当していた。平均勤続年数16.7年で24.7日の休暇を取ることができ，そのうち9日は有給で，それ以外に2.7日の休みを取れた。

　従業員向けの特典として多くの企業が挙げていたものには，子育て資金の提供や施設の紹介（83社），引越の手配（83社），介護資金の提供や施設の紹介（73社），個人的な旅行の手配（68社），カフェテリアへの補助金（64社），採用支援（60社）などがあった。組合のある会社は28社で，100％組織されていたのはハーレー・ダヴィッドソン社を含めて2社，本書第9章で取り上げたサウスウエスト航空は94％であった。在宅勤務者の割合が高い企業（15％以上）も8社あり，ピープルソフト社の50％がその最高であった。

Chapter 13　ＳＡＳインスティチュート社の人的資源管理

　最後に，ノーレイオフ政策についてである。当時，コダック社，ＩＢＭ，フィリップ・モリス社など同政策を破棄する企業が続出し，アメリカではそうした政策は過去のものと捉える風潮が一般化していた。だが，「フォーチュン100」にあってはそうではなく，18社が同政策を採用していた。そのなかには，第４章で取り上げたシスコシステムズ社，第９章で取り上げたサウスウエスト航空が含まれている。また，第６章で取り上げた３Ｍは，長期にわたってレイオフを実施しておらず，1997年に7,000職務をダウンサイズしたが，その際非自発的に退職したのは100人未満であった。

　第２回評価（1999年１月11日号掲載）で明らかにされたのは，「フォーチュン100」が教育研修と能力開発に取り組んでいたことである。従業員満足度を高める方法としてはストック・オプションがよく使われる。「フォーチュン100」のなかで全従業員を対象にストック・オプションを提供していたのは28社であった。だが，この調査で明らかになったのは，教育研修と能力開発が従業員満足度を高めるだけでなく，会社にとっても利益をもたらすという点であった。「フォーチュン100」ではそうした活動に年間平均43時間が費やされていた。1999年に第11位（2002年評価で第１位）となった証券会社エドワードジョーンズ社は，17週間の講義形式の新人研修を１人当たり５～７万ドルをかけて行っていた。同社のある支店長は，「わが社は教育研修を出費ではなく投資と考えている。……もし従業員を十分教育できないなら，当社は存続できない」[1]とまで語っていた。

　こうした動向を受けてフォーチュン誌は，多くの企業で最良の従業員と見なされているのは教育研修を自ら要求する従業員である，と指摘している。それが，現在働いている会社，あるいは別の会社で昇進するための前提条件だからである。では，「フォーチュン100」でキャリア・ディベロップメント施策として提供されていた施策にはどういったものがあったのか。同誌によると，キャリア・カウンセリングがもっとも多くて81社，次いでメンタリング・プログラム（経験豊かな従業員による若手の育成）が60社，授業料などの100％返還が33社，研修・技能取得のための長期無給休暇の31社が，上位を占めていた。

第3回調査（2000年1月10日号掲載）では，次のような興味深い表現が見られる。20世紀初頭にあってもっとも企業価値の高い企業はUSスティール社であった。同社の最重要資産は，煙突から煙を吐く工場（＝不動産や生産設備という物的資産）であった。それに対し，21世紀初頭にあってもっとも企業価値の高い企業はマイクロソフト社である。同社の最重要資産は，物的資源ではなく毎晩家に帰る人的資源だというのである。そして，企業は翌朝そうした人的資源が戻ってくるようにさまざまな配慮をする必要がある，と指摘している[2]。これは何もマイクロソフト社に限られたものではない。マーガレット・M・ブレア（Margaret M. Blair）らによれば，1978年初めに，株式公開企業の不動産，工場，生産設備の帳簿価格は企業の市場価値の83％を占めていたが，1997年終わりまでにその割合は3分の1未満になっていた[3]。

　ところで，人的資源を繋ぎ止めようとする場合，金銭的な施策（たとえばストック・オプションなど）に頼ろうとする企業が多い。だが，そうした施策はあまり有効ではない。最近の動向は，仕事と生活のバランスを考慮し，フレックスタイムなどの労働時間施策や在宅勤務，老人介護支援（day care）などを提供する企業が増えてきていることを示している。事実，この年の「フォーチュン100」のうち，89社が凝縮された週労働時間（compressed workweek），87社が在宅勤務，72社がジョブ・シェアリング，70社がフレックスタイムをそれぞれ導入していた。こうした施策の結果，この年の「フォーチュン100」における離職率は，その最高がSASの4％（ソフトウェア業界の平均は17％），ファイザー社の4％（製薬業界の平均は10％），次いでルーカス・デジタル社の5％（コンピュータ・グラフィック業界の平均は15％）といったように多くの企業で低い離職率を達成していたのである。

　第4回目の調査以降，個別企業が紹介されているだけで，残念ながら各年の「フォーチュン100」の全体像を捉えることはできない。また，ヒューイット・アソシエーツ社の質問票に代わって，「働きがいのある職場研究所」の企業文化監査（Culture Audit, これによって各企業の経営理念や経営上の諸慣行が分かる）が利用されるようになった。その後，第5回調査（2002年1月8日号掲載）

から社歴が7年に短縮され、第6回調査（2003年1月20日号掲載）からは選考対象が従業員数1,000人以上の企業となっている。

2　ＳＡＳインスティチュート社の人的資源管理

前節で取り上げた「フォーチュン100」で、どういった人的資源管理が評価されているかがある程度理解できたと思われる。そこで、この節では、「フォーチュン100」の常連といっても過言ではないＳＡＳを具体例として取り上げることで、アメリカで評価される人的資源管理とはどういうものかをより鮮明にしたい。

(1)　評価されるＳＡＳの諸施策

第1回目の「フォーチュン100」に選ばれながら第2回目で脱落した企業は37社、同じように第3回目で脱落した企業が35社というように、「フォーチュン100」に選ばれ続けることは至難の業である。だが一方で、選ばれ続けることで「栄誉」を手にしている企業もある。それがこの節で取り上げるＳＡＳである。同社の順位は、第1・2回目の3位から、その後6位、2位、3位、19位、8位、16位（中規模企業では6位）、30位と最新の順位を除いてほとんど上位20位以内にランクされていた。2005年には第1回目以降毎年ランク入りしている企業22社が「殿堂」入りしたが、ＳＡＳも当然そのなかに入っていた。

ＳＡＳは、1976年に創業されたエンタープライズ・インテリジェンスを創造するビジネス・インテリジェンス・プラットフォームとソリューションのリーディング・カンパニーである。同社の製品は、フォーチュン500の90％以上を含む世界中の4万以上のサイトで採用され、顧客並びにサプライヤーとの有益な関係の構築、より良くより正確な意思決定、円滑な組織運営の実現に寄与している。つまり同社は、創業以来約30年にわたって「The Power to Know（知る力）」を顧客に提供し続けているのである。ちなみに、ＳＡＳは株式未公開企業である。

まず，ＳＡＳに対する「フォーチュン100」のコメントを見ておこう。第１回評価では，月200ドルで利用できる良質の社内託児施設，無料で初期治療を施す社内診療所，ピアニストの演奏付きのカフェテリアなどが紹介されている。第２回評価では，創業者で代表取締役社長兼ＣＥＯのジェームズ・Ｈ・グッドナイト（James H.Goodnight）の「従業員を丁重に扱えば，彼らもわが社を正当に評価してくれる」という言葉を引用したうえで，同社が週35時間労働，月250ドルで利用できる社内託児施設，社内診療所，12日間の休暇，クリスマスと新年にかけて有給の週休を提供していることを紹介している。第３回評価では，同社をアメリカにおける労働者のユートピアにもっとも近い企業と位置づけたうえで，既述の施策に加えて医者と歯科医の常駐する医療センター，マッサージ療法士，樹木の生い茂った広大なキャンパス，プロフィット・シェアリング・プラン（会社利益の一部を退職後の年金に充当する）などを紹介している。第４回評価では，最新式の運動器具を完備したフィットネスセンター，退職後の種々のプランに対して給与の15％分を会社が拠出する制度，柔軟に変更できる勤務体制などを紹介している。第５回評価では，託児施設と80％近くの従業員が利用しているフィットネス・センターが従業員向け特典の双璧をなしているとし，医療センターでは無料で乳腺造影や臨床検査が行われていることを紹介している。第６回評価では，すでに何度も取り上げている託児施設（月300ドル），カフェテリア，体育館，診療所が離職率を低めるものと評価していた。順位のみを示した第７回に次いで第８回評価では，体育館には10レーンあるプールやビリアード台・ピンポン台・バレーボールコートが整備され，キャンパス内にはサッカー場，テニスコート，ゴルフのパット練習場があること，そして従業員は無料でテニスラケットの弦を張り替えてもらえることが紹介されていた。最後に，第９回評価では，同社が提供している諸給付として，医療保険料の会社全額負担，月300ドルでの託児，勤続１年経過後に提供される３週間の休暇，無制限の病気休暇，社内の医療施設が紹介されていた。

　ＳＡＳが高い評価を受ける理由を，2005年１月に人事担当副社長ジェフ・チェンバーズ（Jeff Chambers）は，「ＳＡＳは常々，社員やお客様と有意義で長

Chapter 13　ＳＡＳインスティチュート社の人的資源管理

期的な関係を築くことに取り組み，投資してきました。その結果，社員の離職率や顧客の移動率がきわめて低く，それが弊社の28年間にわたる収益性と成功の持続の支柱になっています」4)と述べている。つまり，社員や顧客との長期的な関係を重視するビジネス・モデルが評価されていると考えていたのである。さらに，同社が「子育て支援（child care）」，「医療保険（health care）」，「仕事と私生活のバランス（work-life balance）」といった部門で高く評価されたことを受けて，2006年 1 月にチェンバースは「ＳＡＳでは，従業員に優しい労働環境を高水準で維持してきました。その一方で，ＳＡＳのビジネス・モデルに適合する革新的なプログラムを取り入れるなど，新しい取り組みをしています」5)と述べている。事実，多くの企業が退職者向けの医療給付金の削減，廃止を進めているなかで，ＳＡＳは退職者向けの医療給付を追加し，2005年 8 月にはワークライフ・センターなどの福利厚生施設を開設していたのである6)。

　以上のフォーチュン誌以外にも，ＳＡＳはワーキングマザー誌（Working Mother）による「ワーキングマザーのための職場ベスト100」やコンピュータワールド誌（Computerworld）の「もっとも働きやすいＩＴ企業（Best Place to Work in ＩＴ）」にもたびたびランクインしている。まずワーキングマザー誌である。同誌の2001年の評価基準は，(a)従業員に占める女性の割合，(b)子育て支援，(c)柔軟性，(d)産休制度，(e)仕事と私生活のバランス，(f)女性の昇進，(g)福利厚生浸透の「深さ」（低所得，低職務レベルの労働者に対する福利厚生の手厚さ）であった。2002年にランクインしたのがＳＡＳにとっては13度目（17回中）であった。この年の評価基準は，柔軟な勤務体制や育児休暇など，企業が従業員に対してどれだけ多くの便宜を提供しているか，そして女性の昇進にあった7)。

　一方，1994年から行われているコンピュータワールド誌による評価は，福利厚生，多様性，キャリア開発，教育研修，従業員の定着率などに関する包括的なアンケートによって，技術専門家にとってもっとも働きやすい職場環境ベスト100を選出している。ＳＡＳは，最近 2 年間では，2004年に12位，2005年に24位に選出されている。2005年に選ばれた理由を，当時の副社長兼ＣＩＯのスザンヌ・ゴードン（Suzanne Gordon）は，「福利厚生の他，従業員を信頼・尊重

するというSASの社風が，IT業界のすぐれた人材をSASへ惹きつけていると考えています。また，SASの従業員は，困難な仕事も非常に前向きかつ柔軟に対応してくれています」[8]と述べていた。

(2) SASの人的資源管理

　以上のように評価されるSASの人的資源管理であるが，その背後にはそれを支える企業理念や企業文化がある[9]。

　先に，USスティール社とマイクロソフト社を対比して，現在の最重要資産が人的資産であることを指摘した。この点をもっとも如実に示す企業の1つが「従業員を大切に扱い温かい心配りをする中で従業員に能力を伸ばしてもらおう」という経営理念をもつSASであることは間違いない。社員に対する同社の心配りは相当なもので，第3章で取り上げた「家族としての企業」を彷彿とさせるものがある。従業員は，カフェテリアのスタッフや芝刈り職人に至るまで全員が正社員であり，最高経営責任者（CEO）を含めて全員が職種によらず同じ福利厚生と給付（ベネフィット）を提供され，近年急増したアウトソーシングは同社では見られない。

　従業員を大切にするという経営理念，つまり人的資産である従業員を会社資産そのものと見なすことは，前項で引用したチェンバースの言葉にも示されるように，従業員との長期に及ぶリレーションシップを重視するということであり，それがひいては顧客との長期に及ぶリレーションシップに繋がる（顧客とはファーストネームで呼び合う関係が構築されている）。

　SASの勤務時間は，1時間のランチタイムをはさんで朝9時から夕方5時までの週35時間であり，残業はほとんどない。当然のことながらノーレイオフ政策をとっている。前項で見たように，有料だが良質の託児所（1982年にある従業員が育児のために退職願を出したことが契機となった），カフェテリア（ランチタイムに親子で食事をとる社員もいる），医療センター（社員とその家族は無料），フィットネスセンター，体育館，テニスコート，サッカー場，ゴルフ場などが整備されるなど，福利厚生の充実度は高い。また，完全補償を前提とした医療保険制

度が従業員には無料で提供され（家族は少額の保険料が必要），全額会社拠出で各従業員がその年俸の3倍（一般のアメリカ企業では1.5～2倍）に相当する保険金を受け取れる生命保険も付与されている。さらに，病気休業の場合，6か月までは給与の100％が保険でカバーされ，それを超えると長期休業保険として給与の66％が職場復帰できるまで支給される。退職後は，同社から資金提供を受けて医療保険に加入できるし，退職年金は会社と従業員の双方が拠出する確定拠出型企業年金401kプランを採用している。

これらの諸施策は，「知る力」（＝従業員の創造力）をモットーとするSASでは当然の施策かもしれない。こうした施策は，同業他社と比べて圧倒的に低い離職率といった形で結実している。それは，新人研修に伴うコスト削減のみならず，顧客に対して高品質サービスを継続的に提供することを可能にし，同社の信頼性向上に大きく貢献している。

ただし，顧客の信頼を勝ち得たり，そのニーズに応えるには，離職率の低さがもたらす顧客との長期に及ぶリレーションシップだけでは不可能である。SASは，その売上高の25％以上をR＆Dに投資するなど（人件費のうち報酬部分は20～30％），その技術開発投資はソフトウェア業界でトップクラスに位置している。それを支えているのが同社のビジネスモデル（図表13-2）である。

通常のソフトウェア会社がアップグレードを販売するのと違い，同社はサイトライセンスを販売している。サイトライセンスでは，メーカーとユーザーとがソフトウェアの使用場所を定め，ユーザーはそのサイトにあるコンピュータに契約したソフトウェアを無制限にインストールできる。このビジネスモデルでは，初年度の売り上げは少ないが，ライセンスが更新される限り顧客当たりの累積売り上げは大きくなる（同社の更新率は95％を超えている）。だが，逆に見れば，ライセンスを更新してもらえるだけの魅力的なソフトウェアを継続的に進化・開発することで顧客のニーズに応え続けねばならない。「知る力」（＝従業員の創造力）をいかに活性化させるか，別のいい方をすれば，人的資源をいかに有効的に開発・活用するかに同社の浮沈がかかっている。

SASの従業員モデルを示したのが図表13-3である。福利厚生の充実，そ

図表13-2　SASのビジネスモデル

ライセンス → 投資 → ライセンス更新 → 継続的な売上成長 → ライセンス

図表13-3　SASの従業員モデル

長期間のコミットメント → 従業員の満足のための投資 → 低い離職率 → 継続的な売上成長 → 長期間のコミットメント

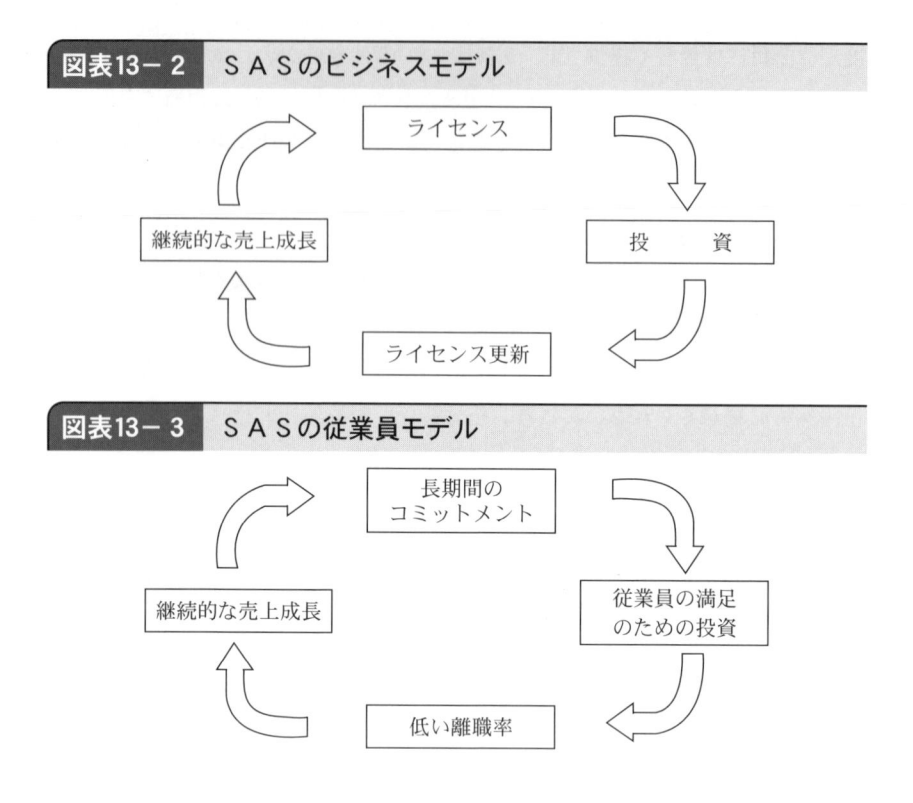

して仕事と生活の場である職場環境の改善に巨費を投じたとしても，従業員の離職率を低く抑えることができれば教育研修費を含めてさまざまな経費を削減できるのである（一説によれば年間1億ドル）。この点では，「従業員との長期的な関係とは，従業員の頭の中にしかないない知的財産を社内に確保するということ」も意味している点を十分考慮しなければならない。これがまさに第2章第6節で取り上げた資源ベース・アプローチなのである。

最後に，若干別角度からSASの人的資源管理を検討しておきたい。1つ目は，既述のように同社が未公開企業であるという点である。同社株を所有しているのは2人のオーナーだけで，現在物議を醸している株主志向のコーポレート・ガバナンスが問題になることはない。従業員を大切にするという企業文化は，従業員志向のコーポレート・ガバナンスのもとで開花したものである。そ

Chapter 13　SASインスティチュート社の人的資源管理

のため，株式公開（上場）企業では，第1に株主を満足させること，第2に競争力を維持するためのR＆D，第3に従業員という優先順位が一般的であるのに対し，SASでは第1が従業員，第2がR＆Dという順序になっている。

2つ目は，同社がノンユニオン（組合不在）企業である点である。従業員の発言権（voice）を代表する組合に代わるのは，定期的に実施される従業員満足度調査である。同社広報部によると，「フォーチュン100」に毎年積極的に参加しているのも，その一環として従業員調査があるからである。同社は，こうした手段を通して得た結果を経営幹部間で共有し，将来の企業計画もそれに基づいて検討される。また，同社の経営・管理層はオープン・ドア政策をとっており，従業員は彼らのオフィスを自由に訪れることができる上に，経営・管理層のウェブキャストはインタラクティブ（双方向性）であるため，形式上従業員はその意見を自由に表明できる。

3つ目は，同社の立地である。大部分の社員はノースカロライナ州キャリー（Cary）にある本社で働いている（全世界で約9,500人弱，全米で約5,000人，そのうち本社には約4,000人）。その広大なキャンパス（900エーカー，甲子園球場91個分）はシリコンバレーでは確保するのは難しい。また，同業者間で人材の争奪戦を行っているシリコンバレーでは低い離職率の確保も困難かもしれない。それが，シリコンバレーでは一般的なストック・オプション，フリーエージェント制，契約時のボーナスといった施策をSASが採用していない理由となっている。ただし，低い離職率は全社一律に見られるわけではなく，営業部門では18％と高い。それは，同社が能力のないと見なした従業員に辞職を促しているからで，配置転換が考慮される場合もあるが，会社に貢献できない従業員は去るしかないという厳しい現実もある。

最後に報酬である。従業員の報酬は，職務グループ（Job Family）内に設定された5～6のレベル（エントリーレベルからプリンシプルレベルまで）で決定される。それぞれのレベルは，職務期待値，スキル，経験，求められるコンピテンシー（行動特性）を基準にしている。昇給はマネジャーが裁量権をもっており，年1回市場水準データとマネジャーによる各従業員の業績評価をベースとして決定

される。この方法をＳＡＳは「業績に基づく調整（Performance Adjustment）」と呼んでいる。業績評価はＰ３（Peak Performance Program）という一種の目標管理に基づいて行われる。ここでいう目標は，全社的な目標→各事業部（Division）の目標→各部門（Department）の目標→各個人の目標，という順で設定される。各個人の目標と全社の目標が直結しており，Ｐ３で設定された個人目標の達成度合い＝実績で会社への貢献が判定され，それが給与やボーナスに反映されるのである。

　人事部は，以上のような諸施策に関し２年に１度全従業員を対象に満足度調査を実施している。他の企業に比べてＳＡＳの従業員満足度は高いようだが，報酬に直結する業績評価システムに対する不満が数年前に表明され，それを受けて既述の実績によって若干差のつく報酬体系に変更された。

（注）
1) *Fortune,* Vol. 139, No. 1 (Jan. 11, 1999), p. 67.
2) *Ibid.,* Vol. 141, No. 1 (Jan. 10, 2000), p. 69.
3) M. M. Blair and L. A. Stout, "Team Production in Business Organizations: An Introduction," *Journal of Corporate Law* 24, 1999, p. 744.
4) http://www.sas.com/news/preleases/011205/news1.html（2006年2月3日）
5) 6) http://www.sas.com/news/preleases/011106/news1.html（2006年2月3日）
7) この情報は，http://www.sas.com/offices/asiapacific/japan/news/press/200110/22.htmlと，http://www.sas.com/offices/asiapacific/japan/news/press/200210/08.htmlによる（2006年2月3日）
8) http://www.sas.com/offices/asiapacific/japan/news/press/200507/08.html（2006年2月3日）
9) 以下の記述は，ＳＡＳの本社広報部とホームページ（http://www.sas.com），SAS Institute Japan株式会社のホームページ（http://www.sas.com/offices/asiapacific/japan），同社から戴いた資料，そして，日本能率協会コンサルティング『2004年度訪米「人材マネジメント戦略」研究調査団報告書』（2004年12月）による。ＳＡＳの本社広報部，SAS Institute Japan 株式会社広報部，日本能率協会コンサルティングの斎藤智文氏にはこの場を借りて感謝の意を表したい。

INDEX

<人名索引>

<ア行>

アージリス, C ……………………46
アーツ, E ……………………64
アームストロング, C・M ………141, 143
アダムス, J・S ……………………22
アトキンソン, J・W ……………………91
アルドレッジ, M・E ………112, 120−121
アレン, R・E ……………………132
アンドリュース, R・E ……………216
イートン, R ……………………66
ウォーターマン, R・H ………25, 60, 171
ヴルーム, V ……………………21
オスターマン, P ……57, 59, 61, 79, 81, 148
オルソン, J・R ……………………132

<カ行>

ガースナー, L ……………65, 86−88
カルヴァー, C・M ……………………37
カンター, R・M ……………………12
キング, R ……………………171
グッドナイト, J・H ……………………252
グリフィン, R・W ……………………25
ケネディ, E・M ………216−217, 221
ケレハー, H ……167, 171, 182−185, 187
ゴードン, S ……………………253

<サ行>

サットン, F・X ……………………80
シャイ, E・A ……………………37
シャイン, E・H ………25−27, 46, 182
スペクター, B ……………………7

<タ行>

タラス, D・G ……………………154
チェンバーズ, J ……………………252
チャンドラー Jr, A・D ………12, 62
チャンピー, J ……………………66
チング, C・S ……………………37
ティチー, N・M ……………………8−9
テイラー, F・W ………21, 33, 232, 235
デシモン, L・D ……………………120
ドーマン, D・W ………………143−144

<ナ行>

ニラン, K・J ……………………112

<ハ行>

ハーツバーグ, F・I ……………21, 91
バット, R ……………………139
バド, J ……………………83
バレット, C ……………………187
ハロウェル, R ………179, 182, 186, 189
ビアー, M ……………………7−9
ピーターズ, T・J ………25, 60, 171
ピーターセン, D ……………………202
ビーチ, N ……………………7
ヒックス, C・J ……………………36, 38
フィッシャー, B ……………………34
フェファー, J ……171, 179, 182−183, 188
ブライアン, H ……………………108
フライバーグ, J ……………………183
フライバーグ, K ……………………183
ブラッシャー, P ……………………33
ブレア, M・M ……………………64, 250

259

ヘイスティング,D……………239
ベック,B……………………85
ポーター,L・W………………21
ポーター,M・E……………176,179
ホーフステッド,G……………25

<マ行>

マクゴナグル,W……………108
マグレガー,D・M……………46
マクレランド,D・C……………91
マズロー,A・H…………21,46,91
マッケナ,E……………………7
マローン,J・C………………143
ミュンスターバーグ,H…………91
ミリマン,J………………171,179
ミルグロム,P…………………232
メイヨー,G・E…………21,40,42－43
モーアヘッド,G………………25

<ヤ行>

ヤング,A・H…………………37
ユシーム,M……………………74

<ラ行>

ラーキン,J・M………………37
ラーソン,E・W………………22
リッカート,R…………………46
リンカーン,J・C……………233
リンカーン,J・F………233－234,237
ルーシア,A・D………………94
レスコーヒャー,D・D…………32
レスリスバーガー,F・J…21,42－43
レプシンガー,R………………94
ロウ,M・J……………………64
ローズヴェルト,F・D…………39
ローラー,E・E……………21,148
ロックフェラーJr,J・D………37
ロバーツ,J……………………232

<ワ行>

ワトソンSr,T・J……………86

＜企業索引＞

＜ア行＞

ＩＢＭ ………50, 58−60, 65, 86−88, 248
アメリカン航空……………………181
インターナショナル・ハーヴェスター社
　………………………………36−37
ウェスタン・エレクトリック社
　………………………127, 130, 132
ウェスティングハウス社………37, 233
ＡＴ＆Ｔ………………37, 127−144
エディス・グランド・アイスクリーム社
　……………………………………155
エドワードジョーンズ社…………249
エトナ………………………………62
エンロン社…………………………54

＜カ行＞

グッドイヤー・タイヤ・アンド・ラバー社
　……………………………………37
ケミカル・バンク……………………62
コダック社……………………50, 248
コムキャスト社……………………143
コンチネンタル航空……175, 177, 179

＜サ行＞

ＳＡＳインスティテュート社……245−258
サウスウエスト航空…167−189, 248−249
サターン社…………………………155
ＧＥ…………………………37, 48, 233
ＧＭ……………………………37, 211
ジェットブルー社…………………171
シスコシステムズ社……84−86, 249
シティグループ……………………62
スプリント社………………………132
３Ｍ………………………60, 107−124
ゼロックス社………………………156

＜タ行＞

ダイムラー・クライスラー社………66, 83
チェース・マンハッタン……………62
デジタル・イクイップメント社……79
デトロイト・ストーブ製作所………32
デニスン製造会社……………34−35
デルタ航空…………………………181
トラヴェラーズ……………………62

＜ナ行＞

ニュージャージー・スタンダード・
　オイル社…………………………36
ＮＵＭＭＩ………………………153

＜ハ行＞

ハーレー・ダヴィッドソン社………248
ピープル・エキスプレス航空……179
Ｐ＆Ｇ………………………………64
ＢＴ…………………………………143
ヒューイット・アソシエーツ社…248, 250
ヒューレット・パッカード社………60
フィリップ・モリス社………………249
フォード自動車会社………195−211
ブラッデン銅会社……………………33
プルデンシャル……………………62
ベスレヘム・スティール社…………37
ベライゾン社………………………144
ボーイング社………………………176

＜マ行＞

マイクロソフト社…………………250

＜ヤ行＞

ＵＳスティール社…………37, 250
ＵＳラバー社………………………37

261

ユナイテッド航空 ……………177, 179, 181

＜ラ行＞

リンカーン・エレクトリック社…231−241
ルーセント・テクノロジーズ社 ………142

＜ワ行＞

ワールドコム社………………………54, 142, 144

INDEX

＜事項索引＞

＜ア行＞

ＩＴ
　　ＡＴ＆Ｔでの— ………………141
　　—化 ………………………………51
　　—による雇用システムの変化 …62－63
　　—バブル …………………………143
ＩＢＥＷ ……………………………131
ＩＭＢモデル …………………………59
アウトソーシング ……………………51
アメリカ会計検査院（ＧＡＯ）……216－221
アメリカ職業局 …………………150, 152
アメリカ人材協会 ……………………221
『アメリカの経営理念』………………80
アメリカ労使関係協会 ………………36
アメリカ労働総同盟（ＡＦＬ）………39
アメリカ労働統計局 ………………66－73
アラインメント …………179－180, 183
イノベーション
　　３Ｍにおける— ………………108－109
インセンティブ・マネジメント　234－241
　　—と出来高給 …………………235
　　—とボーナス …………………236
　　—と労使関係 …………………238－239
ウェルフェア・キャピタリズム
　　…………………………………37－38, 151
エクセレント・カンパニー（超優良企業）
　　…………………………………25, 50, 60, 211
『エクセレント・カンパニー』………60
Ｘ－Ｙ理論 ……………………………46
ＮＡＰＥＯ …………………………222
　　—の活動 …………………………222
Ｍ＆Ａ ………………………………53－54
エンパワーメント ………154, 182, 187
ＯＪＴ …………………………………23

＜カ行＞

科学的管理 ……………………………33
家族としての企業 ……………58－60, 66, 70
　　—とＩＢＭモデル ………………59
感受性訓練 ……………………………26, 46
監督者訓練プログラム ………………43
管理者管理 …………………………123
機関投資家 …………………………63, 74－75
企業の社会的責任（ＣＳＲ）…………64
企業文化
　　—とイノベーション …………108－109
　　サウスウエスト航空の— ……182－184
期待理論 ………………………………21－22
拮抗力 ………………………………211
キャリア ………………………………57
　　—構造 …………………………61, 66－67
　　—の内部化 ……………………61, 70
キャリア・ディベロップメント・
プログラム（ＣＤＰ）………………249
ＱＷＬ …………………………………90
　　ＡＴ＆Ｔでの— ………………139
　　従業員参加としての— ………195
　　フォード社の—プログラム …197－198
　　ローズタウン・ストライキと— …48
教育訓練と能力開発
　　—の概念 ………………………22－23
　　—の方法 ………………………23－25
　　サウスウエスト航空における—
　　…………………………………185－186
　　エドワードジョーンズ社における—
　　…………………………………249
業績管理 ……………………………17－19
　　ＳＡＳにおける— ……………257－258
　　査定型の— ……………………18－19
　　能力開発型の— ………………18－19

263

―とキャリア・プランニング……………19
―と後継者育成………………………19
―の概念………………………………17―18
―の方法………………………………18―19
業績連動型給与…………………………20
共同雇用…………………………………215
勤続年数…………………………………66―67
クリティカル・インシデント……………18
　―インタビュー（3M）…………118―119
クリントン政権……………………129,150
クロスファンクショナルチーム…154―155
経済人仮説………………………………21
コア・コンピタンス……………………53
　ＩＢＭの―…………………………85
高業績業務システム……………147―162,196
　―と教育訓練・継続的学習……152―153
　―と業績・スキルと連動した報酬
　　　……………………………156―157
　―と業務環境支援 ……………………158
　―と高業績諸慣行との統合……158―159
　―と雇用保障……………………157―158
　―と従業員参加 ………………………154
　―と情報の共有…………………153―154
　―と組織構造……………………154―155
　―とは……………………………147―148
　―とリストラクチャリング……161―162
　―と労使のパートナーシップ…155―156
　―の種類…………………………148―149
　―の展開…………………………149―152
　―の具体例………………………152―159
　―のゆくえ………………………159―162
『高業績職場への道』……………………150
コーチング………………………………23,140
後継者育成
　―と業績管理…………………………19
　3Mでの―…………………………111―112
行動科学…………………………………5,45―46
公平理論…………………………………22
コーポレート・ガバナンス………………49―50

株主志向型の―………49―50,74―75,256
業績志向型の―………………………63
従業員志向型の―……………………75,256
―の変化……………………………54,79―80
コミットメント・モデル………………8
雇用管理者協会…………………………35
雇用システム
　ＡＴ&Ｔでの―……………………135
　現在の―……………………………64―75
　―の変遷……………………………57―64
　―を変えた要因……………………61―64
雇用不安
　ＡＴ&Ｔでの―……………………136
コントロール・モデル…………………8
コンピテンシー
　―と教育訓練・能力開発…………97―99
　―と後継者育成計画……………101―102
　―と人的資源管理…………………89―104
　―と選考……………………………94―97
　―と評価……………………………99―101
　―の活用領域………………………92―94
　―・ベースド・マネジメント…107―124
　―・モデル…………………………92
　リーダーシップ・―（3M）……107―124
コンピテンシー・マネジメント
　………………………………6,107―108
　―の特質………………………102―104

＜サ行＞

参加型管理
　ＡＴ&Ｔでの―………………135,138,142
産業改善…………………………………32
産業心理学………………………………40,91
産業別組合モデル………………………58
産業別労働組合会議（ＣＩＯ）…………39
360度評価…………………………97―98,100
残余リスク………………………………64
　―の引き受け手としての従業員………64
ジェネレーションＸ……………………54,215

INDEX

資源ベース・アプローチ………52−54, 241
　ＳＡＳにおける—…………255−256
　ビジネスパートナー・アプローチと—
　　………………………………52−53
自己啓発……………………………24
自主管理
　ＡＴ＆Ｔでの—…………129, 136, 139
市場の諸力(市場原理)……………77−78
システム理論………………………46
ＣＷＡ……………………131, 137, 144
　—と「職場の未来」(労働協約)…137−138
失業………………………………68−70
従業員関係………………27−28, 46−47
　—の概念…………………………27
　—の台頭………………………46−47
　—の方法…………………………27
従業員参加…………………………154
　—とは…………………………195−196
　フォード社における—………195−211
従業員代表制………………………37
終身雇用……………………………57
　ＡＴ＆Ｔでの—…………………131
小集団活動…………………………151
譲歩交渉……………………………198
職務拡大…………………………24, 90
職務記述書…………………………15
職務給………………………………91
職務充実…………………………24, 90
　ＡＴ＆Ｔでの—…………………138
職務分析……………………………15
職務明細書…………………………15
ジョブ・ローテーション…………23
人事管理………………………4, 31−46
　—の登場………………………31−35
　—の確立………………………35−39
　—ブーム…………………………38
人事部………………………………39
人的資源
　—の概念……………………………3

　—プランニング………………12−14
　→知的資本も参照のこと
人的資源管理
　戦略的……………………………8−9
　—と企業文化(３Ｍ)……………109−110
　—と企業文化(サウスウエスト航空)
　　…………………………………167−189
　—と経営戦略・組織構造………9−12
　—と高業績業務システム……147−162
　—と行動科学……………………5
　—とコンピテンシー……………89−104
　—と従業員参加………………195−211
　—と組織文化…………………25−27
　—とリストラクチャリング……127−144
　—の２つのモデル………………7−9
　—の基盤理論……………………6
　—の構造…………………………5
　—の出現………………………48−49
　—の成立………………………4, 31−54
　—の体系………………………9−28
　—の対象領域……………………5−6
　—の特質…………………………4−7
　—の人間観………………………4−5
　—のもとでの教育訓練と能力開発
　　……………………………………22−25
　—のもとでの業績管理…………17−19
　—のもとでの従業員関係………27−28
　—のもとでの報酬管理…………19−22
　—のもとでの募集と選考………15−17
　—の労使関係観…………………6−7
　—への投資………………8, 22, 64
ストック・オプション………………51, 249
　ＩＢＭにおける—………………85, 87−88
成果給………………………………20
生活の質(ＱＯＬ)…………………158
成熟—未成熟理論…………………46
セニョリティ(年功)……………57−58, 79
全国雇用管理者会議………………36
全国雇用管理者協会………………36

265

全国産業復興法……………………………39
全国製造業者協会…………………………37
全国労働関係法(ワグナー法)……………39
全米自動車労組(UAW)
　………………………48, 58, 83, 197, 199
組織開発……………………………………26
組織行動論……………………………………5
組織文化
　—の概念………………………………25
　—変革の方法………………………26-27

＜タ行＞

『大統領競争白書』………………………149
ダウンサイジング…………………………50
　IBMでの—…………………………65
　AT&Tでの—………129, 136-137, 142
　ダイムラー・クライスラー社での—…66
　—とリエンジニアリング革命…………66
　P&Gでの—…………………………64
達成動機……………………………………91
知的資本……………………………………85
　→人的資源も参照のこと
賃金
　—格差………………………………78, 81
　—構造……………………………………78
　—と安定性……………………79, 80-83
　—と公平性………………78, 80-83, 87
　—とセニョリティ………………………79
　—と労使関係システム…………………79
　相対—……………………………………78
賃金システム
　IBMにおける—…………………86-88
　シスコシステムズ社における—…84-86
　戦後アメリカ企業の—……………77-80
　—とパターン・バーゲニング…………79
　—の新たな展開……………………80-83
　—の変遷……………………………77-88
　→報酬管理も参照のこと
TQプログラム(AT&T)…139-140, 142

テイラー・システム……………90, 102-103
テイラー主義……………………………103, 197
テンプ・トゥ・ハイヤー………………221
特別協議委員会(SCC)………………37-38
動機づけ—衛生理論………………………46
動機づけ理論…………………………21-22

＜ナ行＞

内部昇進
　AT&Tでの—………………………131
　3Mでの—……………………………111
内部労働市場………………………………57
ニューディール型労使関係……39-40, 151
　→労使関係も参照のこと
人間関係論………………21, 40-43, 59, 161
能力給……………………20, 78, 81, 91, 157
ノーレイオフ政策(ポリシー)
　…………………………158, 185, 231, 249
　リンカーン社の—…………231, 237, 240
　SASの—………………………249, 254

＜ハ行＞

ハーヴァード・モデル…………………7-9
パーマテンピング………………………216
パターン・バーゲニング…………………79
　—の衰退…………………………………83
PEOs……………………………215-228
　—と顧客企業……………………224-225
　—と顧客企業従業員……………224-226
　—のメリット……………………223-224
　—の問題点………………………227-228
　—の利用者……………………………226
ビッグ・スリー……………………58, 83
非組合化アプローチ…………………58-59
非典型雇用……………………………70-74
　—のカテゴリー…………………………72
　—の定義…………………………………71
非典型労働者……………………51, 216-221
　—と医療保険…………………………218

INDEX

　　—と年金 ……………………218
　　—の年収 …………………217-218
　　—の労働時間………………218-219
非労働組合化
　　ＡＴ＆Ｔでの— …………………137
ファミリー・フレンドリー施策 ………210
フォアマン(職長) ………31-32,34,38,43
　　—教育プログラム…………………39
　　—帝国………………………………33
フォーチュン誌 ……………………171,245
フォード・システム…………………………90
福利厚生 ……………………………32,37
福利厚生担当者………………………………32
ブッシュ政権 ……………………………150
フレックスタイム ……………………250
ベビーブーマー ……………………54,215
報酬管理………………………………19-22
　　サウスウエスト航空における—
　　　　………………………………186-187
　　ＳＡＳにおける—…………257-258
　　—の概念……………………………19
　　—の方法…………………………19-22
募集と選考
　　サウスウエスト航空における—
　　　　………………………………184-185
　　—の概念……………………………15
　　—の方法…………………………15-17

＜マ行＞

ミシガン・モデル……………………8-9
メンタリング・プログラム ……………249
目標管理………………………………18,258
目標設定理論…………………………………22

＜ヤ行＞

『ヤングレポート』………………………150
欲求階層説………………………………46
欲求理論…………………………………21

＜ラ行＞

『リエンジニアリング革命』……………66
リコール…………………………58,61,64
リストラクチャリング
　　………………51,62,127-144,161-162
リーダーシップ・コンピテンシー・
　モデル(3Ｍ)……………………107-124
　　—の開発…………………111-118
　　—の行動定義……………118-120
　　—の活用領域……………120-122
　　—の評価…………………123-124
　→コンピテンシーも参照のこと
レイオフ………………58,61,64-66,157
　恒久的—………………………………70
　デジタル・イクイップメント社で
　　の—…………………………………79
　—の動機……………………………66
　—の変化…………………………64-66
　→ノーレイオフ政策も参照のこと
レーガン政権……………………………150
レバレッジド・バイアウト(ＬＢＯ)
　　…………………………………54,74
労使関係
　—システム…………………………79
　—とインセンティブ・マネジメント
　　………………………………238-239
　—のパラダイム転換…………150-151
労働移動………………………32-34,197
　—率(サウスウエスト航空)……170-171
　—率(ＳＡＳ)……………………250
労働の人間化……………………………90
ローズタウン・ストライキ………47-48

＜ワ行＞

ワーク・ライフ・バランス施策 …210,253

267

執筆者一覧（執筆順）

田中　和雄（たなか　かずお）　専修大学教授　　　　　　　　編者
　　　　　　　　　　　　　　　　　　　　　　　　　　第1章・第5章・第6章

伊藤　健市（いとう　けんいち）　関西大学名誉教授　　　　　編者
　　　　　　　　　　　　　　　　　　　　　　　第2章・第3章・第4章・第11章・第13章

宮崎　信二（みやざき　しんじ）　名城大学教授　　　　　　　　　　　　　第7章

佐藤　健司（さとう　けんじ）　京都経済短期大学教授　　　　　　　　　　第8章

中川　誠士（なかがわ　せいし）　福岡大学教授　　　　　　　　編者
　　　　　　　　　　　　　　　　　　　　　　　　　　　　　第9章・第12章

橋場　俊展（はしば　としのぶ）　名城大学教授　　　　　　　　　　　　　第10章

現代アメリカ企業の人的資源管理

2006年5月25日	初版第1刷発行	編著者との契約により検印省略
2007年3月25日	初版第2刷発行	
2009年4月25日	初版第3刷発行	
2011年5月25日	初版第4刷発行	
2013年5月25日	初版第5刷発行	
2015年10月25日	初版第6刷発行	
2019年4月25日	初版第7刷発行	

編著者	伊　藤　健　市
	田　中　和　雄
	中　川　誠　士
発行者	大　坪　克　行
印刷所	光栄印刷株式会社
製本所	牧製本印刷株式会社

発行所　東京都新宿区下落合2丁目5番13号　株式会社　税務経理協会
郵便番号 161-0033　振替 00190-2-187408　電話 (03)3953-3301(編集部)
FAX (03)3565-3391　(03)3953-3325(営業部)
URL http://www.zeikei.co.jp
乱丁・落丁の場合はお取替えいたします。

© 伊藤健市・田中和雄・中川誠士 2006　Printed in Japan

本書の無断複写は著作権法上での例外を除き禁じられています。複写される場合は，そのつど事前に，(社)出版者著作権管理機構（電話 03-3513-6969，FAX 03-3513-6979, e-mail：info@jcopy.or.jp）の許諾を得てください。

JCOPY ＜(社)出版者著作権管理機構 委託出版物＞

ISBN978-4-419-04715-3　C1034